JN222247

衛藤吉則 編
Yoshinoi ETO

倫理学から教育と平和を考える

嶋崎太一 Taichi SHIMAZAKI
硲 智樹 Tomoki HAZAMA
池辺 寧 Yasushi IKEBE
伊藤潔志 Kiyoshi ITO
上野 哲 Tetsu UENO
衛藤吉則 Yoshinori ETO
秋山博正 Hiromasa AKIYAMA
上村 崇 Takashi UEMURA
後藤雄太 Yuta GOTO
後藤弘志 Hiroshi GOTO
奥田秀巳 Hidemi OKUDA
桐原隆弘 Takahiro KIRIHARA
村若 修 Osamu MURAWAKA

越智貢先生退職記念論文集

ナカニシヤ出版

はじめに――応用倫理学研究と越智貢先生――

衛藤吉則

応用倫理学とはなにか。私たちが所属する広島大学の倫理学研究室では、伝統的にドイツ倫理学（カント、ヘーゲル、シェーラー、ニーチェ、ハイデガーなど）、英米倫理学（十九世紀イギリス哲学、現代倫理学：メタ倫理学など）、日本倫理学（道元など）を研究と教育で取り扱ってきた（西田幾多郎と並び称される西晋一郎も広島高等師範・広島文理科大学の倫理学教員であった）。その伝統的な倫理学領域に加え、越智貢先生（広島大学名誉教授）は、新たに応用倫理学（とりわけ教育倫理学・情報倫理学）を本研究室のもうひとつの柱として基礎づけられた。それを、後任の者たちが、教育倫理（衛藤吉則）、生命倫理・情報倫理（後藤雄太）、ロボット・ＡＩ倫理・宇宙倫理（岡本慎平）として継承・発展させていった。本書に掲載した各論文はまさに、越智先生に源流をもつ本研究室出身者による応用倫理学研究の成果といえる。

現在の倫理学研究室においてもその流れは引き継がれている。伝統的な倫理学研究をベースに幅広い応用倫理学領域をカバーする私たちの研究室に、非常に多くの学生や留学生たちが集まって来ている。大学院の博士課程後期には留学生四名を含む十四名が、博士課程前期（修士課程）には留学生二名を含む七名が、そして、学部には二年生から四年生までの合計四十三名が所属している。つまり、本倫理学研究室には、三名の教員のもとに総数六十四名の学生が集まっていることになる。教員一人につき約二十一名となり、全国の哲学・倫理学系分野では稀有な人気を示す状況といえる。その人気のひとつの要因こそが、越智先生の流れをくむ応用倫理学研究といえるのである。

越智貢先生の経歴を簡単に紹介したい。先生は一九五一年、愛媛県の生まれ。一九七四年に広島大学文学部哲学科を卒業後、一九八二年に同大学院文学研究科に進み、博士課程後期を単位修得する。同年、広島大学文学部助手に採用され、一九八九年に同講師、一九九二年に助教授となり、一九九七年に教授に昇任し、二〇〇二年には文学研究科教授となり、その後、二〇〇七年から二〇一一年まで学長補佐及び副理事を務める。また、広島大学在職中に桃山学院大学教育学部開設アドバイザーに就任し、定年退職後の二〇一七年から、桃山学院教育大学教授および学長顧問として、教育・研究に従事する。二〇二〇年に同大学を退職し、現在は広島大学名誉教授である。

学界においては、日本倫理学会評議員（並びに同学会各種部会委員）、広島哲学会理事長を務めたほか、日本医学哲学倫理学会、日本道徳教育方法学会などの役職に就き、各学会をリードする役割を担われた。

また、公的な外部委員としては、文科省中央教育審議会専門委員、岡山県人権政策審議会委員、広島県公益認定等審議会委員長、広島市青少年と電子メディアに関する審議会委員長、中国放送番組審議会委員長などを歴任し、長く独立行政法人日本学術振興会における科学研究費関連各種委員会委員、独立行政法人大学入試センターにおける各種委員会委員を務めたほか、文部科学省委託調査研究委員長（コンピュータ教育開発センター（ＣＥＣ））、通信・放送機構企画評価委員会（ＴＡＯ）情報モラル部会委員、さらに広島県内の高校や中学校の学校評議員など、専門分野である倫理学の立場から多くの社会活動に関与された。

代表的な業績としては以下のものがある。

『日本倫理学会論集二七　現象学と倫理学』（共著、慶応大学出版会、一九九二年）、『日本倫理学会論集二九　徳倫理学の現代的意義』（共著、慶応大学出版会、一九九四年）、『情報社会の文化４　心情の変容』（共編著、東京大学出版

会、一九九八年）、『情報倫理学』（共編著、ナカニシヤ出版、二〇〇〇年）、『20世紀の定義7』（共著、岩波書店、二〇〇一年）、『現代日本人の生のゆくえ』（共著、藤原書店、二〇〇三年）、『情報倫理の構築』（共編著、新世社、二〇〇三年）、『かかわりを育てる道徳――幼小中一貫教育6年間の取り組み』（共編著、第一学習社、二〇〇四年）、『情報倫理学入門』（編著、ナカニシヤ出版、二〇〇四年）、『医療情報と生命倫理』（共編著、太陽出版、二〇〇五年）、『岩波応用倫理学講義（7）教育』（編著、岩波書店、二〇〇五年）、『倫理的叡智を求めて』（共著、東洋館出版社、二〇〇七年）、『教育と倫理』〈シリーズ人間論の21世紀的課題〉（共著、ナカニシヤ出版、二〇〇八年）、『高校倫理からの哲学』〈全四巻別巻〉（共編著、岩波書店、二〇一二年）など、また翻訳書としては、フリッツ＝ヨーアヒム・フォン・リンテレン『ディオニュソスからアポロンへ――精神の上昇』（共訳、以文社、一九八八年）他がある。

本書『倫理学から教育と平和を考える』は、越智先生のご退職を記念して、先生と深い関わりをもつ広島大学倫理学研究室のメンバーで刊行することが計画された。しかし、編者である衛藤の不手際もあり、発刊までにかなりの時間を要してしまった。越智先生はじめ、執筆者の皆様に深くお詫び申し上げたい。本著作の事前の編集作業では広島大学大学院人間社会科学研究科博士課程後期（倫理学分野所属）の中西捷渡氏にご協力いただき、出版編集に当たってはナカニシヤ出版の石崎雄高氏に多大なるご支援とご協力をいただいた。ここに深く感謝の意を表したい。

本書が、応用倫理学研究を志す研究者や学生たち、それに一般の読者の方に、少しでもお役に立つことができたら幸いである。

二〇二四年七月吉日

倫理学から教育と平和を考える ◎ 目次

第2部　教育実践への応用

第3部　和解と平和についての理論

倫理学から教育と平和を考える

第1部　教育についての理論

第1章　カントの教育論における「理性の実験」

嶋崎太一

1　はじめに

カント（Immanuel Kant, 1724-1804）の教育思想を語る際にしばしば引き合いに出されるのが、バゼドウ（Johann Bernhard Basedow, 1724-90）の汎愛主義からの影響である。[1] 一七七六年、七七年にカントは、相次いでバゼドウがデッサウに設立した汎愛学舎を支持する論考を発表している。この論考においてカントは、汎愛学舎が「単に美しい理念」であるのみならず「有効性の明白な証明」をも伴っていると語る（II 450）。そしてその汎愛学舎に対する資金提供を呼びかけてすらいる（II 448, 451）。また、一七七五-七六年冬学期の「フリートレンダー人間学講義」でもバゼドウの汎愛学舎に対する強い賛辞が送られている。

教育についてすでに多くの提案と著作が哲学者たちによって提出されてきた。教育の主要概念が存するところのものの探究に努力がささげられてきたのである。現在のバゼドウの学校は、完全な計画にしたがって設立された第一のものである。これは、今世紀において、人類の完全性の改善のために現われた最も偉大な現象である。(XXV 722)

一八〇三年のリンク編『イマヌエル・カント　教育学について』(以下、『教育学』)においても「人類の完全性」(IX 444)という教育の目的に関するカントの見方は一貫している。そしてそこでも、バゼドウ及びその学校に対する言及があり、「教師たちが自らの独自の方法と計画に基づいて研究教育活動をする自由をもっていた唯一の学校」(IX 451)と評価されている。[2]『教育学』の基礎となったケーニヒスベルク大学における四回にわたるカントの教育学講義(一七七六‐七七年冬学期、一七八〇年冬学期、一七八三‐八四年冬学期、一七八六‐八七年冬学期)のうち、一七七〇年代に開講された最初の講義において教科書として用いられたのはバゼドウの著作(Basedow 1770)であった。その後教科書はボックの著作(Bock 1780)に変更されたが、[3]キューンは、その後もカントは「バゼドウを賞賛し続けた」(Kuehn 2001, p. 207)と推定している。

フォアレンダーはこうした汎愛学舎に対するカントの態度を「感動的で熱狂的」なものであると評した(Vorländer 1977, p. 222)。確かに、一七七〇年代の講義「コリンズ道徳哲学講義」における、バゼドウの学校が道徳的完全性という人類の最終的使命の実現に対する「ささやかな温かい希望」であり、それによって使命が実現されるならば「地上における神の国」である(XXVII 471)という言明からは、カントの「熱狂的」な支持をうかがうことができる。確かにカントの汎愛学舎観はいささか極端であり、[4]カントの汎愛学舎に対する見方は「幾分か過度に理想化されている」(Louden 2021, p. 180)と言われることもあるほどである。

カントの汎愛学舎に対する強い肯定的言明は、しばしばルソーからの影響との関連で論じられてきた。倫理思想に関して一七七〇年代のカントがルソーから強い影響を受けていたことは既に定説化している(Schmucker

1961, p. 143ff.）が、教育についても、カントがルソーの消極教育論に共感していたことはいくつかの人間学講義が示しているところである（XXV 26, 254, 724, 891）。そして確かに、『教育学』にもルソーの影響は強く見られる。[5]カントは、友人ロバート・マザビーの息子ジョンが汎愛学舎に学ぶことについて便宜を依頼する書簡をバゼドウの補佐役ヴォルケに送っている。その一七七六年三月二十八日付書簡において、マザビーが彼の息子に対して施した消極教育が「その年齢に応じて与えられうる最上の教育」（X 192）であり、その方針が汎愛学舎の精神と「まったく厳密に一致」（ibid.）していると語っていた。このように、少なくとも一七七〇年代半ばのカントが、消極教育という点についてバゼドウの方針をルソーと重ね合わせてみていたことはほぼ疑いえないであろう。これらのことから、カントのバゼドウに対する熱狂的支持は、そこにルソー的教育観の実現が期待されていたからだとする見解が見られる（Reisart 2012, p. 22）。そもそも『教育学』におけるルソー主義的論調そのものがバゼドウのテキストに由来するとさえ言われることがある（Weisskopf 1970, p. 168f.）[6]ほどである。

以上見てきたように、『教育学』を除けば、カントのバゼドウに対する賛辞が見られるのはすべて一七七〇年代半ばに集中している。こうした事情から、『教育学』に反映されているのは前批判期、すなわち七〇年代の思想であると推定されることがある（Schurr 1974, p. 355, Cavallar 2015, p. 97）。これに対し、『教育学』を、カントが批判哲学を展開していた一七八〇年代の思想と関連づけて解釈する研究が近年では多く提出されている。[7]しかし、七〇年代のカントのバゼドウに対する評価が『教育学』にも反映されていると見るのであれば、八〇年代でもバゼドウに対する評価が変わっていなかったとする積極的な論証が必要であるが、カントのバゼドウへの言及が七〇年代の論考に集中し、八〇年代には見られないことから、それは困難なのが実情である。

このように、少なくともバゼドウに注目する限り、『教育学』を七〇年代の思想に基づくとする見方も一定の蓋然性を有することになる。一方で、『教育学』を批判期の思想を反映したものとして解釈するために有力と思われる研究が、最近十年間あまりで二つ発表されている。一つは、カントのバゼドウ評価が七〇年代と『教育学』とでは一貫していないというルーデンの解釈（二〇一二年）である。そしてもう一つが、文献学的考証に基づいて『教育学』のテキストの成立年代を早くとも一七八〇年代半ばとみなすシュタルクの研究（二〇一五年）である。

本稿は、ルーデンとは別の観点からカントのバゼドウ観の「変化」を読み解くことを通して、彼の解釈とは異なり、『教育学』においても確かにバゼドウの汎愛学舎は支持されているが、七〇年代とは支持の根拠が異なっているという解釈を提起する。そして、シュタルクが述べたように『教育学』は八〇年代のカントの思想を反映したものであるということを、思想の内実から根拠づけることを試みる。

2 『教育学』に関する直近の先行研究の検討

(1)『教育学』における汎愛学舎への言及

カントが『教育学』においてバゼドウあるいは彼の汎愛学舎に直接言及しているのは三か所である。

A 〔世界のより善い状態のために君主が重要であるかどうかという〕この問題に関しては、主として私的努力が重要であって、バゼドウやそれ以外の人々が考えたほどには（wie Basedow und anderen meinten）君主の援助は重要ではない。（IX 448〔 〕は引用者補足、以下同様）

B 〔教育において実験が必要であるという〕この点に関していわば先駆的に端緒を開いた唯一の実験学校がデッサウ学院であった（Die einzige Experimentalschule, die hier gewissermaßen den Anfang machte, die Bahn zu brechen, war das Dessauische Institute）。（IX 451）

C　〔子ども自身が自分でやってみることによる運動能力の強化という〕この点に関してデッサウの汎愛学舎が模範を示して以来（seit das Dessauische Philanthropin hierin mit seinem Muster voranging）、現在ではそれ以外の学院においても子どもに対してその種の試みが数多く行なわれている。（IX 467）

『教育学』においてバゼドウや汎愛学舎が明示的に言及されているのはこの三か所に限られる[8]。

ルーデンは、これら三か所において、バゼドウあるいは彼の学校に対する記述にはすべて過去形が用いられているという事実に注目する[9]。ルーデンによれば、これに対して三つの可能性が考えられる（Louden 2012, p. 49）。一つは、バゼドウの汎愛学舎が一七九三年に閉校していることに由来するという見方である。しかし、『教育学』出版は一八〇三年であるものの、カントの教育学講義は一八八六－八七年冬学期で終了しており、再び講義を行なう機会がないことは当時からほぼ明らかであった[10]ことを踏まえるならば、カントが講義草稿を書き換える動機は希薄である。二つ目に、リンクが編集する際にカントの草稿を当時の情勢を踏まえて書き換えた可能性も想定しうるが、ルーデンは、リンクの編集がカントの原稿の表現の修正に至るほどの大掛かりなものではなかったと推定する（ibid., 50）。

そしてルーデンは、『教育学』の原型となった講義においてカントは立場が以前とは異なっており、そのことを聴講者たちに示唆するために過去形を用いていたのだという三番目の仮説を、より蓋然性が高いものとして提唱する。ルーデンは、これらはあくまで仮説にすぎないと認めつつ、傍証的に一七九八年の『諸学部の争い』における叙述を挙げている。『諸学部の争い』においてカントは教育について「願い通りの成果をまず望めない計画」（IX 92）であるとした上で「人間が進歩するという希望は、積極的条件としては、上から下への知恵（われわれに不可知の場合、これは節理と呼ばれる）のうちにのみ期待できる」（IX 93）と述べている。ルーデンはこの叙述に、晩年期カントにおいては「教育改革による人間の変容への期待」が冷めていることを看取するのである。

（2）『教育学』に対する疑義をめぐって

そもそも、カント自身の手によらない『教育学』を正当なカントのテキストとして信頼することができるのだろうか。リンクの編集に対する批判的立場の急先鋒となった一九七〇年のヴァイスコップフの研究では、『教育学』は倫理学講義の断片、人間学講義の草稿、そしてルソー『エミール』に対するカントの個人的覚書というまったく異なった三種類の原稿から構成されたものであるとする見解が提出された（Weisskopf 1970, S. 331）。彼によれば『教育学』は「異なった時期に異なった目的のためにつくられた」様々な草稿群がリンクによって混合されたものであり（ebd., 240）、内容的にも全体を通してリンクの手が加えられている（ebd., 330）。この見方による限り、『教育学』の叙述をそのままカントの思想として受け取るには、少なくとも一定の注意が必要であるということになる[11]。

これに対してルーデンは、ヴァイスコップフの仮説に一定の説得力を認めつつも、他の諸講義録との密接な関係を理由として、それによって『教育学』の正統性に疑義が呈されるものではないと指摘する（Louden 2000, p. 34）。ヴァイスコップフに対してさらに批判的な立場をとるのがシュタルクである。シュタルクは、やはりリンクが編集した『自然地理学』（一八〇二年）や『形而上学の進歩』（一八〇四年）の編集状況から見て、リンクはカントの草稿への過度の介入や表現上の変更を差し控えていた可能性が高いとする（Stark 2015, S. 266）。その上でシュタルクは、『教育学』の表現からテキストの起源を推定することは可能であると言う（ibid., 274）。

シュタルクは、『教育学』で言及されている論文[12]や、用語法に注目して文献学的に年代を推定する。たとえば、『教育学』における「世代（Generation）」という用語である。『教育学』では教育が「それを完全に遂行するためには多くの世代を経なければならないような一つの技法である」（IX 446）と言われているが、シュタルクによればカントがこの「世代」という語を人間に関して使用したのは、公刊著作では『世界市民的見地からの普遍史の構想』（一七八四年）が初めてであるという（ibid., 273）[13]。こうしてシュタルクは、『教育学』の基礎となった資料の成立を一七八〇年代半ばと文献学的に結論づける（ibid., 274）。

3　一七七〇年代カントの汎愛学舎への関心

（1）宗教的寛容さ

カントはバゼドウの教育のどこに教育の理想を見出したのだろうか。

まず、バゼドウの事績について簡単に確認しておこう。バゼドウは、キール大学でマギスター取得後、一七五三年よりデンマークの学校で教鞭をとり、一七六一年にハンブルク郊外のギムナジウムに移るも、七〇年にはそこも辞した。バゼドウは学校退職後、著作家として活動しつつ、一七七四年、デッサウに自らの学校「汎愛学舎」を設立する。バゼドウが二つの学校を短年で去ることになったのは、彼の宗教観が非正統的とみなされたからであるとされる。バゼドウは、宗教については教派中立的な立場にあったとされる（Stern 1912, S. 87）。おそらくこのバゼドウの宗教的位置が、「学校における宗教的寛容さ」という彼の教育論の最大の特徴（Reble 1980, S. 155）を形成しているのであろう。従来の教育における「授業内容と専門領域の教義」中心の教育から、「好奇心と自立心とをもって自己陶冶する子ども」中心の教育への「教育学的パラダイム転換」（Lausberg 2009, S. 33）[14]の実現を目指す汎愛主義教育論においては、特定の宗派の教義が強制力をもって教え込まれることは回避されるべきことであった。バゼドウはその著作において、宗教的教導を行なうとしてもそれは理性に基づく自然宗教に限定されなければならないと語っている（Basedow 1775, S. 20）。

カントもまた、この見解を支持していた。[15]「フリートレンダー人間学講義」でも、宗教教育は「神との真なる関係」を子どもたちが洞察して初めて行なわれるべきものであり、それ以前から「子どもたちが早くから宗教に慣れ親しみ、命令について語ることを学ぶのなら、何の効果もない」（XXV 728）と語られている。なお、発達段階に即して子どもたちが自ら気づくことができるようになることを重視するこの方針は、もちろん宗教教育に限定されるものではなく、教育全体を貫くものとして考えられなければならない。[16] 同講義録では、宗教教育以外にも、たとえば文法中心的な言語教育に対しても批判的な見解が表明され、やはりバゼドウの汎愛学舎の教育理論に対する共鳴が明言されている（XXV 724）。

こうした宗教教育論は、『教育学』においても揺らいでいない。『教育学』では、「道徳性がまず先行し、ついで神学が道徳性に従わなければならない」（IX 494f.）という道徳神学的な思想の下、「祈りの決まり文句を子どもに機械的に読誦させることは役に立たず、敬虔についての誤った概念をもたらすだけ」（IX 495）であるとする。恐怖心のような神に関する誤った観念が植え付けられるのを防ぐために宗教教育は早期から必要であろうが、単なる詰め込みであってはならず、道徳的義務と結び付けて「自然にふさわしい」（ibid.）宗教教育がなされるべきであるとカントは言う。こうした『教育学』の叙述は、バゼドウの合理的宗教教育の精神とも合致するものだったと言えよう。

（2）「模範学校」としての汎愛学舎

バゼドウの上述のような教育方針は当時の常識からして革新的なものであった。しかし、実際には汎愛学舎は一七七四年の開校以来、慢性的に経済的困難など諸問題を抱えており[17]、バゼドウも七八年には自らの設立した汎愛学舎を去っている。汎愛学舎はその後も九三年まで続いたものの、末期にはもはや世間の注目は離れていたという（Louden 2012, p. 42）。カントがバゼドウの汎愛主義教育論に強い共鳴を表明している一七七〇年代半ばは、ちょうどデッサウの汎愛学舎が開校した頃と重なる。

カントの七六年、七七年の二本の論考では、汎愛学舎は一つの「種子（Samkorn）」あるいは「萌芽（Keim）」と呼ばれている。七六年の第一論考「デッサウ一七七六年」には次のような叙述がある。

> そしてこの施設〔汎愛学舎〕は、迅速に普及させられるなら、（……）、軽く一瞥しただけでは容易に想像できないほど大きな改革を（……）引き起こすはずである。そのために、このまだひ弱な萌芽を、自分にある限り入念に世話するか、少なくとも、善をなす能力と善意志を結合する人々の保護に絶えず委ねることが、すべての汎愛主義者の本来の使命でもある。というのは、（……）萌芽がいつか完全な成長にまで達すると、その実りはすぐさまあらゆる国々と最も後の子孫にまで流布していくだろうからである。（II 448）

さらに、七七年の第二論考「公共体に宛てて」では、こうした問題意識は、教育精神を同じくする教師が育つことの希望と結び付けられる。すなわち、「そうした学校は、それが教育する人々にとってだけではなく、どこまでも重要なことだが、その学校が真なる教育方法にしたがって教師となるよう次第に修練する機会を与える人々にとっても、一つの種子である」（II 449f.）。そして、汎愛学舎で学んだ教師が育つことによって、「種子」は育って国全体を覆うのだとカントは語る。汎愛学舎はやがてはヨーロッパ全体の教育を大きく変革するべき一つの「源泉」（II 450）なのだ。カントはこの変革を、「ゆっくりとした改革ではなく、迅速な革命」（II 449）と表現している。汎愛学舎こそ、教育の革命にふさわしい「唯一の学校」（II 449）なのである。

「フリートレンダー人間学講義」にも、これと軌を一にする記述がある。それによれば、この学校によって「世界中の学校は別の形を獲得し、それによって人類は学校の強制から解き放たれる。同時にこの学校は多くの教師の種苗学校（Pflanzschule）でもある」（XXV 723）。すなわち、この時期のカントにとってこの汎愛学舎は、自己完結的な学校ではなく、教育の革命を通して人類全体の幸福を成し遂げるための一つの萌芽だったのであり、そのために教師の養成という役割も大きく期待される学校であった。なお、実際にバゼドウの汎愛学舎は、子どもの教育のみならず教師養成をもねらいとしていたようである。カントは汎愛学舎を「教師の種苗学校」と表現するが、バゼドウの著作には「万人の教師の種苗所（Pflanzort）」（Basedow 1774, S. XVI）と酷似表現が見られる。

ここで重要なことに、カントは、汎愛学舎がこうした使命を果たし「優れた教育の最初の完全な模範例」であるために「あらゆる国々の公共体の努力」を期待している。汎愛学舎という「模範学校（Musterschule）」をあらゆる場所と地域から援助する」（II 450）基盤が整うことをカントは七七年の論考で望んでいたのだ。つまりカントは、汎愛学舎を一つの私的試みとしてではなく、政治的援助をも受けて「完成への進行」（ibid.）を妨げることなく実現し、それをもって人類のうちに「最も永続的で普遍的な善を促進する機会」（II 451）とすることをよしとするのである。

4　規範学校か実験学校か

（1）立場の転換

先に引用した『教育学』における汎愛学舎に関する言及箇所の中で、最もまとまった形で汎愛学舎に対する論評がなされているのは引用Bである。この箇所は、汎愛学舎を「実験学校」として解釈したものである。引用Bに先立つ、実験学校に初めて言及した箇所を引用しよう。

規範学校（Normalschule）を設立できるようになるに先立って、最初に実験学校が設立されなければならない。教育及び知育は単に機械論的なものであるべきではなくて、むしろ原理に基づいていなければならない。（……）オーストリアでは、たいてい規範学校しか存在していなかった。（……）実際、それ以外の学校はすべてそうした規範学校に準拠しなければならず、しかもそれらの規範学校に在籍しなかった人たちは、昇進を拒否されもしたのである。こうした学校制度は、政治がいかに深く教育と関係しているのかを示しており、そしてこのような強制が行なわれる場合には、善が反映するなどということは不可能であろう。（IV 451）

カントは、規範学校と実験学校を対比し、汎愛学舎を後者に位置づける。ここで規範学校とは、直接的にはオーストリアで実際に設立された特定の学校を指しているようだが、[18]ここで注目に値するのは、「規範学校」の歴史的指示対象ではなく、むしろ、この規範学校が批判される理由である。カントは、政治的裏付けの下で諸学校がそれに準拠し、教師がそこから輩出されるべきモデルとして規範学校を捉え、かつそれを批判する。『教育学』

におけるカントにとって、権力構造の下で特定の学校が模範とされる限りでは、善の促進は期待されえないのである。そしてカントは、その規範学校に対し、「教師たちが自らの独自の方法と計画に基づいて研究教育活動をする自由をもっていた」(ibid. 再掲)、実験学校として、汎愛学舎を評価したのだ。

他の学校がそれに追随するべき「規範」として学校が位置づけられることを否定するこうした議論から、一七七〇年代のカントの汎愛学舎観からの一つの転換を読み取ることができるだろう。すでに確認したようにカントは七〇年代には汎愛学舎を、政治的支援をも受けつつ、そこで学んだ教師たちによって世界へとその精神が広げられるべき「模範学校」と位置づけていた。一方で『教育学』は、特定の学校が無批判的に規範あるいは模範とされる権力構造を批判する。もちろん、七〇年代の論考で言われた「模範学校」と、『教育学』で語られる「規範学校」とでは直接的に指示する対象は異なる。しかし、先の引用文を踏まえるならば、汎愛学舎が模範として位置づけられ、そこに政治的な支援が加えられるべきであるとする七〇年代の論考の立場は、『教育学』においてはまさに否定されるべきものと言わざるをえない。教育における政治的援助は「バゼドウやそれ以外の人々が考えたほどには」重要ではありえないという引用Aはこの点で決定的である。『教育学』のカントにとって、評価されるべきは汎愛学舎の模範性ではなく、その実験性だったのだ。特殊な文脈とはいえ引用Cでは、確かに汎愛学舎が「模範」とされている。しかしそこでも、他でその種の「試み(Versuche)」が行なわれているとされていることからもわかるように、むしろ評価されているのは、汎愛学舎の教育方針のもつ実験性であると考えられよう。

七〇年代においても汎愛学舎は、自己完結的なものでは決してなく、これから展開されるべき「種苗学校」であった。しかし、種苗学校が将来的に展開されるべきであるということと、実験学校がまさに試みとして教育を実践していくこととのあいだには決定的な断絶がある。というのは、「模範学校の組織や計画」が模倣されることを期待する立場は、教育の計画そのものが問い直されることを含意する実験とはもはや両立しえないものだからである。

『教育学』において、汎愛学舎を「完全な計画」にしたがったものとすることは許されない。次の引用は、引用Bに続く一節である。

デッサウ学院は、非難されても仕方のないような欠陥を多く抱えてはいたけれども、〔実験学校の先駆という〕こうした名誉が授けられて当然である。というのも、そうした欠陥は、実験から導かれるあらゆる結論に付帯して見出されるものであって、それゆえにこうした欠陥に対しては、常にまた新たな実験が必要になるからである。（IX 451）

実験学校としての汎愛学舎は「優れた教育の最初の模範例」ではありえない。常に「欠陥」がそこに認められるからである。ここから看取されるのは、教育における計画の完全性の否定である。カントによれば、「実験が重要であるわけだから、どの時代も完璧な教育計画を提示できるわけではない」（ibid.）のである。

(2) 教育学の在り方と実験

「教育計画」という語は、汎愛学舎に対する評価という文脈に留まらずカントにおける教育学の在り方そのものを検討するための鍵となるものである。

カントは『教育学』において、教育は「計画なしに所与の前提条件に応じて変化するような機械的なものであるか、それとも思慮的（judiziös）[19]なものであるかのいずれかである」（IX 447）と言う。そしてカントは、この思慮的教育学がもつべき教育計画は「人間性の理念及びその使命全体」（ibid.）を顧慮して作成されなければならない。人類の現在の状態のみならず、人類の完全性の実現という意図をもって教育計画が作成されるべきなのだ。

ここでカントは計画の欠如した「機械的」教育を否定しつつ、他方で君主が介入する教育計画にも批判的な姿勢を示す。バゼドウらの君主に対する依存を批判する引用Aは、まさにこうした文脈に位置づけられる。ここでカントは言う。「経験が教えてくれるところでは、君主たちは第一に世界の最善ではなく、むしろ、自分らがその目的に達するべく国家の利益という意図をもつ」（IX 449）。それゆえカントにとって、教育の実現は「私人（Privatmanne）」に委ねられなければならない。「将来のより善い状態という理念」の実現に向けて「より開かれた傾向性（extendiertere Neigungen）」をもつ「私人」によってのみ、完全性という人間の使命のための教育が可能となるのである。

したがって、「思慮的」な教育とは、単に計画性が欠如していないということのみならず、権力性から免れ、われわれが「私人」として人間の使命を考慮しつつ、教育計画を策定する営みと定義できるだろう。実験学校として汎愛学舎を評価するとき、カントの念頭にあったのは、教師たちがまさに「私人」として、最善の教育計画を求めて実験を行なうことができる場であったのである。

5　純粋理性の実験

(1)　カントの実験概念

それでは、カントにおいて「実験」とはいかなるものなのだろうか。公刊著作中には実験概念の明確な定義を見出すことはできないが、一七八五年の講義に基づくムロンゴヴィウスの筆記録「ダンチヒ物理学講義」では実験は次のように語られる。自然学における経験は「単なる知覚」と、観察と実験から成る「人工的経験（künstliche Erfahrung）」とに区分される。そこで実験とは、「われわれが、物体をそれ以前にはそうはならないであろう、一定の状態へと置く」（XXI 102）ことである。観察もまた一定の意図をもって自然を見る点で人工的であるが、それに対し実験とは、「われわれが物質の状態を変化させ、そしてのちに、帰結を注視する」（XXIX 103）経験である。つまり実験とは主観の意図を自然世界へと投入する「人工的経験」に他ならない。

確かにカントは『自然科学の形而上学的原理』（一七八六年）において、「化学は体系的な技術あるいは実験学（Experimentallehre）以上のものとなることはできず、決して本来的な学となることはできない」（IV 471）と語っている。このように化学に対して消極的な発言も見られるが、このことは実験そのものの意義を低く見積もっていたということを意味しない。同書においてカントは、自らの採用する動力学的自然哲学を「実験哲学（Experimentalphilosophie）に適合し、またそれを促進するものである」（IV 533）と説明していることからもそのことはうかがえる。

カントは『純粋理性批判』第二版（一七八七年）において、この自然科学的意味における実験の概念を哲学の方法論として用いた。

カントは次のように語る。

彼ら〔ガリレイら自然科学者たち〕にわかったのは、理性は理性自身がその企図にしたがって産出するものだけを洞察するということ（……）である。（……）理性は、一方の手には互いに一致する諸現象がそれにしたがってのみ法則とみなされうる自らの諸原理を携え、そして他方の手には、理性がその諸原理にしたがって考案した実験をたずさえて自然に向かっていかなければならないが、それは、確かに自然によって教えられるためなのだが、教師の欲することを何でも言わされる生徒の資格においてではなく、自らの提起する問いに答えるよう証人に強制する公式の裁判官の資格においてである。（B XIII）

実験とは、一定の「企図」により、自然をして自らの問いに答えしむる理性の行為なのである。こうした実験観は、物体を実験者の意図に基づいて特定の状態に「置く」ことによる「人工的経験」という、「ダンチヒ物理学講義」における実験の定義とも整合的である。実験とは理性の考案に基づいて人工的に経験を構築する過程として理解されなければならない。

カントは、従来の形而上学の変革という「試み」こそが「純粋思弁理性のこの批判の仕事」であると宣言する（B XXII）。この「試み」という批判の使命を自然科学における実験との類比を通して説明するための鍵となる概念が、「置き入れ（hineinlegen）」である。カントは、対象が認識に従うという有名な「コペルニクス的転回」を、「われわれが事物についてア・プリオリに認識するのは、われわれ自身がそのうちへと置き入れるものだけである」（B XVIII）という方法であると説明する。そしてカントはそこへ次のような注を付す。

それゆえ、自然科学者を模倣したこの方法の本質は、純粋理性の諸要素を、実験によって確証ないし論駁されるもののうちにのみ求めるという点にある。ところで、純粋理性の諸命題を吟味するためには、とりわけそれらの諸命題が可能的経験のすべての限界を越え出てあえて立てられるときには、その客観に関してはいかなる実験もなされない（自然科学におけるようには）。それゆえ実験は、われわれがア・プリオリに容認する諸概念や諸原則に関してのみ可能となるであろう（……）。（B XVIII Anm.）

カントは『純粋理性批判』において、自然科学における実験との類比において、われわれの経験は自然への「置き入れ」を通して獲得されるという理論の構築を目指した。この「置き入れ」とは「純粋理性の実験」(B XXI Anm.) なのである。

(2) 理性の実験と教育

それでは、この「置き入れ」を基軸とする『純粋理性批判』における実験概念は『教育学』において語られる実験と共通点を有しているのだろうか。

これについては否定的な見解が挙げられてきた。すなわち、『純粋理性批判』における実験は、自然科学の模倣であるとはいえ、可能的経験の条件の探究という超越論的なレベルで行なわれる実験であるのに対して、『教育学』においてはそうではない(山口 一九九五、七七頁)、と。確かに『教育学』において実験が語られるくだりは、経験主義的手続きがなされているように見え、『純粋理性批判』における「理性の実験」とは文脈を異にするようである。教育における実験とは、『純粋理性批判』のように、いわば超越論的主観の行なう実験ではなく、教育が行なわれるこの経験世界において実地になされるべきものである。その意味において教育における実験を「純粋理性の実験」と完全に同一視することはできないのは明らかである。そのこともあって、『教育学』における「実験」の概念は「ナンセンス」と批判されることもあった(Ritzel 1985, S. 43)。

しかし教育においても、あらゆる教育がそれに方向づけられるべき「人類の完全性」という目的は、われわれの理性がア・プリオリにもつものである。したがって、実験の出発点となるわれわれの「意図」は経験的なものではない。教育の実験もまた「理性の実験」としての性格は有しているのだ。すると、『純粋理性批判』における実験と『教育学』における実験との相違をア・プリオリか否かという点に求めることはできない。

『純粋理性批判』において、理性の実験が到達しえたのは、可能的経験の限界内における客観の認識の可能性であった。自然認識においては、あえて対象をわれわれの認識能力の限界内に設定することにより、理性の実験は、対象が認識にしたがうというコペルニクス的転回へと行き着いた。そして、すでに引用したように、経験の限界を超越した客観について実験はなされえないとカントは言うのである。

他方で教育についてはどうだろうか。われわれの眼前にある子どもたちを対象にする限り、教育は経験世界における営みである。しかし、自然認識と同じ仕方で教育の到達点をわれわれの経験の限界内に置くことはできない。人類の「最終的使命」は道徳的完全性という理念だからである。この目標には、われわれはなおも隔たった地点におり、その完遂のためには「多くの世代を経なければならない」(IX 446 再掲)。それゆえ教育においては、われわれの能力の限界内に範囲を限定することで正しい方法を確証することはできない。それゆえ教育において理性は、目標へと人類が前進するために無限に実験を遂行することをわれわれに要求するのだと言えるのではないだろうか。

すなわち、両著作における実験概念の相違は、むしろ次のように説明されなければならない。自然認識においてはその対象をわれわれの経験の限界内に定めることで、認識の可能性が基礎づけられた。そのため理性の実験は、超越論的なレベルでのみ考えられ、経験の可能性の条件を基礎づけることができた。それに対し教育は、道徳的完全性というわれわれの限界を超越した理念を対象とするゆえに、ア・プリオリにその可能性を見出すことはできない。その課題は歴史的課題となる。われわれは、人類全体をこの理性の定める目標へと近づけるべく、実験を遂行し続けなければならないのである。そして教育は、それが理性の実験である限り、常に完全性という理念へとア・プリオリに方向づけられるのである。

カントが提示する道徳教育の方法論も、こうした理性の実験という観点から解釈されうる。カントは『道徳の形而上学』（一七九七年）及び『教育学』において問答法（Katechismus）に基づく教育を提唱している。『道徳の形而上学』において問答法は対話法から区別される。対話法が教師と子どもが相互に問い、相互に応答するという、いわば教師と子どもとの立場的転換を引き起こしつつ子どもたちの学びを呼び起こすものであるのに対し、問答法においては、問うのは常に教師であり、子どもは教師の問いに対して応答することのみが求められる（VI 478）。この問答法において教師は、『純粋理性批判』の表現で言えば「自らの提起する問いに答えるよう証人に強制する公式の裁判官」である。問答とは、教師が理性によって行なう子どもたちへの、いわば「置き入れ」と言えるのではないだろうか。この問答法における子どもたちの経験とは、教師と対等な地平においておのずから獲得される経験ではなく、教師たちによって教育の目的のために意図的に（人工的に）構築された経験なのである。『教育学』では「理性を陶冶形成する場合には、ソクラテス的な手続きが取られなければならない」と述べられている（IX 477）。しかしそこでは、「理性は多くの点で子どもによって行使される必要はない。子どもはあらゆることについて、理性的に討議する必要はない」という但し書きが付されている（ibid.）。ここに示唆されているのは、教育において学校あるいは教師は、素朴に子どもたちが経験する世界を共有するのではなく、教師が実験的に構成した経験世界に子どもたちを置き入れる、という教育観であろう。この過程において子どもたちの道徳的変容が促されるということこそ、カントの問答法が主眼としていたものであろう。

確かに、子どもたちの変容を検証するならば、「期待していたのとは正反対の結果がよく示される」（IX 451）こともありうる。それは、われわれは「人間の到達できる完全性に関する概念」（IX 445）を明確に有しているわけではないからである。それゆえに教育は歴史的営みなのである。教育学的に言えば、歴史とは理性の実験が遂行され、理性の究極目的に向かって人類が無限に進行する過程である。完全性への歴史の漸進的展開のために、「完全」な教育計画が固定化される権力構造を排し、実験を行なう理性の「私人」としての自由が保障されなければならない。『教育学』においてカントが汎愛学舎に見出したのは、まさに理性による実験の自由であった。

6　おわりに

汎愛学舎を実験学校とみなす『教育学』特有の立場は、『純粋理性批判』第二版に示された「理性の実験」と関連づけて解釈されうる。教育における実験もまた、理性の意図を世界へと置き入れることによって人工的に経験を構築するものである。ただし、教育において理性の実験は、ア・プリオリには完結しない。それはまさに教育がわれわれの限界をわれわれ自身で超越しようとする営みだからである。

シュタルクの考証とあわせて、実験という概念からも、『教育学』に開陳されるカントの教育思想を一七八〇年代の批判哲学の成立と重ね合わせることができる。しかし、汎愛学舎との関係については、従来の解釈は訂正されなければならない。つまり、『教育学』を、汎愛学舎に対する「熱狂的」な支持がある七〇年代のテキストと一貫するものと捉えることもできず、他方で、『教育学』においてはもはや汎愛学舎は支持されていないと捉えることもできない。宗教教育論など部分的には『教育学』でも七〇年代と一貫する点もあるものの、『教育学』において汎愛学舎は、もはや「模範学校」ではなく、「実験学校」だったのである。それは、模範が確定され、そこに権力構造がある限りでは、真に道徳的な教育は実現されえないという地点にカントが至ったことを意味する。

理性を批判的に吟味し、人類を善性へと導く理性の構築する歴史を信ずる限り、教育において実験を行なう「自由」が保障されていなければならない。カントは、「実験学校」としての汎愛学舎の試みに人類の道徳的完全性へと無限に進歩し続けるための一つの鍵を見出した。将来世代へと歴史を紡ぐ人間の営みとしての教育とは、まさに理性の実験場だったのである。

（1） バゼドウの生年を一七二三年とする文献もある。本稿では Klemme & Kuehn（2010, p. 40ff.）にしたがって一七二四年とした。なお、本稿中のバゼドウの伝記的記述は主に同文献による。

（2） ただしルーデンによれば、カントが賛辞を送っているほどには、実際の汎愛学舎は実験に開かれていたわけではないという。「多くの場合、学校〔汎愛学舎〕の教師たちは、バゼドウが以前の著作において設計した指導指針を履行することが期待されたにすぎなかった」（Louden 2021, p. 180）。

（3） 一七八〇年の二度目の教育学講義から、教科書がボックの著作に変更されたのは勅令によるものだとされる（Arnotdt 1909：256）。なおカント自身はこの変更には前向きでなかったと伝えられる（Kuehn 2012, p. 56）。

（4） この点についてキューンは、「バゼドウの姿勢は、カント自身が苦しい体験をさせられた敬虔主義的教育とは根本的に異なるものであった」（Kuehn 2001, p. 227）として、カント自身の教育体験の反動として汎愛学舎に対する熱狂的支持があったと推測している。

（5） **2**（2）でも述べたように、『教育学』の原型となったテキストの中にはルソー『エミール』に対する覚書が含まれるという見解がある（Weisskopf 1970, S. 331）。ただしこの覚書は現存していない。なお『教育学』におけるルソーの影響に関する近年の研究として Reisart（2012）を参照。

（6） なおヴァイスコップフ自身は、断定的な言い方は避けながらも、この見解には否定的である。

（7） 『教育学』を批判哲学、とりわけ『道徳の形而上学基礎づけ』（一七八五年）や『実践理性批判』（一七八八年）などにおける倫理思想との連関の中で解釈する研究は少なくない。その方針に基づく近年の本格的研究書としては、Munzel（2012）がある。

（8） ヴァイスコップフの考証によれば、さらにバゼドウからの影響が明らかな箇所として二か所、他にも影響とみなしうる箇所が数か所あるという（Weisskopf 1970, S. 167f.）。

（9） ルーデン以前から、この「過去形」問題は何度か注目されてきた（Quick 1879, p. 155, Buchner 1904, 126n.）。

（10）一七九〇年にヴァルドが教育学教授として着任し、カントが講義を担当する必要はなくなったとされる（加藤 二〇〇一、四二五頁）。

（11）キューンも、『教育学』のこうした性格を踏まえ、同著は「カントの名を冠してはいるが、実際には彼の著作とは考えられない」（Kuehn 2001, p. 408）と述べている。

（12）発行年が明記されないまま言及される『ゲッティンゲン雑誌』所収のリヒテンベルクの論文（IX 470）は同雑誌第三巻第四号であるとして、原稿は一七八三年末以降に書かれたものに違いないとシュタルクは推定する。

（13）さらに学生筆記の講義録まで考察範囲を広げても、一七八一－八二年冬学期の「ペテルブルク草稿」が最初の使用例であるとシュタルクは言う（Stark 2015, p. 273）。

（14）「教育学的パラダイム転換」とはラウスベルクの呼び方だが、同様にボルノーは、バゼドウが意図した「子ども中心」的教育への転換を「コペルニクス的転換」と類比している（Bollnow 1982, S. 29ff.）。

（15）ただしカントの支持は、バゼドウ自身の宗教的な無教派性ではなく、あくまで教育上の寛容主義に向けられていたと思われる。一七六〇年代の講義とされるカントの講義録「ヘルダー形而上学講義」では、批判的なニュアンスも込めて「バゼドウは混交主義的（syncretisch）である」とされている。

（16）言語教育をはじめバゼドウの具体的教育方針については、ルーデンの最近の研究（Louden 2021, p. 9ff.）に詳しい。

（17）汎愛学舎の運営が順調ではなかった要因の一つとしてバゼドウの人格的な問題が指摘されることもある（Louden 2021, p. 29ff.）。ルーデンは「バゼドウ自身はチームプレイヤーではなく、彼は同僚からの提案や批判に十分に開放的なわけではなかった」と評している（ibid., p. 180）。また、バゼドウの飲酒癖の悪さも伝えられており、カントの人間学講義の断片にも「バゼドウの欠点は、彼がマラガ酒を飲みすぎたことであった」（XXV 1538）という書きつけがある。

（18）オーストリアにおいて一七七一年に初めて設立されたもので、カントがここで言及しているのはフェルビガー（Abbot Felbiger）によって一七七四年に設立された学校であるとされる（Louden 2007, p. 525）。なおこれは、フランスのエコール・ノルマール（École normale）とは異なる。

（19）このjudiziösという語に注目した研究として、山口の論文がある。山口はこの語に「教育が経験なしには可能ではなく、また個々の経験を媒介としながら、それを超え、さらに経験へと戻っていく」（山口 一九九五、八三頁）という教育学の在り方を見出している。しかし、この教育における「経験」を成立せしめる理性の役割については十分に論じられていない。

▒引用・参照文献

＊カントからの引用は、『純粋理性批判』については第二版を示す記号Bに続き原版の頁数を、それ以外のテキストについてはアカデミー版の巻数（ローマ数字）と頁数を本文中に記した。なお、『純粋理性批判』は原佑訳（平凡社、二〇〇五年）、『教育学』は加藤泰史訳（岩波書店、二〇〇一年）を参照したが、適宜訳語を変えている。

Arnordt, E.（1909）*Gesammelte Schriften*, Bd. 5, Berlin.

Basedow. J. B.（1770）*Methodenbuch für Väter und Mütter der Familien und Völker*, Altona.

Basedow, J. B.（1774）*Das in Dessau errichtete Philanthropinum, eine Schule der Menschenfreundschaft und guter Kentnisse fur Lernende und jünge Lehrer, Arme und Reiche*, Leibzig.

Basedow, J. B.（1775）*Für Cosmopoliten Etwas zu lesen, zu denken und zu thun*, Leibzig.

Bock, F. S.（1780）*Lehrbuch der Erziehungskunst zum Gebrauch fur christliche Eltern und kunfitge Jugendlehrer*, Königsberg und Leibzig.

Bollnow, O. F.（1982）“Die Pädagogik des Barock”, in G. S. Seidel（ed.）, *Orientierungen zum pädagogischen Handeln*, Göttingen.

Buchner, E. F.（tr.）（1904）*The Educational Theory of Immanuel Kant*, Philadelphia.

Cavallar, G.（2015）*Kant's Embedded Cosmopolitanism*, Berlin & Boston.

Klemme, H. F. & M. Kuehn（ed.）（2010）*The Bloomsbury Dictionary of Eighteenth-Century German Philosophers*, London.

Kuehn, M.（2001）*Kant : A Biography*, Cambridge.

Kuehn, M.（2012）“Kant on Education, Anthropology, and Ethics,” in K. Roth & Ch. W. Surprenant（ed.）, *Kant and Education*, New York.

Lausberg, M.（2009）*Immanuel Kant und die Erziehung*, Marburg.

Louden, R. B.（2000）*Kant's Impure Ethics*, New York & Oxford.

Louden, R. B.（2007）“Notes to Lectures on Pedagogy,” in G. Zöller & R. B. Louden（tr.）, *Anthropology, History, and Education: The Cambridge Edition of the Works of Immanuel Kant*, Cambrdige.

Louden, R. B.（2012）“‘Not a Slow Reform, but a Swift Revolution’: Kant and Basedow on the Need to Transform Education,” in K. Roth & Ch. W. Surprenant（ed.）, *Kant and Education*, New York.

Louden, R. B.（2021）*Johann Bernhard Basedow and the Transformation of Modern Education*, London.

Munzel, G. F.（2012）*Kant's Conception of Pedagogy*, Evanston.

Pollok, K.（2001）*Kants Metaphysische Anfangsgrunde der Naturwissenschaft: Ein kritischer Kommentar*, Hamburg.

Quick, R. H.（1879）*Essays on Educational Reformers*, Cincinatti.

Reisart, J. R.（2012）“Kant and Rousseau on Moral Education,” in K. Roth & Ch. W. Surprenant（ed.）, *Kant and Education*, New York.

Reble, A.（1980）*Geschichte der Padagogik*, B. Auflage, Stuttgart.

Ritzel, W.（1985）“Wie ist Padagogik als Wissenschaft moglich?,” in J.E. Pleines（ed.）, *Kant und Pädagogik*, Wurzburg.

Schmucker, J.（1961）*Die Ursprünge der Ethik Kants*, Meisenheim am Glan.

Schurr, J.（1974）“Zur Möglichkeit einer transzendentalen Bildungstheorie,” in *Vierteljahrsschrift für wissenschaftliche Pädagogik*, Bd. 50, Bochum.

Stark, W.（2015）“Immanuel Kant's On Pedagogy: A Lecture Like Any Other,” in R. R. Clewis（ed.）, *Reading Kant's Lectures*, Berlin & Boston.

Stern, D.（1912）*Johann Bernhard Basedow und seine philosophischen und theologischen Anschauungen*, Königsberg.

Vorländer, K.（1977）*Immanuel Kant: Der Mann und das Werk*, Zweite, erweiterte Auflage, Hamburg.

Weisskopf, T.（1970）*Immanuel Kant und die Pädagogik*, Zürich.

加藤泰史（二〇〇一）「解説（『教育学』）」『カント全集一七』岩波書店。

山口匡（一九九五）「カントに於ける教育学の構想とその方法論的基礎」教育哲学会編『教育哲学研究』第七一号。

【付記】本研究はＪＳＰＳ科研費（23K12010）の助成を受けたものである。

第2章　ヘーゲルの哲学教育論

――哲学教育の必要性とそのあり方について――

硲　智樹

近年、日本の哲学研究者たちによって、初等教育の段階からの哲学教育の必要性が盛んに議論されている。これが哲学研究者たちの危機意識に由来していることは（ここでは）問わないとして、このような議論がなされているのは少なくとも知識詰め込み型教育への反省が教育の領域でなされたことと無関係ではあるまい(1)。また、「大綱化」に伴って、高等教育機関における哲学教育のあり方も問い直されるようになっている（というよりも「問い直さざるを得なくなった」と言うほうが実情に即しているかもしれない(2)）。その際、議論されているのは大学における哲学史の講義や教養教育（あるいは一般教育）としての哲学の意義である(3)。

ところで、哲学教育のあり方が議論されるのは日本の教育制度とその歴史における哲学という学問の特殊な位置のゆえというだけではないようである(4)。十九世紀の――われわれから見れば哲学の「本場」とも言える――ドイツにおいても哲学教育のあり方をめぐって議論がなされていたことを知る者はそれほど多くないであろう。哲学教育をめぐる問題は、ソクラテスによって示唆されているように、むしろ、哲学という学問にとって内在的な問題なのかもしれない。この（それ自体哲学的な）問題も、それはそれで非常に興味深いのだが、本稿が取り扱うのはこれではない。本稿では十九世紀ドイツの哲学者G・W・F・ヘーゲル（Georg Wilhelm Friedrich Hegel, 1770-1831）が哲学教育のあり方――とりわけギムナジウムにおけるそれ――についてどのように考えていたのかを考察する。というのも、ヘーゲルは大学教授であっただけではなく、一時期ニュルンベルクにおけるギムナジウムの哲学教授兼校長として当地の教育行政にも関与していたからである。もちろん、ヘーゲルの哲学教育論が現代日本における哲学教育の範となりうるなどと言うつもりはさらさらないが、偏見のない哲学研究者（あるいは読者）であれば、古典的哲学者の言葉に耳を傾けることを無意味だと考えるはずはないであろう。クヴァンテによれば、古典的哲学者の著作の意義はわれわれの思考を刺激するという点にあるのだから[5]。以下では、まず、ヘーゲルの略歴と当時のバイエルンにおける教育事情を略述する（1）。つぎに、哲学教育についてヘーゲルがどう考えていたのかを考察し（2）、最後に、手短にではあるが、それまでの考察をもとに、哲学教育のあり方ついて筆者の考えを述べることとする（3）。

1　教育者ヘーゲルとニュルンベルクの教育行政

上妻精によればヘーゲルには三つの顔がある。哲学者としての顔、政論家としての顔、そして教育者としての顔である。そしてこれら三つの顔すべてに目を向けることによってはじめて、われわれはヘーゲルの真の姿を捉えうると上妻は言う。少し長くなるが、上妻の言葉を引用しよう。

およそヘーゲルの問題意識は、フランス革命がルソーをはじめとする啓蒙思想の上に戦われたことに学んで、祖国ドイツの再生がその上で達成されるような思想を構築することにあった。ヘーゲルが哲学者としてカントにはじまる哲学運動の批判的自己同化に努めたのも、ドイツにおける政治革命の原理を模索してのことであり、政論家としてフランス革命の推移を見守り、ドイツ憲法論を論じ、イギリス選挙法改正運動の動向に関心をいだいたのも、これが投げかける問題を積極的に引き受けることによって自己の思想を鍛え上げるためであった。それならば彼が教育家として、教壇から哲学を学生に講じ、時に校長、視学官また総長などとして教育行政に与ったのも、彼にとってはみずからの思想を世間に普及し、みずからの思想の現実化を目指す最高の実践を意味したのである。ここにヘーゲルにとって、哲学者であることと、政論家であることと、教育家であることとは、決して別々のことではない。これらは三位一体であり、このいずれの顔をも無視しないところに、はじめて正しいヘーゲル像が結ばれると言わなくてはならない。（『論集』三〇五－三〇六頁）

ヘーゲルには教育を主題とする著作はない(6)。だが、教育者であることは哲学者としてのヘーゲルの本質的な側面の一つである。ここでニュルンベルクに至るまでのヘーゲルの略歴を簡単に振り返るとともに、ヘーゲル着任時の当地のギムナジウム教育についてみていくことにしよう。

ゲオルク・ヴィルヘルム・フリードリヒ・ヘーゲルは一七七〇年八月二十七日にドイツのシュツットガルトに生まれた。一七七七年からギムナジウムで学び、一七八八年十月にチュービンゲンの神学校に入学した。この神学校でヘーゲルはヘルダーリンやシェリングらと共に学んでいる。その後、一七九三年十月からイエナを訪れる一八〇一年までベルン（スイス）のシュタイガー家とフランクフルトのゴーゲル家で家庭教師を務めた。そして一八〇一年十月にヘーゲルは教授資格論文を提出し、イエナ大学の私講師としてようやく念願であった大学教師の職に就くことができた。だが、ナポレオン率いるフランス軍のイエナ侵攻のため、ヘーゲルはイエナを離れ、友人イマヌエル・ニートハンマーの尽力によってバンベルクの新聞編集者の職に就く。その後一八〇八年には当時バイエルンの中央視学官であったニートハンマーの斡旋によってニュルンベルクにおけるギムナジウムの哲学教授兼校長の職を得ることができた。ハイデルベルク大学教授に着任する一八一六年十月までの約八年間ヘーゲルはこの職を務めることとなる。もちろんこの間ヘーゲルは大学教授となることを決して諦めたわけではなかったが、教育者としてもヘーゲルは高い評価を受けていたという（Jaeschke 2003, S. 30f.）。

ところで、ヘーゲル着任時のバイエルンにおけるギムナジウム教育はニートハンマーによって起草され一八〇八年に制定された『王国における公的授業施設の設置に関する一般規範』（以下『規範』）に従って行なわれた。当時のバイエルンは教育改革の只中にあり、この『規範』は啓蒙思想に基づく実用教育——汎愛主義（Philanthropismus）——に対し古典（語）教育を重視する新人文主義（Neuhumanismus）の精神に基づいて作成された。(7) したがってギムナジウム本科への入学に際してはギリシア語とラテン語に十分に習熟していることが要求され、その上でギムナジウム本科では「語学の学習およびこれと親近する思弁や知性的知の諸対象に対して豊かな適性を具えた諸個人の育成を目指す」（『規範』：『論集』二七〇頁）と規定されている。そのため、予科ギムナジウムの第一課程および第二課程ではそれぞれ、ギリシア語練習に週七時間、ラテン語練習に週六時間が割り当てられており、また本科ギムナジウムの場合、下級クラスではギリシア語古典学習に週六時間、ラテン語古典学習に週六時間が割り当てられ、前期中級クラスでは週十三時間、後期中級クラスでは週十二時間、上級クラスでは週十二時間の古典学習がそれぞれ割り当てられている。もちろんこうした新人文主義に基づく古典（語）重視の教育は同時にヘーゲル自身の意向にも沿うものであった。(8) また哲学の授業に関しては、「生徒を思弁的思考に導き、段階的訓練を通して、そこから大学の授業が開始される哲学の体系的学習に対して生徒が十分熟達するまで、生徒を指導すること」（『規範』：『論集』二九四頁）が求められた。そして、下級クラスでは、論理学、宗教論、法論、義務論が、中級クラスでは宇宙論、自然神学、心理学が、上級クラスでは哲学的エンチクロペディー(9)が講義されると『規範』は定めている（『規範』：『論集』二八〇－二九五頁）。

2 ヘーゲルの哲学教育論

すでに述べたように、ヘーゲルには教育を主題とする著作はない。哲学教育に関しても同様である。それゆえ、「（理）論（theory）」という言葉が体系化された知識という意味で理解されるなら、ヘーゲルには哲学教育「論」はない。だが、それが所見や持論という意味で理解されるなら、われわれはこの意味での哲学教育論をヘーゲルの手によるいくつかの書簡を通じて窺い知ることができる。その書簡の一つが「ギムナジウムにおける哲学的予備学について、イマヌエル・ニートハンマーへの私的所見、一八一二年十月二十三日」（GW 10, 2, S. 823ff. 以下「私的所見」）である。これに先立ってヘーゲルはニートハンマーに宛てた一八一二年三月二十四日付の書簡においてギムナジウムにおける哲学教育についての所見を述べていた（Hoffmeister（Hrsg.）1952, Band 1, S. 396ff.）。そこで、上妻が言うように、ニートハンマーは改めてヘーゲルにギムナジウムにおける哲学教育について所見を求め、それに対してヘーゲルがこの「私的所見」によって回答したものと思われる（『論集』二二六頁）。当時、バイエルン当局はギムナジウムにおける哲学教育が知識偏重となっており、『規範』が要求しているところの「思弁的思考の実践的訓練」がなされていないことを憂慮していた（『論集』二二四頁）。ヘーゲルに意見を求めるニートハンマーの頭の片隅には当然この問題があったであろう。以下ではこの「私的所見」を基にしてヘーゲルの哲学教育論のポイントについて考察したい。

ヘーゲルの哲学教育論のポイントは次の二点にある。第一に、哲学は学ばれなければならない（①）。第二に、内容なしに哲学を学ぶことはできない（②）。

①について。ヘーゲルによると他の諸学問と同様に「哲学は教えられ、学ばれねばならない（Die Philosophie muß gelehrt und gelernt werden）」（GW 10, 2, S. 829 傍点は筆者）。このようにヘーゲルは哲学の学習可能性――むしろ学習必要性と言うほうが適切かもしれない――を主張する。このことは何とも奇妙である。なぜなら、哲学もまた他の諸学問と同様に学問であるならば、それが学ばれねばならないことは当然のことのように思われるからである。だが、現在の日本におけるのと同様に当時のドイツでも哲学という学問に対するある種の偏見があったようである。哲学に対するこの偏見についてヘーゲルは『エンチクロペディー』（第三版）で次のように述べている。

この学問（哲学：筆者）はしばしば次のような侮辱を受けている。それは、この学問に苦労して取り組んだことのない人々ですら、彼らはもともと哲学とはどんなものかを理解しており、普通の教養でもって、特に宗教的な感情から、哲学することができるし、哲学について判断することができるのだという自惚れ（Einbildung）を口にするという侮辱である。（GW 20, S. 43f.）

この偏見（侮辱）は、人間ならば誰でも考えることができるのだから、特別な訓練なしに誰もが哲学することができるのだという広義の思考（Denken）と哲学すること（Philosophieren）との同一視から生じているのであり、これではまるで手と足があれば誰でも靴を作ることができると言うようなものだとヘーゲルは皮肉を込めて述べている。つまり哲学することはただ考えることとは違うというのがヘーゲルの主張に他ならない。ヘーゲルによると、人間によって生み出されるものはすべて思考を通じてもたらされるのであり、そのかぎりにおいて人間的なものである。だが、それはまだ「思想という形式（*Form des Gedankens*）」において現われてはいない（GW 20, S.

40)。それゆえ、「追思考（Nachdenken）」（ebd.）としての思考を通じて、それを思想（Gedanke）という形式にもたらすことこそ哲学の仕事であるとヘーゲルは言う。この追思考の最高の形式が「思弁的思考」と呼ばれるものであり、これこそ非常に困難な事柄なのである。考えることができるなら誰でも哲学することができるという哲学に対するこうした偏見があったことを踏まえれば、ヘーゲルが哲学の学習可能性を主張していることにも納得がいく。

さらに、ヘーゲルによれば、哲学の学習可能性から人々の目を逸らさせているのは、「あたかも学ぶことが自分で考えることに対立している（*das Lehrnen dem Selbstdenken entgegengesetzt sei*）かのように」理解され、「この意味において自分で考えることが展開され訓練されるべきだ」という哲学のみならず教育学に蔓延っている偏見であるという（Hoffmeister（Hrsg.）1952, Band 2, S. 100）。だが、それは「自分で考えることへ、自分で作り出すことへ教育しようという惨めな切望」（GW 10, 2, S. 829）にすぎない。こうした偏見から「誰もが自分独自の体系を持とうとしたり、思いつきが野暮で奇抜であればあるほど、それによってその思いつきが独自性や他者の思想との違いをもっともよく示すため、独創的で優れたものとみなされるといった病癖が生じている」（GW 10, 2, S. 100）とヘーゲルは言う。ここでヘーゲルはオリジナリティには価値がないなどと言っているのではない。むしろ真のオリジナリティは基礎を踏まえた上ではじめて生まれるというきわめて当たり前のことを言っているにすぎない。基礎もできていないのにオリジナリティを求めることの虚しさをヘーゲルは指摘しているのである。この当たり前の事柄を人々は哲学に関してはすぐに忘れてしまうのだ。だが、哲学も学問であるかぎり、このことは妥当する。

哲学的諸学問はあらゆる時代の天才的な思想家の労苦がもたらした成果である。この真なる思想は教養のない若い人間が彼の思考でもって生み出すものを凌駕しており、天才的な仕事の全体がそのような若い人間の努力を超えている分だけ、一層そうなのである。本質的な対象についての若者の独創的で独自の考え（Vorstellen）はまったく貧弱で空虚であったり、そのほとんどが思いこみ、妄想、中途半端、間違い、曖昧であったりする。学ぶことによって真理がこの妄想に取って代わるのである。（GW 10, 2, S. 829f.）

以上のような二つの偏見が哲学の学習可能性を覆い隠しているというのがヘーゲルの主張である。だが、哲学が学ばれねばならないのであれば、その場合「哲学」の名のもとで学ばれるべきものとは一体何であろうか。

②について。哲学の学習に関してカントは歴史的な体系的知識としての哲学と理性認識としての哲学を区別し、後者つまり哲学すること（philosophieren）のみが学ばれうると述べていることはよく知られている（A 838）。ギムナジウムにおける哲学の授業では知識偏重に陥っており、哲学するという実践的能力が養われていないのではないかというバイエルン当局の憂慮は哲学と哲学することのこのカント的区別を前提にしている。当然ヘーゲルもカントによるこの区別は承知しており、「ひとは内容なしに哲学することを学ぶべきである」というのが現代の、とりわけ教育学の傾向であると述べている（GW 10, 2, S. 828）。だが、ヘーゲルによれば、内容なしに哲学を学ぶというのはまるで町や川や人間などを知らないまま旅をし続けるようなものだとこれを批判する。つまり、あれこれの町や川や人間などを知ることがまさに旅をするということなのだというのがヘーゲルの主張である。

このような考えが形式（方法）と内容（対象）は分離不可能であるというヘーゲルの根本思想に由来していることはすぐに分かるであろう。では、哲学の内容とは何か。それは「真理（Wahrheit）」であるとヘーゲルは言う。「真理」と言われると大袈裟に聞こえるが、『エンチクロペディー』（第三版）第一節で語られているところによると、哲学が対象とするのは、神、自然、そして人間的精神であり、一言で言えば、総体としてのこの世界そのものに他ならない（GW 20, S. 39）。哲学とはわれわれが生きているこの世界を総体として理解しようという試みなのである。総体としてのこの世界を「絶対者（das Absolute）」と呼ぶならば、絶対者の体系的認識が哲学だということになる。ギムナジウムにおける哲学教育の内容に関しては、ヘーゲルは『規範』で規定されているものを概ね妥当と考えており、若干変更を加えながらも基本的には『規範』に沿う形で授業を行なっていることが「私的所見」で報告されている。ただしその際ヘーゲルは、ギムナジウムの哲学教育において扱われるべき内容についでは生徒の発達段階を考慮しなければならず、ギムナジウムの哲学教育はあくまで大学への準備段階であって高度な思弁的思考を生徒に要求することは適切ではないと考えている。

このようにヘーゲルはギムナジウムの哲学教育を大学で哲学を学ぶための準備段階として理解しているのだが、他方でヘーゲルは「私的所見」を送付した際に添えたニートハンマー宛の書簡のなかで、哲学者という立場から考える限り、そもそもギムナジウムで哲学を学ぶことが本当に必要なのか、むしろ古典の勉強こそが最も適切で「その実質からみて（*seiner Substanz nach*）哲学への真の導入」なのではないかという疑問を吐露している（Hoffmeister（Hrsg.）1952, Band 1, S. 419）。だが、自分自身がギムナジウムにおける哲学教授であり校長でもあるという立場であることを考えればこれを明言することは憚られるとする点にわれわれはヘーゲルが哲学者であることと校長であることと間の葛藤に苛まれている姿を垣間見ることができるだろう。

3　哲学教育はどうあるべきか

これまで見てきたように、ヘーゲルの哲学教育論のポイントは、哲学は学習されねばならず、内容なしに哲学は学習されえないということである。この考えの根底には哲学は学問（Wissenschaft）であるというヘーゲルの確信がある。したがってヘーゲルにとって哲学教育とは学問としての哲学への導入に他ならない。哲学という学問も、他の諸学問と同様に、学ばれねばならないし教えられねばならないのである。そのかぎり哲学と哲学教育は切り離しえない。ヘーゲルのこの基本的信念は現代のわれわれにとってもなお意義があるように思われる。なぜなら、哲学という学問が置かれている状況がまさにヘーゲルの時代と現代とに共通しているからである。その状況とは哲学という学問に対する世間の無理解である。哲学は誰でもできるなどと嘯いたり、安易に独自性を追い求めたりするというヘーゲルから見れば哲学への冒涜と思われる状況のなかでヘーゲルは哲学教育を行なわねばならなかった。つまり、それは哲学の学問性がまったく理解されていないという状況である。すでに述べたように、ヘーゲルにとって哲学は学問に他ならない。そしてわれわれにとっても哲学は——たとえヘーゲル独自の意味ではないとしても——学問であり、そのようなものとして営まれているし営まれてきたことを否定する者は誰もいないはずである[10]。それにもかかわらず、哲学の学問性が理解されていないというヘーゲルが置かれた状況は、現代の日本における哲学をめぐる状況と通じるところがある[11]。現代の日本における哲学をめぐる状況についてここで詳論することはできないが、哲学が——少なくとも学術研究としての哲学が——どのような学問であるかは世間一般の人々にほとんど理解されていないのはほぼ間違いない[12]。おそらくこのことが、世間では「哲学は役に立たない」と思われている主たる理由でもあろう。

一方には「哲学は役に立たない」という人々や——その裏返しとして——哲学は（学習することなしに）誰でもできると考える人々がおり、他方には初等・中等教育における哲学教育の必要性を主張する人々がいる。では、初等・中等教育においても哲学教育が必要であるという人々は「哲学」という名のもとに一体何を教えるべきだと言うのであろうか（以下では「哲学教育」ということで大学以前の段階におけるそれを指す）。その場合、哲学教育という名において試みられているのは哲学対話やクリティカル・シンキングなどであろう。もちろん筆者はそういったものを導入すること自体に異議を唱えようとは思わない。それにはそれなりの意義はあるだろう。だが、はたしてそれが本当の意味で哲学の教育と言えるであろうか。これは筆者の個人的な意見にすぎないが、哲学教育ということで、たんに「哲学」という名の「教科」あるいは「科目」――そのもとで何が学ばれるのであれ――を導入しても、根本的な意味で哲学を、いや、哲学することを学ぶことにならないのではないかと思う。むしろ、教育そのものが哲学することを基礎として――教授の内容および方法ともに――組織化されねばならないであろう。つまり、哲学することは全体としての教育（内容）を通じて学ばれねばならないし、またそうしてのみ学ばれうるのではないか。ヘーゲルが哲学教育ということで考えていたのもこれであろう[13]。哲学教育というのはこの意味において理解されるべきである。そう考えるなら、現在では、例えば国際バカロレア教育（ＩＢ）のうちに――筆者はＩＢの推進者であるわけでもないし、ここでＩＢのプロパガンダをするつもりも毛頭ないのだが――こうした意味での「哲学教育」を見て取ることができよう[14]。筆者には、哲学対話の授業やクリティカル・シンキングの学習などよりも、ＩＢのほうが学習内容および学習方法においてより哲学的であるように思われるのである。すでに述べたように、「哲学」という「教科」あるいは「科目」――それが何であれ――を導入すればそれで事足りるというふうに考えるのは、少々短絡的ではあるまいか（だが、一体、誰のための、何のための哲学教育なのか）。哲学教育が必要であると言うのであれば、哲学とは何か、そして教育とは何かを改めて根本から考えるべきである。哲学に対する世間の無理解を考慮すれば、哲学教育は確かに必要である[15]。しかし、それが現在その名において行なわれようとしていることなのかどうか、これについては考える余地があることも確かである。

（1）一九九六年に中央教育審議会が「二一世紀を展望した我が国の教育の在り方について」という第一次答申において、これからの教育においては「生きる力」を育成することが求められるとした。

(2)「大綱化」とは一九九三年に行なわれた大学設置基準の改正を指す。

(3) 例えば、名古屋哲学教育研究会では哲学を専門としない学生のための哲学教育の在り方が議論されている（http://www.cshe.nagoya-u.ac.jp/publications/file/2009_fd_sd_series2_text.pdf 二〇一九年八月二十二日参照）。また、松本・戸田編（二〇一二）では大学における哲学史講義の意義を論じている。

(4) これまでの日本における哲学教育の在り方を論じたものとしては、オグジュ（二〇一六）を参照。

(5) 古典的著作を読むことの意義については、クヴァンテ（二〇一九）を参照。

(6) ヘーゲルは一八二一年頃プロイセンの学校法の準備に関わった際に「国家教育学（Staatspädagogik）」に関する書物を著すことを検討していたようであるが、結局それは実現されなかった（Jaeschke 2003, S. 203.）。

(7) ニートハンマーはその著書『我々の時代の教育理論における汎愛主義と人文主義の争い（*Der Streit des Philanthropismus und Humanismus in der Theorie des Erziehun-gsunterrichts unserer Zeit*）』（一八〇八年）において新人文主義の立場から汎愛主義を批判している。なお、当時のバイエルンの教育改革などについては上妻（一九七三、一九七四）を参照。

(8) ヘーゲルが教育において古典（語）の学習を重視する体系的な理由については、硲（二〇一一）を参照。

(9) 哲学体系としてのエンチクロペディーの教育的意義については、阿部（二〇一〇）を参照。

(10) ここで哲学は学問であると言うとき、それは知の獲得を目指すという意味で、すなわち哲学的な主張（言明）には真理要求が含まれており、それを合理的に根拠づけることが要求されるという意味で理解されている。それゆえそれは決して古典文献研究のみが哲学であると言っているのでもなければ、哲学が「研究者」という肩書を持つ一部の人々の専売特許であると言っているのでもない。だが、ローティのように哲学は上記の意味での学問ではないと考える立場もあるだろう。

(11) 現在の日本において哲学の学問性が世間一般に理解されていないことは「哲学対話」と哲学研究の関係が問題として議論されている点にすでに示されていると言える（http://philosophy-japan.org/wpdata/wp-content/uploads/2016/10/tetsugaku_kyouiku.pdf 二〇一九年八月二十二日参照）。つまり、これは世間一般で「哲学」と称されている事柄と専門的な哲学研究者が行なっている事柄が隔絶しているということに他ならない。哲学が現在このような状況にあるのは哲学が明治期に西洋から輸入された学問であるという事情もさることながら、その責任の一端が哲学研究者の側にもあることはもちろん否めない。

（12）「哲学」という名を冠した「対話」や「カフェ」が世間の一部でなされている。最近ではそれらを「哲学プラクシス」と呼ぶこともあるようである。しかも、「哲学対話」が哲学することではないとは言えないが、少なくともそれは学問としての哲学（いわゆる「哲学」の「研究」）からは意図的に切り離されているように思われる。「哲学カフェ」あるいは「哲学対話」と専門的な学術研究としての哲学との関係を草野球とプロ野球の関係というアナロジーで理解すれば、ある程度このことは納得がいく。だが、このような切り離しには二つの誤解があるように思われる。一つは、哲学の研究者は哲学者の書いた著作を解釈して論文を書いている（いわゆる研究）がそれは哲学することではないという誤解である。なぜなら、「哲学のない哲学史は盲目である」（ローティ 二〇一八、二〇九頁）とローティが言っているように、哲学することなしには哲学の著作は理解できないからである。もう一つは、ヘーゲルが指摘していたように、哲学することをたんに考えることと同じとみなすという誤解である。哲学の問いは答えがないのだから何でもありというのであれば、それは学問的な意味での哲学ではない（が、哲学対話に参加しているひとも学問的な哲学をやりたいとはさらさら思っていないであろう。両者が切り離されている理由の一つがここにあると言える。ただし、それは理由の一つであって、すべてではないであろう。他の理由も容易に推測されうるが、ここでは敢えて言及することは控えておく）。これは哲学とは何かという根本的な問いに関わっているが、それでは（何でもありというのであれば）「哲学」という言葉を使う意味が一体どこにあるのであろうか。これらの誤解は、歴史的、社会的、心理的、政治的な様々な要因に起因していると思われるが、誤解が取り除かれ、学問としての哲学と哲学対話のあいだに接点を見出す方がいずれの立場にとっても有益ではないだろうか。誤解されないようにことわっておくが、筆者は両者にとって有益な道を探すほうがよいのではないかと言っているだけである。哲学対話における哲学の専門的研究の意義については、http://philosophy-japan.org/wpdata/wp-content/uploads/2016/10/tetsugaku_kyouiku.pdf を参照。

（13）参照、阿部（二〇一〇）。

（14）ＩＢについては大迫（二〇一三）を参照。

（15）もちろんこのことは哲学教育が必要であるひとつの理由にすぎない。哲学教育の必要性は教育そのもののあり方という根本的な観点からも把握されねばならないであろう。

▒引用・参照文献

GW：Georg Wilhelm Friedrich Hegel（1968ff.）*Gesammelte Werke*, Hrsg. v. der Nordrhein-Westfälischen Akademie der Wissenschaften und der Künste, Hamburg：Felix Meiner. 引用に際しては巻数および頁数を記した。

『論集』：上妻精編訳（一九八八）『ヘーゲル教育論集』国文社。

阿部ふく子（二〇一〇）「哲学の〈学習〉としての体系──ヘーゲルの教育観と哲学的エンツュクロペディーの関係について」『ヘーゲル体系の見直し』理想社、一〇一－一一七頁。

大迫弘和（二〇一三）『国際バカロレア入門──融合による教育イノベーション』学芸みらい社。

硲智樹（二〇一一）「精神の教養形成における否定の契機としての訓育について」『ヘーゲル哲学研究』（日本ヘーゲル学会編）、第一七号、一三七－一四九頁。

Hegel, Georg Wilhelm Friedrich（1968ff.）*Gesammelte Werke*, Hrsg. v. der Nordrhein-Westfälischen Akademie der Wissenschaften und der Künste, Felix Meiner.

Hoffmeister, Johannes（Hrsg.）（1952）*Brief von und an Hegel*, Band 1, Felix Meiner.

Hoffmeister, Johannes（Hrsg.）（1952）*Brief von und an Hegel*, Band 2, Felix Meiner.

Jaeschke, Walter（2003）*Hegel Handbuch：Leben-Werk-Wirkung*, Metzler.

Kant, Immanuel（1998）*Kritik der reinen Vernunft*, Felix Meiner.

上妻精編訳（一九八八）『ヘーゲル教育論集』国文社。

上妻精（一九七三）「教育家としてのヘーゲル（一）」『成蹊大学文学部紀要』第九号、一三－四三頁。

上妻精（一九七四）「教育家としてのヘーゲル（二）」『成蹊大学文学部紀要』第一〇号、一－二五頁。

松本啓二朗・戸田剛文編（二〇一二）『哲学するのになぜ哲学史を学ぶのか』京都大学出版会。

オグジュ、タデウシュ・アダム（二〇一六）「日本における哲学教育の歴史と現状」『京都産業大学論集』人文科学系列第四八号、二一五－二三一頁。

クヴァンテ、ミヒャエル（二〇一九）「K・マルクス哲学のアクチュアリティ」硲智樹訳、『ぷらくしす』通巻第二〇号、一四五－一五一頁。
ローティ、リチャード（二〇一八）、『ローティ論集』冨田恭彦訳、勁草書房。

第3章　ハイデガーの科学論
――科学の脅威――

池辺　寧

1　はじめに

今日、われわれは生活のさまざまな場面で科学の恩恵を受けている。ハイデガーは畑に化学肥料を撒くといった例を示しているが、例はその他にもいくらでも挙げられる。われわれの暮らしはもはや科学なしでは成り立たない。ハイデガーも、「われわれは科学的であることをもはや今日の現存在から抹消できない」と述べ、今日の現存在を「科学的な現存在」と特徴づける（GA27, 161）。

もっとも、科学の恩恵を受けているといっても、実際には科学から直接に恩恵を受けるよりも、科学の成果として実用的な技術的製品がつくられ、その製品を通じて恩恵を受けている場合のほうが多い。そこで一般には、科学は技術の基礎であり、技術は科学の応用であると捉えられることになる。だが、ハイデガーはこれに異を唱え、逆に科学、特に自然科学[1]のほうが技術の本質的な遂行であり（GA76, 125）、技術の本質を応用したものである

（GA79, 43）、とみなす。ハイデガーは技術の本質から科学を捉えようとするが、それでも、「このような逆転によって事象に近づいたが、まだ事象の核心をついていない」（GA80. 2, 1186）と言う。「事象の核心」として彼が問うているのは、科学と技術の「両者にとって最も固有なもの、両者に共通する由来」である（GA80. 2, 1186f.）。

近現代においては、科学と技術は不可分の関係にある。ハイデガーが論じた技術も、科学的技術である。彼は一九六七年の講演「芸術の由来と思惟の使命」において次のように述べる。「世界文明の体制と諸装置は科学的技術によって企投され統制されている。科学的技術が人間の世界滞在のあり方と諸可能性を決定した」（GA80. 2, 1316）。今日のわれわれが科学的・技術的世界に生きていること、このことがこの一節によく表われている。さらにこの一節は講演原稿に手を加えた改訂版では、次のようになっている。「世界文明の体制と諸装置は、科学的技術による企投と統制に歩調を合わせた社会的な計画立案が製作しうるものとみなされている。まだほとんど考えられておらず、まだ特に経験されていない科学的技術の力が、人間の世界滞在のあり方と諸可能性を決定した」（GA80. 2, 1333）。改訂版では、科学的技術にはわれわれの予想を超えた力があることや、その力によって社会のあり方が変わっていく可能性がよりいっそう強調された内容に修正されている。

ハイデガーの技術論はわが国でもよく論じられるが、問題になっているのは「科学的技術の力」である。そうである以上、彼の技術論を理解するうえでも、彼は科学をどのように捉えていたのかを抑えておく必要がある。本稿では『杣道』（一九五〇年）に収められた「世界像の時代」やそれに関連する草稿などを手がかりにして、このことに取り組むことにする。

2　行　動
――研究としての近代科学（1）――

冒頭で挙げた「化学肥料を撒く」という例の出典は、ハイデガーが一九四〇年九月に書き記した草稿「近代科学の本質についてのいくつかの主導的テーゼ」である。ハイデガー全集第七六巻『形而上学、近代科学、現代技術の成立への主導的諸思想』に収められている。草稿には、「畑に化学肥料を撒き、トラクターで収穫する農夫」と記されている（GA76, 122）。土地の地力や天候などに大きく依存している農業でさえ、今日では科学や機械技術と無縁ではない。科学と機械技術はともに[2]「近代の本質的な現象」に属する（GA5, 75）。農夫は近代の本質的な現象を体現した好例である。

ここで言う科学とは近代科学のことである。ハイデガーによれば、近代科学においては方法が事象に対して優位にあるゆえ、近代科学は中世や古代の科学とはまったく異なる（GA76, 160）。方法の優位を説くにあたって、ハイデガーはニーチェの「方法の勝利」を援用しながら、「科学は方法によって支配されている」と主張する（GA89, 841）。ニーチェは言う。「われわれの十九世紀を際立たせるのは科学の勝利ではなく、科学に対する科学的な方法の勝利である」[3]。方法は通常、研究遂行の手法となる「研究の手段」（GA89, 841）、つまり、当の科学的研究が主題としている対象領域を取り扱うために用いる手段（GA80. 2, 1317, 1334）として受け取られているが、そうではない。「方法はむしろ、研究すべき対象にそれぞれ対応する諸領域がその対象性に関して、前もっていかに取り出されるのか、その仕方を意味する」（GA80. 2, 1334, vgl. 1317）。何が科学の対象なのか、科学の対象にはどのような仕方でアプローチできるのかを規定するのが方法である。

ハイデガーは上述の一九四〇年の草稿のなかで、近代科学を「研究（Forschung）」と捉え、次のように述べている。

> 近代科学とは研究である。すなわち、それ〔近代科学〕は、あらゆる事物を制御すること、および、人間を統制し育成することを意図して、探究的な手順を用いて存在者の諸領域へと〈行動すること〉〈認識しつつ企投すること〉が計画的に整えられた事業である。[4]（GA76, 123f.）

この草稿は、一九三八年六月に行なわれた講演「形而上学による近代的世界像の基礎づけ」を踏まえて書き記されたものである。講演原稿は後に加筆のうえ「世界像の時代」と題されて公刊された。上記の引用箇所には、ハイデガーが「世界像の時代」のなかで研究の要素として挙げた、行動（Vorgehen）、企投（Entwurf、構想）、手順（Verfahren）、事業（Betrieb）がすべて含まれている。この箇所は、研究としての近代科学を端的に言い表わしている。以下、この一節を敷衍し、ハイデガーが考える近代科学について論じていきたい。

ハイデガーは「世界像の時代」では研究の本質を、「認識することそれ自体が自然や歴史といった存在者のある領域において行動することとして整えられる」（GA5, 77）、という点に見出している。研究としての認識することとは、存在者が表象され（vorgestellt 前に立てられ）、対象化されることによってなされる。「前に－立てること（Vor-stellen）とは前に－進みつつ（vor-gehend）、制御して、対して－立てること（Ver-gegen-ständlichung、対象化）である」（GA5, 108, vgl. GA80. 2, 772）。本稿では Vorgehen という語を、ハイデガーが考える意味での研究行動を指す語として「行動（すること）」と訳すが、Vorgehen は Vorstellen に関連する語として用いられている。「世界像の時代」での研究の本質の規定に従えば、研究とは自然や歴史（人間）の認識である、となる。一見、もっともらしい規定であるが、この規定は対象領域として自然や歴史を挙げているだけである。何のために自然や歴史に対して研究を行なうのかは何も語られていない。それに対して、上記の草稿では、事物の制御、人間の統制・育成という研究の意図が明確に述べられている。認識しつつ行動するといっても、認識がめざしているのは、自然や歴史などの存在者の本質性格を明らかにすることではなく、何らかの成果、しかも、直接に利用できる成果を挙げることである。ハイデガーは『哲学への寄与論稿』において、「さまざまな成果や、それにもまして成果がそのまま利用に適していることが探究の正しさを確かなものにするのであり、その科学的な正しさが知の真理とみなされる」（GA65, 148）と述べている。彼は科学を技術の本質的な遂行と捉えるが、このことがこの一文にも表われている。同書において彼はさらに次のように述べ、科学の行き着く先を批判する。「科学の進歩は大地の搾取と利用、人間の育成と調教を、今日ではまだ想像できない諸状態へともたらすであろう」（GA65, 156f.）。

ところで、ハイデガー全集第八〇・二巻『諸講演（第二部：一九三五－一九六七）』に、「世界像の時代」のもとになった講演原稿（第二稿）が収められている。「世界像の時代」と講演原稿のあいだにみられる、ある異同をここで指摘したい。上で引用したように「世界像の時代」では、「認識することそれ自体が自然や歴史といった存在者のある領域において（in einem Bereich）行動することとして整えられる」（GA5, 77）、と述べられていた。ところが、研究の本質を規定したこの箇所は、講演原稿では「認識することそれ自体が自然や歴史といった存在者のある領域へと（in einen Bereich）行動することとして整えられる」となっている（GA80. 2, 737）。講演されなかった第一稿においても、研究は「ある対象領域へと認識しつつ行動すること」（GA80. 2, 711）と規定されているし、上記の草稿においても「存在者の諸領域へと〈行動すること〉（認識しつつ企投すること）」（GA76, 123f.）となっており、いずれも4格が用いられている。行動について、ハイデガーは講演原稿（第二稿）では続けて次のように語っている。

> 行動はここでは、単に〈方法〉や手順のみを意味しているのではない。というのも、あらゆる手順は、そこで自らが動く、ある開けた領域をすでに必要としているからである。そして、まさにそのような領域を開くことが研究の根本的出来事である。このこと〔領域を開くこと〕は、存在者のある領域、たとえば自然において、自然の諸事象についてのある特定の見取り図が企投されることによって遂行される。(GA80. 2, 737)[5]

　ここで手順と併記して、括弧付きで用いられている「方法」[6]は研究遂行の手法を指し、ハイデガーがニーチェを援用して述べていた「方法」は「領域を開くこと」に相当するであろう。研究の手順は自分では研究の対象領域を開くことができず、ある開けた領域を必要とする。領域は研究の見取り図が企投されることによって開かれるが、直前にある「自然や歴史といった存在者のある領域へと行動すること」という記述を踏まえると、見取り図の企投は研究の対象領域へと行動することである。つまり、ある領域へと行動することが当の領域を開くのであり、これが研究の根本的出来事である。講演原稿ではこのようなことが語られている。ところが「世界像の時代」では、「ある領域において行動すること」と修正されたことに伴い、上記の引用文にある「あらゆる手順」が「あらゆる行動」に書き換えられ、「あらゆる行動は、そこで自らが動く、ある開けた領域をすでに必要としている」と修正されている(GA5, 77)。この修正に従えば、領域を開くことは講演原稿とは異なり、行動に先立って研究の見取り図の企投によってなされる出来事になるが、そう言えるだろうか。

　ここで問題にしているのは行動と企投の関係であるが、一九四〇年の草稿には次のように書き留められている。「諸科学は当の存在者にそれぞれ決定的に拘束されているが、この拘束は諸科学の行動において遂行される。行動（Vor-gehen）は企投という性格をもつ」（GA76, 122）。ここで言う拘束とは、企投が開いた対象領域から逸脱することなく、研究を遂行していくことを指す。科学について語るとき、ハイデガーがまず念頭に置いているのは数学的物理学である。数学的物理学にとって自然は運動、時間、力などによって規定され、見取り図が描かれる。物理学的な自然認識は自然の見取り図によって成立する。「物理学的研究はいかなる問いの歩みにおいてもあらかじめ企投に拘束されている。このことによって、自然の企投は確かなものとなる」（GA5, 79, GA80. 2, 739）。それゆえ、ハイデガーは「この拘束が研究の厳密さである」と定める（GA5, 77, GA80. 2, 737）。拘束は企投に応じて異なってくるが、拘束が諸科学の行動において遂行されるのは、行動とは対象領域において行なわれる研究活動のことだからである。ハイデガーはこの点を重視して、「世界像の時代」において「ある領域において行動すること」と修正したのであろう。

しかし、行動が企投という性格をもつこと、このことが「世界像の時代」において否定されたわけではない。ハイデガーは「世界像の時代」においても、「見取り図の企投と厳密さの規定によって、行動は存在領域の内部でその対象領域を確かなものにする」（GA5, 77, GA80. 2, 737）と述べている。講演原稿と同一であるが、「見取り図の企投」は「ある領域へと行動すること」に、「厳密さの規定」は「ある領域において行動すること」に対応しており、両者が相俟って、行動はその対象領域を確かなものにすることが述べられている。行動には「見取り図の企投と厳密さの規定」の二つの意味があり、これらによって研究は独創的な研究になるというのである。行動に二つの意味があることは、講演されなかった第一稿にもすでに明記されている。第一稿では行動ではなく「前に－建てること（Vor-bauen）」という語が用いられているが、「前に建てること」には、存在領域の内部で対象領域を開きつつ企投すること、および、限界づけられた対象領域とその接近可能性を絶えず確保することという二つの意味がある（GA80. 2, 711）。第一稿では、「前に建てることは対象領域の企投と厳密さの確保という二つの意味において、根本的な出来事なのであり、この出来事によって、科学は研究として根拠づけられ、導かれ支えられる」(GA80. 2, 714)と記されていた。たしかに「世界像の時代」においても、上記の引用箇所から行動には二つの意味があることを読み取ることができる。しかし、「あらゆる行動は(……)ある開けた領域をすでに必要としている」と修正されたため、「世界像の時代」を読むだけではハイデガーが諸科学の研究行動をどのように捉えているのか、十分に理解することはできない。

3　手順と事業
——研究としての近代科学(2)——

前節で引用したように、ハイデガーは一九四〇年の草稿において近代科学を、「探究的な手順を用いて存在者の諸領域へと〈行動すること〉(認識しつつ企投すること)が計画的に整えられた事業」(GA76, 123f.)と捉えている。このうち、行動については前節で取り上げた。行動には、企投、および、企投に拘束される厳密さの二つの意味がある。「しかし、企投と厳密さが、それらがあるところのものへとはじめて展開されるのは手順においてである」。ハイデガーはこのように述べ、「研究にとって本質的な第二の性格」として「手順」を挙げる(GA5, 79f., GA80. 2, 739)。

手順とは、それぞれの科学が自らの対象領域を対象に応じてどのように問い、表象するのか、つまり、問いの立て方のことである(vgl. GA76, 119)。ハイデガーは明示していないが、彼が「世界像の時代」で考えている問いの立て方は、「企投された領域をそのさまざまな面と組み合わせからなる多様性全体において出会わせること」(GA5, 80, GA80. 2, 739)である。このことが問いの立て方と言えるのは、出会っている諸事実の変わりやすさや変化に目を向けることを通じて、規則と法則を提示し確証することができるからである。手順は規則や法則を導出するが、導出された規則や法則において、事実は事実として認識される。このことを、ハイデガーは「法則があるところにのみ、事実があるのであり、その逆ではない」と言う（GA80. 2, 715）。

一九四〇年の草稿に「探究的な手順を用いて」とあるのは、手順には説明という性格があり、説明は探究において遂行されるからである。説明とは未知のものを既知のものによって基礎づけるとともに、既知のものを未知のもの、いわゆる新事実によって確証することである（GA5, 80, GA80. 2, 740）。一方、探究とは、対象領域のなかで特に主題にしている分野についての研究に邁進していくことである。ハイデガーは自然科学における探究として、実験を挙げる。彼によれば、自然科学は実験を行なうことによって、研究となるのではない。むしろ、自然認識が研究に変換されることによって、実験ははじめて可能になる。実験とは、法則を確証したり法則の確証を拒否したりする諸事実を挙げるために、仮説として根底に置いた法則によって担われ導かれている手順のことである（GA5, 80f., vgl. GA80. 2, 740f.）。このような諸事実を挙げるための実験について、ハイデガーはすでに一九二八／二九年冬学期講義において次のように述べている。「実験とは、何らかの事象を任意に観察することではなく、適切な器具を用いて測定できるような諸条件のもとで自然－事象を作り出すこと（Herstellung）である。実験にとって本質的なことは観察ではなく、観察されたものやここで進行しているものの解釈である」（GA27, 188）。

自然－事象を作り出すといっても、もちろん、研究者が実験によって任意に作り出すわけではなく、対象領域に制約されていることは言うまでもない。「世界像の時代」においても、法則を設定することは対象領域の見取り図に基づいて行なわれるのであり、表象は「任意の想像」ではない、と述べられている（GA5, 81）。ここで言う表象とは、実験を行なう際の条件の表象である。つまり、「その条件に応じて、ある特定の運動連関がその経過の必然性において追跡可能なもの〔表象されるもの〕、すなわち、算定のためにあらかじめ支配可能なものとなりうる」（GA5, 81）[7]、そういった条件のもとで実験は行なわれる。

近代自然科学が対象とする自然とは、自ら人間に語りかけてくるような自然ではなく、人間が支配しようと意図して表象した自然である。それゆえ、実験によって作り出される自然とは、人間にとって算定可能で支配可能な事象であり、普遍化可能な事象のことである。こうした自然－事象を手に入れるために実験に求められているのは、「妥当性や客観性、再現性を高めることによって、主張を立証し確実なものにすること」[8]である。前節で「方法の勝利」を取り上げたが、そこでの言葉で言えば、「実験において到達でき追試可能な、あらゆるものの普遍的な算定可能性」（GA80. 2, 1317, 1334）を明らかにすることである。ハイデガーは続けて次のように語る。「算定可能性によって、世界は人間にとっていたるところで、いつでも支配可能なものとなる。方法とは、人間が普遍的に意のままに使用できるように、勝利を確信しつつ世界を挑発することである」（ibid.）。

挑発とは、自然に貯えられているエネルギーや資源を供給するように自然に対して挑みかけることである。ハイデガーは挑発という語を、現代技術を特徴づける語としても用いている。一般にそちらのほうがよく知られているが、ここでは科学の方法を示す語として使われている点に着目したい。もとより、今日の技術は科学的技術であり、科学は技術の本質的な遂行である。科学も、現代技術の特徴である挑発を備えていることは当然のことと言える。科学がいかに挑発するかについては、ズヴァルトの記述が参考になる。

たとえば、最先端の顕微鏡法は微生物がわれわれの前に現われること、しかも、非常に特殊な仕方で（たとえば遺伝情報の運搬体として）現われることを可能にしたが、微生物研究を行なう実験室をハイデガー的に分析してみると、最先端の顕微鏡法は微生物の世界をどのような枠組みで捉えているのかが正確に明らかになるかもしれない。このタイプのテクノロジーは微生物をわれわれにより近づけるのではなく、むしろ距離を生み出し、微生物を対象、それどころか、敵とみなし、微生物の性質を開発利用や生物資源探査（すなわち、入手可能で特許性がある生体材料と遺伝子の探索）のための貯蔵庫という枠組みで捉えているであろう。(9)

手順とは対象領域をどのように問い、表象するかを示したものであるが、こうした手順が科学の専門化をもたらす。科学はそれぞれ、企投によって開かれた対象領域、たとえば「自然、歴史、芸術、経済、国家、民族、言語、空間、数」（GA76, 122）といった対象領域において研究を行なう。あらゆる科学は特定の対象を専門的に研究する個別科学であり、一般科学といったものは存在しない。「あらゆる個別科学は企投の展開において、自らの手順によって探究の特定の領野へと特殊化せざるを得ない」。ハイデガーはこのように述べ、特殊化（専門化）を「研究としての科学の本質必然性」とみなす（GA5, 83, GA80. 2, 742f.）。と同時に、科学は技術の本質に基づいているゆえ、「専門化は技術の帰結である」（GA76, 124）とも捉える。企投は個々の科学の専門性の基礎となるものであるが、それだけでなく、さらに個々の研究の独創性も企投がもたらす。「企投は、計画された対象化の視界を前もって開く。視界は存在者のそれぞれの領域において、ある対象領域を取り出し、事象に応じた手順を対象化にまず指図する」（GA76, 122）。企投は研究において、どのような視点のもとで何をどこまで明らかにするのか、このことを構想するものと言える。

科学が発達するにつれて専門化が進むことは、自らの専門領域にしか関心を持たなくなってしまう孤立化、ハイデガーの言葉で言えば、「無分別な退化」や「頽落現象」（GA7, 53）を意味するのではない。専門化はそれぞれの科学の固有性や独自性を確保するが、同時に隣接諸科学との交流を促進するものである。「対象領域の境界を画定すること、対象領域を専門分野に限定すること、これらは諸科学をばらばらに引き裂くのではなく、諸科学のあいだで境界での交流をはじめてもたらすのであり、そのことによって境界領域が際立ってくる」（ibid.）。専門分野はもとより固定的なものではなく、「境界での交流」を通じて変化したり、新たな専門分野を生み出したりする。さらに、専門分野は多様な学際的研究を行なうための基礎となるものである。

今日、科学的な研究を行なうにあたって問われるのは、研究の目的や意義、見込まれる研究成果などである。研究成果はこれまでの成果（先行研究）のうえに、新たな成果として積み重ねていくことが求められる。それゆえ、研究は新たな成果を生み出すべく、絶えず新たに計画され遂行されることになる。「手順は自らの成果の助けを借りて、それ自身そのつど新しい行動へと整えられる。（……）科学の手順は科学の成果に取り囲まれている」（GA5, 84, vgl. GA80. 2, 743）。研究はその成果と切り離して考えることができず、研究成果の積み重ねが新たな研究を生み出していく。このことを、ハイデガーは「事業性格」と特徴づけ、近代科学の「第三の根本的出来事」とみなす（GA5, 83f., GA80. 2, 743）。前節で引用した一九四〇年の草稿においても、ハイデガーは近代科学を事業と規定していた。科学の事業性格について、ズヴァルトは次のように記述している。

要するに、科学的研究を推進しているものは、テクノサイエンスそのものの事業を確保し拡大していく必要性である。以前の成果に基づいて、新たなプロジェクトが継続的に築かれなければならない(10)。

科学が事業と言えるのは、「研究においてそのつど対象となっている存在者（自然と歴史）に対する、手順の優位」（GA5, 84, vgl. GA80. 2, 744）という事態が生じているからである。科学にとって重要なのは、優れた研究成果を生み出す手順であり、自然や歴史といった存在者はそのための手段となる対象でしかない。「科学そのものにとっての決定的な問いは、事象領域の根底に存している存在者そのものがどのような本質性格をもっているかではなく、あれこれの手順でもって、〈認識〉、すなわち、探究の成果が期待できるかどうか、である」（GA65, 148）。

したがって、「科学そのものによって、真正な知と存在者との本来的な関わりは破壊されている」(GA76, 161)。ハイデガーが挙げている例で言えば、本質的な意味において生きた自然と関わりをもっていない生物学者がいるが、研究成果を達成するためには必ずしも自然と関わりをもつ必要はない。また、歴史にも芸術作品にも、経験豊かな真の関わりをもたない美術史家がいる(GA76, 160f.)。そのような生物学者や美術史家であっても、優れた研究成果を挙げることは十分に可能である。ズヴァルトはゲノミクスを例に挙げて次のように言う。

> ハイデガーの診断の非常によい例は、現代の生命科学研究、たとえば多様なオミクス(-omics)の種類や部門に分かれているゲノミクスである。ゲノミクスは、生命体を生命－情報として確保し対象化する、ある特定の方法であり、その結果、生命体は再現可能な方法で、できるだけ記号を用いてコンピュータの画面上で、配列が決定され、研究がなされる。(……) 生き物はことごとく取り除かれ、文字(記号、デジタルコード)や、テラバイト単位のゴミデータに置き換えられる。ゲノミクスは、計画された研究を(テクノロジー的に強化された)グローバルな舞台へ、すなわち、グローバルな研究事業(「巨大科学」)へと発展させた。[11]

存在者との本来的な関わりが必要でなくなったことにより、事業としての科学においては「これまでとは異なったタイプの人間」が現われることになる。つまり、「学者は、研究活動に従事する研究者に取って代わられる」(GA5, 85, vgl. GA80. 2, 744)。研究者にとって研究活動とは学識を培うことではなく、研究計画を立て、それを遂行することである。同一の研究計画のもとで他の人と研究の引き継ぎを行なうことは可能であり、研究業績もたとえば研究室の研究業績として受け継がれていく。

以上、前節と本節ではハイデガーの一九四〇年の草稿の一節を敷衍しながら、近代科学について論じてきた。

ズヴァルトの記述が示唆するように、ハイデガーの分析は巨大科学が出現している現代においても十分に通用する。ハイデガー自身は「世界像の時代」のなかで以下のように総括する。彼はこの総括においても、事物の制御、人間の統制・育成といった、草稿で明示していた研究の意図には何も言及していない。

近代科学は特定のさまざまな対象領域の諸企投に基づき、同時に諸企投のうちで個別化されている。諸企投は、厳密さによって確かなものにされた、それぞれにふさわしい手順において展開される。それぞれの手順は事業において整えられる。企投と厳密さ、手順と事業は交互に要求し合いながら、近代科学の本質を構成し、近代科学を研究にする。(GA5, 86, GA80. 2, 745f.)

4　科学の脅威

近代科学における存在者との関わり方は対象化である。人間が尺度を与える主観となり、人間にとって研究可能なあらゆる存在者が表象され、存在者は対象となる。そして、「存在者の存在がその対象性において求められるときにはじめて、研究としての科学は成立する」(GA5, 87, GA80. 2, 746)。だが、対象性は存在者が現われ出る一つの仕方にすぎない。たとえば物理学は自然という存在者を対象とする。自然とは、「昔からピュシスと名づけられてきた現前するもの」(GA7, 56)である。むろん、物理学もこのような自然を対象としているが、物理学において解明されるのは、物理学的に表象され取り扱われたかぎりでの自然でしかない。「物理学の対象領域がたとえ、それ自体において統一的であり完結的であっても、対象性が自然の本質的な充実を取り囲むことは断じてありえない。科学的な表象は自然の本質をどのようにしても網羅できない。というのも、自然の対象性とは元来、自然が現われ出る一つの仕方にすぎないからである」(ibid.)。物理学は「自然が現われ出る一つの仕方」を対象としており、自然の本質を網羅できない。だが、対象とする自然がなければ、物理学は成り立たない。ハイデガーは現前する自然を、物理学にとって「不可避なもの」とみなす(ibid.)。「不可避なものは科学の本質を支配している」(GA7, 59)のだが、科学は不可避なものを掌握できない。

前節で、「科学そのものによって、真正な知と存在者との本来的な関わりは破壊されている」(GA76, 161)という一文を引用したが、これはハイデガーが「科学の脅威」という題で一九三七年に書き留めた草稿からの引用である。「真正な知」とは存在者の本質(たとえば自然の本質)を十全に捉えた知を指しているのであろう。一方、個別科学としての科学は存在者が現われ出る一つの仕方を対象としている。対象としている存在者は科学にとって不可避なものであるが、科学は不可避なものを掌握できない。そこでハイデガーは続けて、「真正で本質的な知があらゆる科学の根拠であるかぎり、近代科学はそれ自体、根拠のなさや地盤のなさによって本来的な脅威をつくり出す」(ibid.)と言う。

本稿では「科学」という語を、古代や中世の科学と区別される、近代科学を指す語として用いているが、この引用箇所での「あらゆる科学」は、古代や中世の科学を含めた科学を指していると思われる。その意味での科学とは、「存在するもののすべてがわれわれに現われる、一つの、しかも決定的な仕方」である(GA7, 39)。古代や中世の科学と近代科学の相違は、われわれに現われる仕方が異なっていることに基づくが、いずれの時代の科学であっても知を追求している点においては変わらない。ハイデガーが「真正で本質的な知があらゆる科学の根拠であるかぎり」と述べるゆえんである。だが、近代科学の場合、存在者との本来的な関わりがなくても、つまり、根拠や地盤がなくても、研究は成り立つ。ハイデガーはその点に「科学の脅威」を見出す。彼は言う。「今日の科学の最も強烈な脅威は、科学がかつてないほどうまくいっていること、すなわち、有用さ、および、進歩の獲得において確認され活気づけられていることにある」（GA76, 159）。「科学の本来的な脅威は科学そのものに由来し、科学そのものによって生じる」（GA76, 160）[12]。

一般に科学はわれわれに快適な生活、幸福な生活をもたらすと考えられているが、ハイデガーは一九五五年の講演「放下」において、科学をそのように受けとめることに満足してしまうと、われわれは現代という時代を熟慮しなくなると述べている（GA16, 523）。その結果、たとえば生命操作を伴う研究の最新動向を聞いたところで、「科学的研究の大胆さに驚嘆するが、その際、何も考えていない」（GA16, 525）。技術を手段にして、ある攻撃が人間の生命と本質に向かって準備され、「世界の不気味な変革」が迫っているというのに、「人間は世界の変革に準備をしていない」とハイデガーは指摘する（ibid.）。「世界の不気味な変革」も科学の脅威の例として挙げることができるが、ハイデガーは何か害悪をもたらす可能性を懸念して科学を脅威と捉えているだけでなく、科学そのものを脅威とみなしている。科学そのものが脅威であるのは、「科学は思惟しない」（GA7, 133, GA8, 9）からである。もちろん、ハイデガーは科学を見下して「科学は思惟しない」と言っているわけではない。科学は自らの領域のあり方を主題にしないし、主題にできない。このことを彼は「科学は思惟しない」と言い表わす。

ハイデガーは、「いかなる科学も、科学そのものが遂行する知の形態において、自分自身について知ることはできない」（GA76, 165）と言う。彼は物理学を例に挙げて次のように述べる。「物理学の行動を手がかりにして、われわれは科学としての物理学を熟慮できない」（ibid.）。「物理学そのものは、物理学的な実験の考えられるいかなる対象でもない」（GA7, 59）。物理学とは何かという問いに、物理学的に答えることはできない。ハイデガーはこのことを「科学の内的な限界」と捉え、科学への熟慮には哲学が必要であると主張する（GA76, 166）。科学は自らが抱える諸課題に対処していくために、科学のあり方を熟慮し基礎づける哲学を必要とする。直面する諸課題への解決策を提示するだけでは根本的な解決につながらない。科学の根底には哲学がなければならない。「科学への技術的・実践的・政治的な要求が強くなり、排他的になればなるほど、科学がこの要求をもちこたえようとするならば、科学はますます決定的に哲学を必要とする」（GA76, 167f.）。

ところが今日、研究の一環として、哲学があらかじめ組み込まれているような科学的研究も生まれている。ここでもズヴァルトの指摘を引いておく。

哲学的・倫理学的な熟慮でさえ、巨大科学の研究プログラムに組み込まれ、計画的に行なわれる〔科学的〕研究になる。哲学者は専門家として、特定の規範的諸問題に取り組む[13]。

この指摘に従えば、科学が必要とする哲学は今や、研究遂行に関わる規範的諸問題や倫理的諸問題を検討する一部門として、科学的研究の一部を構成するものでしかない。ハイデガーであれば、「あらゆる科学は哲学に根をもっており、哲学からはじめて生じる」（GA27, 17）と主張するであろうが、この逆の関係、つまり、哲学は科学に根をもつ、といった事態が生じているのである。事業としての科学はこのように、哲学をも自らのなかに組み込んでいく可能性をもったものである。ハイデガーは述べていないが、そういった点にも「科学の脅威」を見出すことができる。

＊ハイデガー全集（Heidegger, Martin, *Gesamtausgabe*, Vittorio Klostermann, 1975ff.）からの引用・参照頁はGAと略し、巻数、頁数の順で本文中に記した。訳出にあたっては、ハイデッガー全集（創文社）、関口浩訳『技術への問い』（平凡社ライブラリー、二〇一三年）など、既存の翻訳書を適宜、参照した。引用文中の〔　〕内は引用者の補足である。

（1） 本稿では Wissenschaft をすべて「科学」と訳した。また、本稿では主に自然科学について言及するが、「科学」にはもちろん人文・社会科学も含まれる。

（2） 機械技術については、池辺寧（二〇二三）「ハイデガーの機械技術論」『HUMANITAS』（奈良県立医科大学教養教育紀要）第四八号を参照。

（3） Nietzsche, Friedrich（1996）*Der Wille zur Macht*, Alfred Kröner, S. 329.

（4） 引用文中の主語「それ（sie）」は近代科学を指すと解したが、別の草稿にみられる類似した一文では、研究が主語になっている（GA76, 138）。

（5） 引用文中の「このこと」の原語は es であるが、「世界像の時代」の当該箇所では er に修正されている（GA5, 77）。es であれば「開くこと（Öffnen）」を、er であれば「根本的出来事（Grundvorgang）」を指すが、文意は変わらない。

（6） 「世界像の時代」の当該箇所では、「方法」に括弧が付されていない（GA5, 77）。

（7） 講演原稿での当該箇所の記述を〔 〕内に補った（GA80. 2, 741）。

（8） Zwart, Hub（2022）*Continental Philosophy of Technoscience*, Springer, p. 199.

（9） Ibid., p. 196f.

（10） Ibid., p. 200.

（11） Ibid.

（12） ハイデガーは「科学の脅威」を五つ挙げているが（GA76, 160ff.）、本稿では一番目に挙げられている脅威のみ取り上げた。

（13） Zwart, *op. cit.*, p. 200.

【付記】本研究はＪＳＰＳ科研費 22K10368 の助成を受けたものである。

第4章　強制の教育倫理学

伊藤潔志

1　はじめに

一般に強制は、自由と対立するものとして、倫理的に悪いものだとされている。しかし、教育に強制がつきまとうことは、否定しえない事実である。もし、教育から強制を排除してしまえば、それは教育ではなく放置・放任になってしまう。教育には必然的に強制が伴うものだとするならば、それは倫理学的にどのように理解するべきなのか。このとき、「教育は善である」と素朴に信じているだけでは、教育に含まれている強制性を見落としてしまうことになるだろう。

たとえば、子どもに宿題を課すことは強制だし、音楽の授業で子どもに歌わせることも強制である。たしかに、ルソー（Jean-Jacques Rousseau, 1712–1778）の消極教育に代表されるように、教育の強制性を批判し、子どもの主体性を重視する教育思想は古くからあり、決して珍しいものではない。しかしそれらは、教育から強制を減らそうというものであって、無くそうというものではない。ミラー（Alice Miller, 1923–2010）は、ルソーの教育思想を

「策略によって子どもを操ろうとするもの」[1]だと言っている。

善いものであるはずの教育に、悪いものである強制が含まれている。応用倫理学者の加藤尚武は、「どうして教育を強制することが許されるのか。これが教育の倫理学の根本的な問題である」[2]と言っている。この「問題」について、教育哲学者の宇佐美寛は次のように言っている。

強制無しには教育は成り立たない。強制には、良い強制と悪い強制が有る。学生に学習させ、学力を育て、ますます自由にさせる強制は良い強制だ。強制によって、学力が育たなくなり、したがって不自由にさせる強制は悪い強制だ。（……）教育は、子どもを自由にするための強制である。[3]

また、元高等学校教師の諏訪哲二は次のように言っている。

「教育には強制は馴染まない」とみんなすぐに口にするが、強制なしに教育が成立するはずがない。（……）子どもたちが学校へ行かなくてはならないのも強制であり、勉強しなければならないのも強制である。子どもは勉強をするかしないかを、自ら決めることはできない。（……）確かに、近代では学校や教育を受けなければ自由な近代的個人にはなれないが、学校や教育自体は自由とはかなり無縁である。[4]

宇佐美も諏訪も、教育は強制であると言い切っている。その上で宇佐美は、強制には「良い強制」と「悪い強制」とがあるのだと言う。そうすると両者をどうやって区別するのかが問題になるが、宇佐美は「子どもを自由にするかしないか」をその判断基準にしている。諏訪も、強制によって自由な個人になるのだと言っている。

しかし一般に、自由と強制とは反対の意味の言葉である。加藤が「教育は強制である。教育論の課題は「強制によって自由を育てる」というアポリア〈難問〉に答えを見出すことである」[5]と言っているように、「強制されることによって自由になる」という一種の逆説に答えることが教育倫理学の課題になるだろう。加藤は、「教育哲学はこの問題を明らかにするというよりは、問題そのものを隠蔽してきた」[6]と言って、これまでの教育哲学の在り方を批判している。しかし、加藤の批判にもかかわらず、「強制によって自由を育てる」という逆説は、カント（Imanuel Kant, 1724–1804）以来の、教育哲学の重要な問題であった[7]。

本章では、この古くからある教育哲学の問題をクリアにし、一定の回答を提示するため、教育倫理学的に検討していく。そこで以下では、次のように議論を進める。まず、教育の強制性の問題を教育倫理学の課題として設定する。そして、教育倫理学が現実において教育の倫理的問題を議論する学問であることを踏まえ、ある不登校児童の事例を通して教育の強制性の問題を考察していく。

2　教育の強制性と教育倫理学

（1）教育倫理学の特質

教育倫理学とは、いかなる学問（方法）なのか。元来、教育学と倫理学とは、親和性の高い学問である。たとえば、「人類の教師[8]」とも呼ばれるソクラテス（Sokrates, 469B. C. –399B. C.）の哲学（＝対話）の目的は、倫理的真理の探究と人間の吟味であった[9]。また、ヘルバルト（Johann Friedrich Herbart, 1776–1841）が倫理学と心理学とに依拠して体系的教育学の確立を目指したことは、よく知られている。しかし教育倫理学は、応用倫理学の一部門ではあるが、生命倫理学や環境倫理学などと比べると、それほど広く認知されているわけではない。そこでまず、教育倫理学の学問的性格を明らかにしておこう[10]。

教育倫理学を含む応用倫理学は、倫理学を基礎として、従来の倫理学の枠組みを超え、現実の倫理的課題について議論する学問である。しかし応用倫理学は、倫理学から導き出された原理を現実に適用するだけではない。すなわち応用倫理学は、原理の単なる応用に止まらず、現実から原理を捉え直す作業をも含む。あくまでも現実において倫理学の議論をすることが、応用倫理学なのである。したがって、応用倫理学における「応用」とは、現実の中で原理を不断に問い直していく作業でもある。すなわち応用倫理学は、現実において議論する学問なのである。

これを教育倫理学に当てはめると、教育倫理学は教育という現実において倫理学を議論する学問である、ということになる。すなわち、現実の教育において倫理的課題について議論をすること、教育倫理について議論することである。それは、ある教育理念を現実の教育に一方的に応用するということではない。したがって、教育現実の中に倫理的課題を見出し、そしてそれを倫理学的に考察し、さらに教育理念を問い直していくことが教育倫理学だということになる。

(2) 教育倫理学の主題

それでは、教育倫理学に何ができるのか。応用倫理学の一部門としての教育倫理学という自覚の下でなされた議論は決して多くはないが、私見によるとそれらの主題は①道徳教育、②教師の職業倫理、③教育の自明性の三つに分けられる。このうち本章が問題にするのは、③教育の自明性である。

教育哲学においては、アリエス（Philippe Ariès, 1914–1984）の社会史研究、イリイチ（Ivan Illich, 1926–2002）の脱学校論、フーコー（Michel Foucault, 1926–1984）の権力論と軌を一にして、教育の自明性を疑う議論が生まれた。

前出のミラーやアップル（Michael W. Apple, 1942–）などによるこうした教育学研究の動向は、「反教育学（die Antipädagogik）」と呼ばれ、教育の暴力性を暴露しようとしている。

教育倫理学においても、上野哲が「教育は善である」という自明性を疑うことが教育倫理学の課題だとしている。[11] そして、「教育は倫理的な営みであり、教師は倫理的な人間である」というイメージがすべての教育的行為を「子どものため」という名目で正当化させている、と言う。[12] こうして、なぜ学校が子どもにモラルを身につけさせる役割を担っているのか、なぜ教師‐生徒関係の基盤は権力関係にあるのかを考察することが、教育学の課題だとしている。[13]

これに対して、「教育が善であるということを疑う必要があるのか？」という反論はありえる。たしかに、実際の教育が善であるとは限らないが、悪い教育を「教育」と呼ばなければよいだけである。しかし、上野が問題にしているのは、一般に悪だと思われているもの（＝暴力）が教育に内在している、ということであろう。これに対して、「反教育学」と呼ばれる思潮は、しばしば教育そのものを否定してきた。しかし、教育倫理学は教育という現実において議論する学問であり、批判には対案が伴わなければならない。

（3）教育倫理学の課題

そこで、「教育は善である」とはどういうことなのかを整理しよう。[14] 教育の善悪を問う場合、それは大きく二つに分類することができる。一つは、「教育目的の善悪」である。一般に教育には教育目的があり、[15] 教育内容・教育方法・教育評価などが妥当かどうかは教育目的が妥当かどうかに依拠する。[16] もう一つが、「教育自体の善悪」である。すなわち、教育目的を他者が設定することが許されるのか、他者が設定した教育目的の下での教育内容・教育方法などは強制ではないか、という問題である。

本章で問題にするのは、後者である。教育の強制性は「教育は善である」という常識の下では看過されてしまう。教育問題の中には「教育は善である」という強い思いがあるからこそ引き起こされるものも多い[17]。すなわち、「子どものためにやって何が悪いのだ」と。したがって、われわれに求められる態度は、「教育は善である」と妄信することでも「教育は悪である」と断念することでもなく、教育の強制性を直視しつつ、現実の教育を捉え直していくことだろう[18]。

3　義務教育は強制なのか
――「不登校ユーチューバー」が投げかけたもの――

(1)「登校しない」という選択

ここからは、教育倫理学の特長を踏まえ、教育の強制性の問題を現実の教育において議論していきたい。そこで、次の事例をその起点にしよう。二〇一九年五月五日に「新時代　主役は私たち」という見出しで掲載された、『琉球新報』の記事である（ただし、実名は伏せる）。

「俺が自由な世界をつくる」。自由を求めて学校に通わない選択をしたAさん（一〇）＝宜野湾市＝が「少年革命家　ゆたぼん」と名乗り、ユーチューバーとして活動している。大阪生まれ、沖縄在住のゆたぼんは「ハイサイまいど！」で始まる楽しい動画を提供しつつ、いじめや不登校に悩む子や親に「不登校は不幸じゃない」と強いメッセージを発信している。

ゆたぼんが学校に通わなくなったのは小学校三年生の時。宿題を拒否したところ、放課後や休み時間にさせられ不満を抱いた。担任の言うことを聞く同級生もロボットに見え「俺までロボットになってしまう」と、学校に通わないことを決意した。現在も「学校は行きたい時に行く」というスタイルを貫いている。

配信する動画は歌やお笑い系が多い。パワフルに熱唱する姿は、父親のBさん（三九）の影響で好きになったブルーハーツをほうふつとさせる。

人気作家や編集者、お笑い芸人などと共演を重ね「ノートに書くだけが勉強じゃない。いろんな人に会うことも勉強だ」と、学校ではできない学びに自信を深めている。

活動をしていると「死にたい」という子どもから相談が寄せられることもある。そういう時は友達になり「死ぬな。苦しむな。学校なんて行かなくてもいい」と言い続けている。

夢は子どもだけが乗れるピースボートで世界中に友達をつくり、戦争をなくすこと。子どもの自殺が増えるとされる夏休み明けの頃には、子どもを集めたライブを開催する計画も練っている。

四日にインターネットラジオ「ゆめのたね放送局」の最年少パーソナリティーに就任。毎週土曜午後八時から三〇分番組「自由への扉」を放送している。

ラジオでは苦しんでいる子に向けて勇気を与えるメッセージを発信するつもりだ。(19)

この記事は、地方新聞の一記事ではあるが、オンラインで配信され、ニュースサイトにも紹介された。その結果、この記事は多くの人々の目に留まることになった。

（2）なぜ「炎上」したのか

宿題をしたくないという理由で登校せずにユーチューバーとして活動する十歳の小学生と、それを後押しする父親。ネットは一時騒然とし、賛否両論を巻き起こした。いや、正確に言うならば、（少なくともネット上では）否定の意見が圧倒的に多かったと言ってよいだろう。いずれにせよ「不登校ユーチューバー」の記事は、「バズった」のであり、「炎上した」のである。その結果、約六百人だったこの少年のユーチューブチャンネルの登録者数は、十日後には三万人を超えるという飛躍的な「成長」を遂げた。

この少年や父親を批判する意見としては、「義務教育に反する」、「学校に行ったほうが幸せになれる可能性は高い」、「学校で我慢することや協調性を学ぶべきだ」、「この少年こそが父親のロボットではないか」などがあった。こうした批判に対して、「教育は権利であって義務ではない」、「学校教育がすべてではない」、「学校に行かなくても勉強はできる」、「本人の意志だから自由だ」、「学校に行かないことへの妬みだ」などといった反論がなされた。

しかし、この事例自体の是非を論じることは、あまり生産的ではないだろう。と言うのも、事実関係についての情報が少なすぎるからである。たとえば、「この少年は父親の意見を言わされているだけではないか」といった批判にしても、想像の域を出ない。また、『琉球新報』は五日後に不登校の原因には教師の体罰もあったという続報を掲載しているが[20]、当該の学校・教師や教育委員会に取材をした形跡はない。

ただ、はっきりしているのは、上掲の記事が一時的にせよ多くの議論を引き起こしたという事実である。たとえ情報が限られており、取材が不十分な記事だったにせよ、多くの人々の耳目を集めたのは紛れもない事実である。したがって、その事実の中に問題の所在を探る方が、この事例の是非を論じるよりも有意義だろう。

そこで問題にしたいのが、「なぜ、この記事は「炎上」したのか？」である。それはもちろん、多くの人々がこの父子の言動に疑問を感じたからだろう。しかし所詮は、他人の子どもの問題である。この少年の影響で不登校が増加するとも、直ちには考えにくい。「批判する人は、この少年が学校に行かないことが羨ましいのだろう」

という意見もあったが、そうとも思えない。それにもかかわらずこの記事が「炎上」した理由は、教育の強制性の問題を先鋭化させているからではないだろうか。

たしかに教育は強制を内含させているが、自ら望んでその教育を受けているのであれば問題にならないとも言える。[21] しかし義務教育は、教育を受けさせること自体を強制している。それは、「教育は善である」という確信の上にしか成り立ちえない。それに対して、この父子の言動は、ある特定の教師や授業方法・教育内容・指導場面などに対する否定にとどまっていない。「宿題を課すのはおかしい」という声を上げただけであれば、「炎上」などしなかっただろうし、そもそも記事にもならなかったであろう。しかし、「学校なんて行かなくていい」という言葉は、「教育は善である」という確信に冷や水を浴びせている。

4　登校を強制できるのか

(1) 義務教育と就学義務

この少年の父親は、普通教育を受けさせるという保護者の義務を果たしていないように見える。そこで、わが国の現行の義務教育制度を確認しておこう。ただし、現行制度が正しいという前提で議論を進めるわけではないことは、あらかじめ断わっておきたい。

日本国憲法第二六条第二項では、国民の義務として「保護する子女に普通教育を受けさせる義務を負う」と規定されている。それを受け、教育基本法第五条第一項および学校教育法第一六条では、保護者が「普通教育を受けさせる義務を負う」ことが定められている。さらにこの義務教育の規定は学校教育法第一七条において「就学させる義務」として具体化されており、[22] 学校教育法第一四四条には罰則規定も設けられている。ただし、学校教育法第一八条では、「病弱、発育不完全その他やむを得ない事由のため、就学困難と認められる者」については、就学義務を猶予・免除することができるとされている。

ここで、義務教育は「教育を受ける権利」（日本国憲法第二六条第一項）と不可分の関係にあることに注意しておこう。すなわち義務教育は、子どもの「教育を受ける権利」を保障するためにあるのである。したがって、子どもが「学校に行きたくない」と言っても保護者には子どもを学校に行かせる義務があるのであり、それが子どもの「教育を受ける権利」の保障になっている。子どもが問題行動の一環として登校しないときは、指導の対象になるだろう。ただし上記の法令には、教育問題としての不登校については明記されていない。

しかし不登校は、「教育を受ける権利」が保障されていない状態であり、子どもの将来の自立に関わる深刻な問題である。それゆえ、早期に登校できるようになることが望まれるのだが、それは必ずしも容易ではない[23]。したがって、不登校の状態にある子どもの「教育を受ける権利」をどのようにして保障するのかが問題になる。そこで二〇一六年、教育機会確保法（義務教育の段階における普通教育に相当する教育の機会の確保等に関する法律）が制定され、フリースクールなど学校以外の場において行なわれる学習活動の重要性が明記された。

もっとも、この法律の趣旨はあくまでも不登校対策であって、学校以外の場での教育を任意に選択できることを認めているわけではない。したがって現行制度においては、保護者が子どもを登校させるかどうかを任意に決定することはできない。それゆえ、保護者が子どもを登校させないことが認められるかどうかは、その理由が「やむを得ない事由」（学校教育法第一八条）にあたるかどうかにかかってくる。もちろん、オルタナティブ教育などいわゆる「多様な学び」を認めようという立場からすれば、そもそも現行制度が不十分だということになるだろう。

（2）誰にも分からない「将来」

ここで注意したいのが、「将来」である。学校教育に限らず教育は、本質的に望ましい将来を前提とした営為である。それゆえ、事例の少年のような「登校しない」という選択は、将来への不安を喚起させる。逆に言うと、この少年が登校しないのは、「自分の将来には学校など必要ない」という確信があるからだろう。将来のために今何をするのかは、本来、本人が決定するべき事項である。しかし問題は、その本人が判断能力の十分でない子どもの場合である。通常であれば、保護者が子どもの将来を考えて代理決定をすることになる。

この点、生命倫理学においては、インフォームド・コンセント（説明と同意）の文脈で古くから議論されてきた蓄積がある。たとえば、患者が「手術を受けたくない」と言えば、それがたとえ患者の利益のためであっても、医師が手術をすることは暴行にあたるとされる（そもそも何が患者の利益かは、患者本人が決定することだと考える）。しかし、患者が子どもである場合は、その判断能力に応じて、保護者の代理決定に委ねられることになる。たとえば、五歳の子どもが「歯を抜きたくない」と泣き叫んでも、保護者が「抜いて下さい」と言えば、歯科医は抜歯することができる。

もっとも、保護者の代理決定も無制限ではない。たとえば、輸血拒否に関して「宗教的輸血拒否に関するガイドライン」は、保護者が輸血拒否を代理決定することはできないとしている[24]。このガイドラインによると、患者が十五歳未満の子どもの場合は、患者本人も保護者も輸血を拒否する意志を示したとしても輸血をするとされている。これは、判断能力の不十分な子どもの決定権を認めず、また社会通念に反する保護者の代理決定も認めない、ということである。この患者に決定権が認められるようになるのは、大人になったときである。しかし、将来この患者がどういう意志を持っているのかは、誰にも分からない。分からないからこそ、社会通念という曖昧なものを基準にするしかないのだろう。

教育も同様である。教育は本質的に子どもの望ましい将来を想定せざるをえないにもかかわらず、子どもが大人になったときに何を望ましいと思っているのかは誰にも分からない。事例の少年が将来「学校に行かなくてよかった」と思うかどうかは、この父子を含めた誰にも分からないのである。それにもかかわらず、義務教育は将来における善を確信し、この父子はそれを否定している。この少年による一種の自己決定の主張が自己責任で片づけられずに「炎上」したのは、この少年に責任を負わせるべきではないと考えられたからでもあるだろう。実際、批判の多くは、この少年本人ではなく父親に向けられていた。

義務教育の拒否が「社会通念上明らかに不適切である」と認められるならば、それは保護者による親権の濫用と言える。しかし義務教育の拒否は、「将来」という不確かなものに関する「社会通念」という曖昧なものにおける問題であり、かつ「不適切」と「明らかに不適切」との合間にある。

5　おわりに

前節で見たように、わが国において義務教育は、就学義務として設計されている。したがって、たとえば子どもにどのような習い事をさせるかなどは保護者に決定権があるが、義務教育諸学校に就学させることは保護者の義務とされている。ただし、不登校の子どもについては、その子どもの「教育を受ける権利」をどうやって保障するのかという原点に立ち戻って考えられている。不登校の子どもを直ちに登校させることは困難であるし、それがその子どもの利益になるとも限らないからである。

しかし、事例の少年の行動を「不登校」と呼ぶことはためらわれる。たしかに、不登校の定義を満たしていることは疑いえないのだが、これまで不登校として想定してきた状態とは異なるように思えるからである。これまで考えられてきた不登校は、その要因として不安・無気力・人間関係・非行などが挙げられていた。しかしこの父子は、そもそも学校に価値を見出していない。それゆえこの父子にとって学校は強制でしかなく、だからこそ登校しない自由を主張しているのであるが、非行に走ろうとしているわけではない。

「生涯学習社会」、「情報化社会」、「知識基盤社会」などと表現される現代社会において、あるいは「超スマート社会」と呼ばれる将来の社会を展望するならなおのこと、登校する誘因の希薄化、学校の役割の変化、学校の地位の相対的低下は避けがたい。この少年の事例は、こうした社会状況の中から生まれてきたと言ってもよいだろう。急速に変動する現代社会において学校は、とりわけ一九九六年以降、ずっと悪戦苦闘し続けてきた。これをどう評価するかは意見が分かれるところだろうが、苫野一徳は「かなりがんばってきたほうだ[25]」と言っている。素朴な表現ではあるが、筆者もまったく同じ言葉で評価したい。

学校はもちろん完全ではないが、不確かな将来を不確かであると認めつつ、それでも何とか将来を展望しようとし、それに向けて大きく変わってきている。いかに社会が変わろうとも、いや急激な社会変動を想定すればこそ、社会的セーフティネットとしての学校の重要性は高まっているとも言える。したがって求められるのは、強制される教育への追従でも教育からの離脱でもなく、教育への参画ではないだろうか。どのような立場にあろうとも、子どもの将来の利益は原理的に分かりえない。それだけに、煽り合いではない丁寧な対話の過程が重要になるだろう。

（1）A・ミラー（一九八三）『魂の殺人――親は子どもに何をしたか』山下公子訳、新曜社、一二四頁。
（2）加藤尚武（二〇〇六）『教育の倫理学』丸善、一一一頁。
（3）宇佐美寛（二〇〇七）『大学授業入門』東信堂、八頁。

(4) 諏訪哲二(二〇〇七)『なぜ勉強させるのか?』光文社新書、八〇-八一頁。
(5) 加藤、前掲書、一八〇頁。
(6) 同前、一七七頁。
(7) たとえば、土戸敏彦(一九九九)『冒険する教育哲学――〈子ども〉と〈大人〉のあいだ』勁草書房を参照のこと。
(8) G・ギュスドルフ(一九七二)『何のための教師』小倉志祥・高橋勝共訳、みすず書房、七二頁。
(9) 岩田靖夫(二〇一四)『ソクラテス』増補版、ちくま学芸文庫、九八-一〇一頁を参照のこと。
(10) 「教育倫理学」という名称でなくても、「教育倫理学」と呼ぶべき学問的な営為があったことは十分に考えられる。これについて丸山恭司は、次のように言っている。「教育倫理学が構成するであろう知見は教育学に既に含まれているのかもしれないが、教育の倫理的問題に積極的に応答するための体系をわれわれはまだ持っていないのである」(丸山恭司「教育倫理学の可能性」中国四国教育学会『教育学研究紀要』第四六巻第一部、二〇〇一年、二八頁)。また、上野哲も指摘しているように、現在の応用倫理学が成立する以前から、「教育倫理学」という言葉は使われていた(上野哲(二〇〇八)「教育倫理学の現在」越智貢ほか『教育と倫理』ナカニシヤ出版、六二-六六頁参照)。ただしここでは、教育倫理学を生命倫理学や環境倫理学などと並ぶ応用倫理学の一部門として見ていくことにする。
(11) 上野哲(二〇〇二)「教育倫理学の課題――「教育=善」という自明性の再考」日本倫理学会『倫理学年報』第五一集、一七七-一八八頁所収、を参照のこと。
(12) 上野(二〇〇八)「教育倫理学の現在」前出、六一頁参照。
(13) 上野(二〇〇二)「教育倫理学の課題――「教育=善」という自明性の再考」前出、一八五頁参照。
(14) 詳しくは、拙編著『哲学する教育原理』新版、教育情報出版、二〇一九年、一三一-一三二頁を参照のこと。
(15) 教育には、意図を持って行なう意図的教育と、意図を持たずになされる無意図的教育とがある。しかし無意図的教育であっても、それが教育だとみなされるのは、何らかの教育効果が認められてからであろう。それは結果的に、教育目的とみなされることになる。
(16) もちろん、家庭教育などにおいては、教育目的が明確に意識されていないことも多いだろう。しかし、教育目的がまったくないというわけではないし、少なくとも反省的に意識されうるものである。

(17) 内田良（二〇一五）『教育という病――子どもと先生を苦しめる「教育リスク」』光文社新書を参照のこと。

(18) 丸山は、次のように言っている。「ある教育的介入が子供を抑圧しているのにもかかわらず、われわれはそれに気づかないことがあるがゆえに、教育的介入に際して常にその暴力性を意識化していく努力が倫理的に求められる」（丸山、前掲論文、二九頁）、「教育の暴力性を意識していく努力は一つの倫理的課題である。（……）われわれが教育しないという選択肢を直ちに選ぶことができないのであるなら、隠蔽されてしまいやすいその暴力性を意識化していく倫理的努力が求められることになる」（同前、三〇頁）。

(19)『琉球新報』二〇一九年五月五日。https://ryukyushimpo.jp/news/entry-913377.html（二〇二三年八月二十二日確認）

(20)『琉球新報』二〇一九年五月十日。https://ryukyushimpo.jp/news/entry-915794.html（二〇二三年八月二十二日確認）

(21) このように簡単に済ませることができるかどうかについては問題が残るが、ここでは深く立ち入らない。生命倫理学においては、インフォームド・コンセントと包括的同意との問題として議論されている。詳しくは、加藤尚武（一九九九）『脳死・クローン・遺伝子治療――バイオエシックスの練習問題』PHP新書、一七三―一七四頁を参照のこと。

(22) 義務教育と就学義務とは同義ではないが、わが国の義務教育は就学義務を指しているということになる。この背景には、学齢期の子どもに普通教育を施すことは学校以外の場では困難だという認識があると考えられる。そうすると普通教育とは何かが問題になるだろうが、ここでは指摘するにとどめる。

(23) 実際、不登校児童生徒数は増加傾向にあり、二〇二一年度の不登校児童生徒数は小学校が約八・一万人で全児童数の約一・三％、中学校が約一六・三万人で全生徒数の約五・〇％であった（文部科学省初等中等教育局児童生徒課「令和三年度児童生徒の問題行動・不登校等生徒指導上の諸課題に関する調査結果について」令和四年十月、六九頁参照）。

(24) 信仰上の理由による輸血拒否が認められる条件は法的に整備されているわけではないが、医学関連の五学会の合同委員会によって「宗教的輸血拒否に関するガイドライン」（二〇〇八年二月）が示されている。それによると、十五歳未満の患者に対しては本人・保護者の意志にかかわらず輸血すること、十五―十七歳の患者に対しては本人・保護者の双方が拒否しない限り輸血することとされている。実際、一歳の子どもへの輸血を拒否した両親が、家庭裁判所より「親権停止」が宣告されている（『日本経済新聞』二〇〇九年三月十五日参照）。

(25) 苫野一徳（二〇一三）『勉強するのは何のため？――僕らの「答え」のつくり方』日本評論社、一二五頁。

【付記】本章は、拙稿「不登校の教育倫理学序説」（桃山学院大学経済経営学会『経済経営論集』第六一巻第四号、二〇二〇年二月、三三一－三四一頁所収）を大幅に加筆修正したものである。

第5章　日本における専門職倫理教育の変遷

上野　哲

1　はじめに

「フウガドールすみだ」という、一般社団法人日本フットサルトップリーグが運営するフットサルの全国リーグ「日本フットサルリーグ（F. LEAGUE）」加盟チームがある。このチームがかつて運営スタッフを募集した際、応募条件として「クラブ運営やイベントの企画に興味がある」「主体的に行動できる」といった実利的なものの他に「良い奴」を挙げていた(1)。監督の要望とのことだったが、実はこの要望の背景には、日本において長期にわたり無意識に肯定されてきた「善き人であることは善き職業人の前提である」という認識がある。

この認識は日本では最近まで根強く残ってきた。すなわち、自分が属する共同体において普段の日常生活で求められる不文律、例えば「約束を破るな」「ウソをつくな」「他人を欺くな」といった普遍の道徳律を遵守できる人は、一般的には、成分表示をごまかしたり、データを改竄《かいざん》・捏造したりすることはないと考えられがちである。実際、日常生活において常に正直で誠実で実直な人が、勤務先のスーパーの商品である牛肉のパックに産地を偽ったシールを貼っていたり、勤務先の研究所で執筆している論文に掲載するグラフのデータを空想で作り出している姿を想像することは容易ではない。

しかしまさにこの「善き人であることは善き職業人の前提である」という認識こそが、日本において一九九〇年代まで体系的な専門職倫理教育が実践されなかった原因であり、現在の日本の専門職倫理教育が「自分の行為が倫理的ではないと自認していながら非倫理的行為を行なう」という、非倫理的な職務を故意犯的に行なう職業人の発生を防げない原因にもなっている。

本稿での議論は以下の流れをたどる。まず「善き人であることが善き職業人の前提である」という認識が、近世近代の日本においては一般的であったことを論じる。そのうえで、この認識が原因で、日本においては「善き人を育む教育が充実していれば、善き職業人を育むための特別な教育は不要である」という論調が支持されてきたことに言及する。続けて、日本では一九九〇年代後半の応用倫理学の普及とともに高等教育機関での専門職倫理教育の必要性が叫ばれるようになった背景を踏まえて、従来の善人教育をベースにした道徳教育とは異質の倫理的判断力の強化をベースにした欧米型の専門職倫理教育が導入されることになった経緯と経過に言及する。欧米型の判断教育型専門職倫理教育の導入は、それまでの道徳教育が抱えていた「共通した教育方法の欠如」「教育成果の評価が困難」という弱点を克服したが、依然として「不正であると知っていながら非倫理的行為を行なう故意犯の発生をどのようにすれば防げるか」という問いに対する効果的な答えとはなっていないことを、判断教育型専門職倫理教育が普及した現状が抱えている問題点として論じる。

2　近世日本における職業倫理

現在まで残っている日本における近世の職業倫理についての記録は、職人や商人に関するものが多い。これら二つの職種は「ものを作り、世に普及する」という点で、現在でも生産業、工業、商業、流通業、販売業ほか多くの職種に共通する特性を持っている。以下では、この「ものを作り、世に普及する」という営みのなかに「人としてあるべき姿」が重ね合わせられていた事実を見ていきたい。

（1）職人における職業倫理

近世の職人の代表格とも言える大工や鍛冶は、日本では徳川幕府の封建体制確立後は、大名の領域内で親方衆の人数が制限され、新規独立が厳しく制限されるなど、封建的な従属関係の中で生き残る術を模索する必要が生じた。こうした状況の変化を受けて、親方衆は手間賃の確保や値崩れ防止のために「組合（株仲間）」を結成したり、職業面だけでなく生活面も含めて子弟を教育するための子弟制度を確立していった。[2] 重要なことは親方衆たちが自らの利益確保のためではなく、自らを含めた業界全体の理想的な存続と利益確保を目的にこのような組織や制度の確立を試みた点である。

大工、鍛冶、左官、塗師、鉄砲匠、鋳物師、木挽、畳屋、いずれの職種においても最重要視されたのは、「一つの仕事は信用を生み、二つも三つも仕事の注文を受けることでメシが食える」との発言に現れているように「信用」である。[3] 建築にしろ工芸品にしろ職人の世界は「お得意様に抱えられる（最も理想的なのは天皇家専属の仕事をすること）」ことがなければ仕事の維持は困難であったことから、「礼儀作法をはじめ上下関係の秩序をわきまえ、時には損をしてでも仕事を引き受ける。誠実と献身、礼儀こそ信用のもとと考えられ」たのである。[4]例えば、棟梁として日本最古の家系を持つ大阪四天王寺惣大工の金剛家に伝わる遺言書には「読書、十露盤《そろばん》、もっぱら稽古致すべき事」「人として上を敬い、ことば和《やわらかく》して多言これなきよう相心得申すべく候事」「門人弟子に至るまで目下の人に厚く憐愍《れんびん》の心を持ちことば柔して皆遣い申すべく候時」「かりそめにも人を軽んじ、大言雑音申すまじく候時」「何によらず諸事万端取引致しくれ候事」「御衆中へは無私正直に面談致すべく候事」[5]とある。要は「教養を磨くことを怠らず、目上の人に対しても目下の人に対してもきちんとした言葉遣いで敬意を払い、気にかけ、他人を軽蔑せず、大声で話さず、我欲を押さえて正直に他人に接しなければならない」という諭しである。

大工の中でも棟梁はさらに、高い教養と常識を身に付けた良識人であることが求められた。竹中工務店第十四代目の棟梁竹中藤右衛門は、棟梁としての技術鍛錬に加えて「人間としての修行を第一」と考えて「昼は現場で働き、夜分になると、絵様や彫りものの実習、それからお茶、習字の稽古をしていた」[6]。また東京の八王子の宮大工棟梁が、誰にも雇われなかった留吉という名の耳の不自由な少年を弟子にし、一人前の土蔵の木柄大工に育て上げ、「木柄（土蔵の戸前や扉などの、漆喰の塗下とする木製の枠組）の作り方は留公だけに教えた。他の者には教えぬ。留公一代（留吉が現役で仕事をしている間）はうちでも木柄は作らぬ。必要な時は留公から買う。皆もそれで納得してくれ」と一門に言ったという記録も残っている。[7]今で言う身体障害者が自立するための職業訓練も行なっていたと言える。

このように、大工をはじめとする近世の職人は、善き職業人であると同時に善き人としての要素も兼ね備えていた。

(2) 商人における職業倫理

職人の世界同様、商人の世界においても私利追求は顧客満足と地域社会への貢献と共にしか両立しえないと考えられた例がある。鎌倉時代から戦前にかけて現在の滋賀県近江八幡市、日野町、五個荘町に本店を置いた豪商は「近江商人」と呼ばれている。彼らも強い共存意識があり、職人の「組合（株仲間）」と同じように、ある地域で近江商人同士の競合が生じた場合は、お互いが強みを持つ商品販売に特化した合資会社をつくり、少ない資本で競合を避ける合理的な経営形態である「乗合商い《のりあい》」を行なっていた(8)。また信用を築くための基本的な理念として、「売り手・買い手・世間」の三者の利を同時に実現する「三方良し」と呼ばれる方針を堅持した。今で言うところの win-win の状態の実現を目指したと言える。ただ商品が売れれば良いというのではなく、良い物を安く仕入れて低価格で売ることで買い手にも喜ばれ、そのことで世話になっている地域が活性化し社会が幸福になることを目指さなければ、商人としての信用は得られないと考えていた(9)。とりわけ、世話になっている地域の活性化に関しては、善行の目的が売名や自己顕示である場合は世間の信頼を得ることにはつながらないと考え、行商で得た利益を行商で世話になっている地域に、治山治水、道路改修、貧民救済、寺社や学校教育への寄付という形で公にならないやり方で還元している(10)。

こうした、低成長であっても売り手と買い手が共に満足し、長期的視点に基づいて利地（地域社会）共存の道を選ぶという方針をとるのは近江商人に限らない。

呉服店や両替店から巨大財閥を形成した三井グループの祖である三井高利の言葉を三男である高治が書き残した『商売記』には、「昔ある商人に商品を高く売りつけたが、捌けなかったらしく注文がなくなった。こうしたことは、双方の損である。また客の支払いが滞ったら、思い切って帳消しにすれば、得意客になってくれるものだ(11)」と、客を利することが長期的な利益になることに言及されている。同時にまた、「毎日早起きをしてお勤めをすること」や「平和を保つ天下人への感謝を日々忘れてはならないこと」にも言及され[12]、一七二二年に定められ三井家の家訓となった「宗竺遺書」でも高利は「多くをむさぼると紛糾のもととなる[13]」と、人として真っ当に生きることの重要性に触れている。

住友財閥においても、一七二一年に住友友昌が制定した「別子銅山家法書」で「職務により自己の利を図るべからず」「名誉を害し、信用を傷つくるの挙動あるべからず」「廉恥を重んじ、貧汚《どんお》の所為あるべからず」「自他共同して他人の毀誉褒貶《きよほうへん》に関して私議すべからず」「わが営業は信用を重んじ、確実を旨とし、もって一家の強固隆盛を期す[14]」という具合に、そもそも人としてすべきではない事項が列挙されている。さらに、一八九六年に住友の二代総理事となった伊庭貞剛は「住友の事業は住友自身を利するとともに、国家を利し、且つ社会を利する底の事業でなければならぬ[15]」と基本方針を制定し、住友銀行設立、住友倉庫独立など、別子銅山経営に留まらない多角的な事業経営に乗り出した。住友もまた、国家や社会との共存共栄を当たり前のように商売の前提にしていた。

3　応用倫理学の普及と専門職倫理教育の実践

日本において、長期にわたり職業倫理教育や専門職倫理教育の必要性が叫ばれることがなかった大きな理由の一つとして、前述した「善き人間であれば、善き職業人である。すなわち、善き人間を育てる教育を行なっていれば、善き職業人を育てる教育をわざわざ行なう必要性はない」という認識が一般的であったことがあげられる。こうした認識は、日本の近代化過程においても、戦後復興期、高度経済成長期においても、多くの職業人が、働くことの意義を自他両面の利益から感じることができる環境（一生懸命働くことが自己実現につながるうえに、家族を養え、会社のためにもなり、ひいては社会全体にも役立っているという実感）が維持されていたこともあって、覆されることはなかった。

しかし、一九九〇年代後半に入り、滅私奉公的に会社と一心同体の生活を送ることが難しくなり、仕事のグローバル化も進み、様々な職業人が関わる不祥事への防止対策が求められるようになったとき、従来の「善き人間であれば、善き職業人である。すなわち、善き人間を育てる教育を行なっていれば、善き職業人を育てる教育をわざわざ行なう必要性はない」という論理は通用しなくなった。当然といえば、当然かもしれない。

そもそも「善い人」を客観的に定義することは困難である。人の「善さ」にまつわる要素としては、例えば知性や柔軟な対応力、適切な判断力などの「精神の才能」や、勇気や決断力、根気強さに代表される「気質の特性」、あるいは後天的な属性とも言える権力や富、名誉や健康などをあげることができる。しかし、「知性に秀で、判断力にすぐれ、勇気や根気強さを備え、健康や富や権力にも恵まれ、さらには人々の尊敬を集めている「悪人」[16]は、想像しがたい概念ではなく、経験的に矛盾した概念ではないと言えるだろう。

こうした状況を踏まえて、一九九〇年代後半に普及した高等教育機関における専門職倫理教育は、専門職の徳性を自覚することだけを協調して終わる「態度・姿勢の提示」ではなく、個人の倫理的葛藤の枠を超えた政治的、組織的、集団的、環境的な諸条件をも考慮したうえでの「対立する価値のバランスをとり、対立する価値双方を生かせるようなベターな判断を可能にするための倫理的判断力育成トレーニング」に重点を置いて発展していくことになる。

(1) 人格形成から判断力養成へ

一九九〇年代半ば以降、応用倫理学という学問領域が急速に普及したが、この普及は日本における専門職倫理教育の普及と実践にも大きな影響を与えている。

応用倫理学が「輸入」された直後、倫理学者の間では「応用倫理学は現実の社会問題の解決に貢献できるのか」という命題をめぐって議論が起きた。「応用倫理学は生まれからして実践的な学問のはずなのだが、にもかかわらず十分に実践的ではない」という批判の典型は「既存の倫理学理論を具体的な問題に応用（適用）しようとするのが応用倫理学であり、それゆえにいまだ実践より理論に重心を置く抽象的学問に留まっており、現実の問題に含まれる多元的な側面をとらえそこなってもいる。結果として問題解決に十分に貢献していない」という議論である。[17] あるいは別の理由として「諸個別科学に対して「高次性」を特徴とする「哲学」が、「倫理学」において逆に諸個別科学よりも「低次」となっているという一種の逆転現象[18]」は容認できない、という議論もあった。端的に言えば、人々の主観にしか基づいていない世俗的な事態の是非をあれこれ言うのは新聞やテレビ（ジャーナリズム）の役割であり、普遍妥当性や真理を追究する学者の役割ではない、ということである。

しかし、こうした議論に倫理学者が時間を費やしている間に、科学技術分野や医療看護分野、あるいは企業経営に関する分野で現実に倫理的問題に直面していた職業人たちは、自分たちの職務に特有な義務を明確化し、倫理的問題に対応できるようにするための教育体制の構築に向けて動き出していた。

日本の専門職倫理教育の構築に最も大きな影響を与えたのは工学分野と看護分野である。前者の貢献として、専門職倫理教育の「目的」を「倫理的に善い人格を形成すること」に置くのではなく「倫理的な次善の策を選べるような判断力を養成すること」においたことがあげられる。目的が「人格形成」ではなく「判断力形成」におかれたことで、善人教育を目標とする道徳教育につきまとう教育目標や評価に関する漠然さや抽象性、主観性を排除することに成功した。後者の看護職倫理教育における貢献としては、私人としての個人ではなく、組織の中で働く一人の専門職として直面する倫理的問題の解決法として、個別的な判断を排した「倫理的判断方法の具体

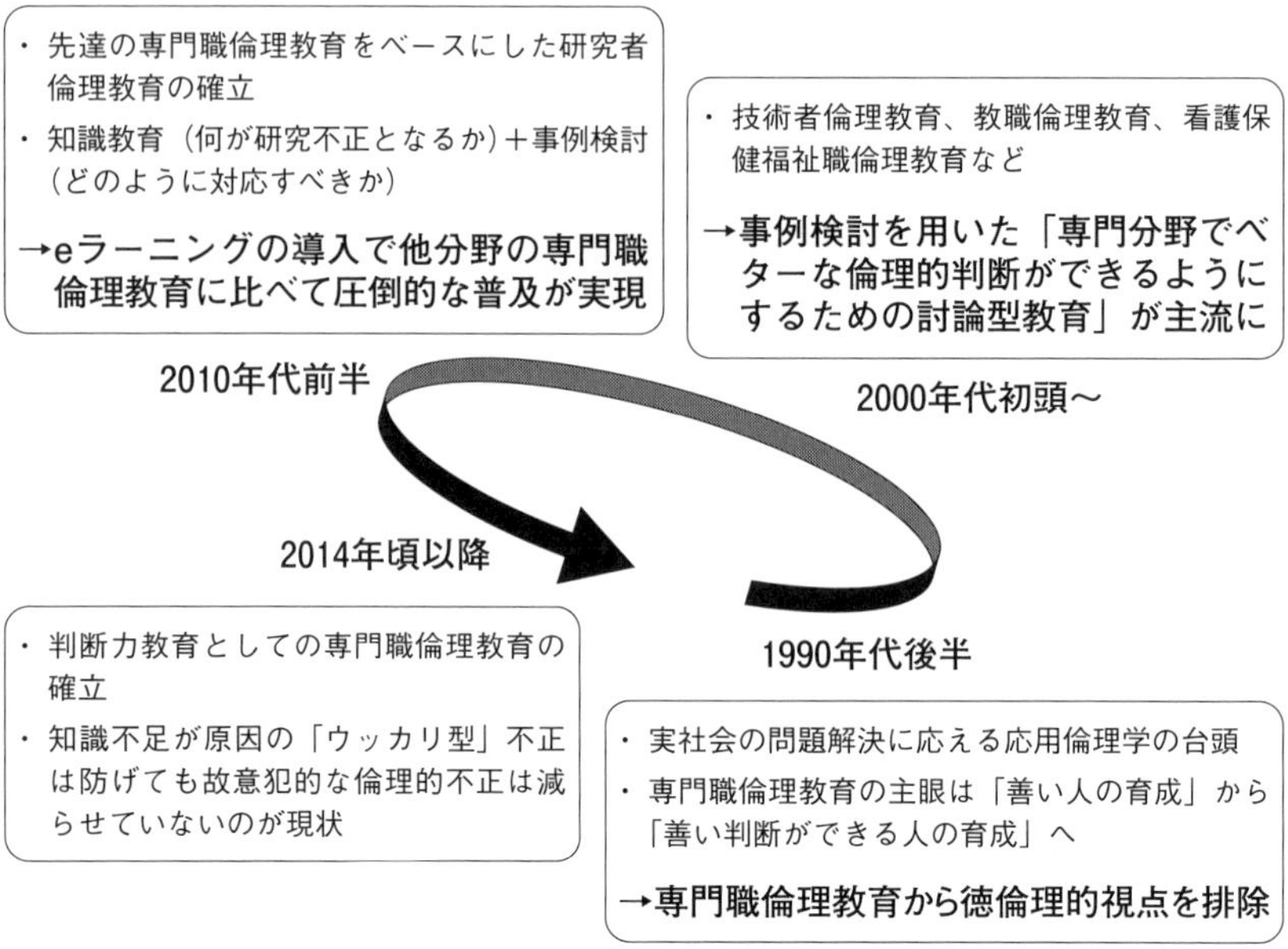

図1　日本における専門職倫理教育の変遷

的マニュアル」を構築した点があげられる。この倫理的判断マニュアルは基本的にはPDCAサイクルに基づいており、今となっては必ずしも現実的とは言えない部分もあるが、それでも倫理的ジレンマに直面した際に専門職としての判断の優先順位に迷う事態を排した（排そうとした）という点で、他の専門職倫理教育に大きな影響を与えている（図1を参照）。

（2）技術者倫理教育における貢献

日本の高等教育機関におけるエンジニア倫理教育の本格的な導入の要因は、APEC（アジア太平洋経済協力会議）で国際的に通用する技術者の養成が問題になったことにある。

一九九四年の第一〇回APEC人材養成作業部会での提案を皮切りに、APECエンジニア認定条件に、公的に認定された技術者教育プログラムの修了と継続教育、実務経験や倫理規定の遵守などがあげられた。当時の文部省、通商産業省、科学技術庁、経済界関係者、工学系学協会によるエンジニア教育検討会の設立が一九九七年、日本版ＡＢＥＴ（Accreditation Board for Engineering and Technology 米国工学技術教育認定委員会）を目指し、技術者教育プログラムの外部認定を行なうためのＪＡＢＥＥ（Japan Accreditation Board for Engineering Education 日本技術者教育認定機構）が設立されたのが一九九九年、科学技術庁が諮問した技術者資格問題連絡懇談会の提言を受けて行なわれた技術士法の改正が二〇〇一年であることを踏まえても、大きな変革を求める波は一九九〇年代後半に押し寄せていたことがわかる。[19]

日本の技術者倫理教育がモデルにした米国のエンジニア倫理教育は、第一次世界大戦後の米国内での電化製品・自動車・高層建築・交通輸送システムの急速な発達と、それに伴う欠陥車事故や欠陥ボイラー事故に対する告訴などの増加により、技術者個人の倫理と企業経営の方向性との間にギャップを感じた技術者たちが、個々の所属学会の枠を超えて技術者の意識高揚を目的に、一九三二年にＥＣＰＤ（Engineer's Council for Professional Development. 一九八〇年にＡＢＥＴ（Accreditation Board for Engineering and Technology 米国工学技術教育認定委員会）に発展）を設立した例に見られるように、「公衆最優先の理念をどのように実現できるか」に重点をおいている。[20]

それゆえ、米国のエンジニア倫理教育は、その目的を「技術の実践に関わる倫理的な問題を明晰にかつ批判的に分析する能力の育成」「その分析の結果を基にして、様々な価値の間のバランスを取りながら、倫理的な考察を行い、問題解決のための代替案を吟味し、理性的で論理的な判断を下すことのできる道徳的自律性の開発」[21]においている。そのため、教育課程の中では「モラル想像力を刺激すること」「倫理上の問題を認識すること」「解析的な技量を伸ばすこと」「責任感を引き出すこと」「不一致さと曖昧さを許容すること」ができるようにすることが重視され、[22]逆に「特定の価値観を教え込むこと」「教条的規範条項（倫理綱領など）を無批判に刻み込むこと」「倫理学上の理論のみを教え込むこと」「倫理学や応用倫理学の歴史のみを教え込むこと」「悪人を善人に

（しようと）することと」は避けられねばならないとされている。[23] したがって教育方法も、ケースメソッドやディスカッションによって、技術者としての職業上の倫理的判断の是非を検討したり、問題把握や状況との関わりの中での反省から行動の指針を探すことを試みるようなやり方が導入された。[24]

日本では早いところではすでに二〇〇〇年四月から半期単位の本格的な工学倫理関連授業が開始されていたが、日本の技術者による多くの不祥事が二〇〇〇年代前半に明らかになったことで（例えば、二〇〇二年の東京電力原発損傷隠しや三菱自動車欠陥隠し事件、二〇〇五年の三井物産排ガス浄化装置データ捏造事件や一級建築士による耐震偽装事件など）、高等教育機関における技術者倫理教育の普及は一気に加速した。

この導入期に実際に授業を担当した者は、主に工学部所属の教員、高等教育機関に所属せずに一般企業等に勤務する（した）エンジニア、そして倫理学の研究者（倫理学者）、の三者であった。これら三者のうち、工学部所属の教員は多くの高等教育機関でコーディネーター役に徹するケースが多かった。すなわち、自ら直接授業をすべて担当するというよりは、自分（たち）のコネクションを最大限に活かし、現役のエンジニアや企業をリタイアしたエンジニア、さらには文学部の倫理学担当教員等に、数時間ずつの授業担当を依頼し、結果的にエンジニア倫理教育が押さえるべき内容をオムニバス形式で実現する方法をとった。いずれのケースにおいても、技術者の倫理的判断に関わる実例を題材に議論をする方式が重視された。

（3）看護職倫理教育における貢献

日本では一九九〇年代前半に、看護職を専門職として確立することを目的に、それまで大学の医学部に附属する形になっていた短期大学や国公立の看護専門学校を四年制大学に昇格させる動きが相次いだ。この動向の中で、根強く残っていた、看護師を「医師のアシスタント」「医療行為の周辺業務を引き受ける役割」とみなす傾向を一掃するために、専門看護師（CNS：Certified Nurse Specialist）の養成まで視野に入れた、より高度な看護職に関する専門職倫理教育プログラムが多くの看護大学で設けられ、その中の重要な科目の一つとして「看護職倫理教育」が設定された。さらに、一九九二年六月二十六日に公布された「看護師等の人材確保の促進に関する法律」第六条「看護師等の責務」において「看護師等は、保健医療の重要な担い手としての自覚の下に、高度化」することが求められたことも、こうした動向を後押しした[25]。

看護職をめぐる倫理的問題の特徴として、看護の現場で生じている倫理的な問題の大半が実は看護師個人の道徳性とはかけ離れた原因で生じていることがあげられる。看護師が直面する問題の多くは、自分の行為のみが原因で引き起こされる問題ではないうえに、看護師個人には原因がわかっていても、自分一人の努力では解決できない場合も少なくない[26]。

こうした状況も踏まえて、看護保健福祉専門職のほぼすべての職種において、何らかの倫理的ジレンマに直面したときに、自動的な意思決定を手助けできるように、どのように意思決定していくべきかを定めた専門職の「意思決定プロセス」が明示されている（表1を参照）。

4　判断力教育の集大成としての研究者倫理教育

上述したように、技術者倫理教育と看護職倫理教育における教育方法論の試行錯誤の貢献のおかげで、日本において最後発の職業倫理教育とも言える「研究者倫理教育」においては、最初から、限られた時間で、より現実的で具体的な事例を用いた、誰が授業を担当してもある程度同じ内容で同じレベルの教育を施すことが可能なプログラムと教材を作ることが可能になった。換言すれば、後発であるがゆえに、先駆的分野で蓄積されたノウハ

表１　看護保健福祉専門職における倫理的意思決定プロセス

看護師[*1]	(1) 現状を再検討する (2) 何が必要な補足情報かを決める (3) 現状で何が倫理的問題となっているかを識別する (4) それらの倫理的問題に対する自分自身の価値観・信念をハッキリさせる (5) 価値の対立を明確にする (6) 誰が最も適切に意思決定できるか議論する (7) 自分ができる行動・決定の範囲を明確化する (8) それらが適切であれば、現状で看護師としてすべき行動方針を決定する (9) 意思決定や行動の結果を評価・再検討する
	(1) 倫理的な問題が生じている背景を理解する (2) 問題の中心となっている価値の重要性は何かを探る (3) 関係者全員にとってこの倫理的な問題が意味するものは何かをはっきりさせる (4) 何をすべきか決定する
助産師[*2]	(1) 道徳的問題を認識する (2) 事実を得る (3) 関連する事実を集める (4) 利害関係者を特定する (5) 行動の選択肢を決定する (6) その選択肢を様々な道徳的観点から評価する (7) 正当化される決定をくだす (8) 実行し、その後反省と評価をする
作業療法士[*3] 理学療法士	(1) 関連する情報を集める (2) 倫理的な問題がどのようなタイプのものか明確にする (3) 倫理学の理論やアプローチを用いて問題分析する (4) 実践的な選択肢を探す (5) 行動する (6) 結果と過程を評価する
依存症カウンセラー[*4] (薬物、アルコール等)	(1) 自分が倫理的にも法的にも非難を受けやすい微妙な（vulnerable）立場にいることを知る (2) ジレンマに直面した時は、医学的・行政的・倫理的・法的な相談方法を探す (3) この状況で自分の行動の失敗がクライアントや自分自身、また自分が所属する組織にどのような影響を及ぼすかを審査する (4) 状況や明らかになった出来事、自分の意思決定プロセスを文書で記録として残す (5) 今後の臨床実践のための重要な参考材料にするために、自分の同僚や病院のスーパーバイザーまたはコンサルタントに自身の判断について検討してもらう
ソーシャルワーカー[*5]	(1) いま実際に直面しているジレンマはどういう構造なのかを俯瞰的に考える (2) 援助の優先順位を決め、援助の限界と援助方法の結果の予測をする (3) 実際に援助を行なう (4) 援助の振り返り、反省をする

＊1　J. B. Thompson and H. O. Thompson（1981）*Ethics in Nursing*, Macmillan Publishing, p. 13. S. T. Fry（1995）, *Ethics in Nursing Practice : A Guide to Ethical Decision Making*, The International Council of Nurses, p. 85f.（フライ（2005）『看護実践の倫理――倫理的意思決定のためのガイド［第二版］』片田範子・山本あい子訳、日本看護協会出版会）

＊2　S. R. Jones（2005）“Making Ethical Decisions,” in M. D. Raynor, J. E. Marshall, and A. Sullivan（eds.）, *Decision Making in Midwifery Practice*, Elsevier Churchill Livingstone, p. 110.（レイノーほか編（2006）『助産師の意思決定』堀内成子監修、エルゼビア・ジャパン）

＊3　R. Purtilo（2005）*Ethical Dimensions in the Health Professionals*, Fourth edition, Elsevier Saunders, pp. xi–xii

＊4　W. L. White（2007）*Counselor Magazine's Addiction Professional's Reference Guide*, Health Communications, p. 139

＊5　本多勇（2009）「ソーシャルワーカーのジレンマ再考」本多勇ほか『ソーシャルワーカーのジレンマ』筒井書房、183–185 頁。

ウを取り入れることができた。

こうして、日本の研究者倫理教育は、eラーニングによる「何が研究不正となるか」についての知識教育と、討論型授業をベースにした事例検討教育で「研究不正に対して、また研究不正が生じないようにするためにどのように対応すべきか」を学習させるシステムを両立させている。実際、すべての国立大学において、二〇一六年までにこうした研究倫理教育を実施する体制は整備された。

研究者倫理教育の主眼も、技術者倫理教育同様に「実践に関わる倫理的な問題を明晰かつ批判的に分析でき、その分析を基にして、様々な価値の間のバランスを取りながら、倫理的な考察を行い、問題解決のための代替案を吟味し、理性的で論理的な判断を独自に下すことのできる道徳的自律性の開発」[27]、換言すれば「対立する価値のバランスをとり、対立する価値双方を生かせるようなベターな判断を可能にするための判断力トレーニング」[28]に置かれている。

5　現在の日本の企業倫理教育

日本においては、一九九〇年代半ばのいわゆる「バブル崩壊」により戦後最大の不況が長期にわたって生じた。その対策として自由主義的な経済体制への転換が図られ、規制緩和や構造改革が進められたことにより、終身雇用制や年功序列などそれまで日本の企業が暗黙のうちに是としてきた価値観を疑問視する見解が出てきた[29]。この時期に従来の日本型雇用体制にはなかった成果主義や年俸制など欧米型の企業文化を導入する日本企業も現われてきたが、企業倫理も「日本企業の欧米化を促進するための精神的制度[30]」の一つとしてとらえられた。

一九九〇年代後半には様々な日本企業の不祥事が頻発したことにより「コンプライアンス」という概念が企業

倫理の中心に取り入れられるようになった。コンプライアンス型の企業倫理は危機管理的な発想からの法令遵守に主眼を置く。(31) とりわけ、金融庁主導の金融検査の一環として「コンプライアンス体制」の構築が各企業に求められたことにより、銀行や保険・証券の業界でコンプライアンス担当部署が設置され、業務の監視体制が構築されていった。(32) 二〇〇〇年代以降も三菱自動車工業による大規模なリコール隠しや雪印食品による牛肉表示偽装など、大手企業による不祥事が相次いだ。

日本における企業倫理研究の第一人者の一人でもある梅津光弘は一九九〇年代半ばの企業の倫理をめぐる動向として、日本的な経営方法の矛盾を乗り越えるために欧米型の企業倫理に価値を見出そうとする動きに対抗して、この時期に「伝統的な日本の経営理念の中にこそ倫理の真髄があるとする立場からの主張」や「江戸時代以来の商家の社是、社訓あるいは家訓へ戻ろうとする復古主義的主張」が登場したと述べている。(33)

日本の企業倫理に関する教育を考えるとき、こうした危機管理的な発想からの法令遵守に主眼を置くコンプライアンス型の企業倫理に対するアンチテーゼとして、「従業員や顧客、株主、そして広く社会のために役立ちたい」「経営者として立派に責任を果たしたい」(34) という「良心」や「誠実さ」による企業倫理に価値を見出そうとする動きに注目する必要がある。

前述の梅津は、この対比が実はコンプライアンス型企業倫理一辺倒だと思われてきた米国内ですでに一九九〇年代後半以降存在し、「今日でもアメリカ企業倫理プログラムの双璧をなしている」と述べている(35)(表2を参照)。

コンプライアンス型企業倫理と対をなす企業倫理は「価値共有（value-sharing）型」あるいは「誠実さ（integrity）をめざす戦略」と呼ばれている。(36) コンプライアンス型企業倫理が外部からの強制を伴う他律的な制度をベースにしており、さらに法律を遵守する必要性を述べるに留まっているため、実際問題として倫理の徹底には限界がある。これに対して価値共有型企業倫理は、「不正行為の摘発や防止」という単なる「不祥事対策として

表 2　コンプライアンス型と価値共有型の比較

	コンプライアンス型	価値共有型
精神的基盤	外部から強制された基準に適合	自ら選定した基準に従って自己規制
Code の特徴	詳細で具体的な禁止条項・価値観	抽象度の高い原則
目的	非合法行為の防止	責任ある行為の実行
リーダーシップ	弁護士が主導	経営者が主導
管理手法	監査と内部統制	責任を伴った権限委譲
相談窓口	内部通報制度（ホットライン）	社内相談窓口（ヘルプライン）
教育方法	座学による受動的研修	ケースメソッドを含む能動的研修
裁量範囲	個人裁量範囲の縮小	個人裁量範囲内の自由
人間観	物質的な自己利益に導かれる自立的存在	物質的な自己利益だけでなく、価値観、理想、同僚にも導かれる社会的存在

（出所）　田中一弘（2014）『「良心」から企業統治を考える――日本的経営を考える』東洋経済新報社、9頁。

の企業倫理」ではなく「組織活性化や人材育成」「利害関係者への責任遂行」「ブランド構築や社会的名声と信頼の構築」などを目指す、誠実さをベースにする「経営戦略の一環としての企業倫理」である[37]。

6　おわりに

「生じている問題解決に具体的に役立つ倫理学」を目指して一九八〇年代後半にヨーロッパ及びアメリカで発展し、一九九〇年代初頭に日本にもたらされた応用倫理学が日本の倫理学界に与えた影響は大きい。とりわけ、専門職倫理教育（教職倫理、技術者倫理、看護・保健福祉職倫理など）がもたらした影響は大きかった。従来、子どもを対象にした道徳教育では「良き大人（職業人）を育成するためには、まず善き人間を育成することが先決だ」という徳論的な解釈が大方を占めていた。しかし大人を対象にした専門職倫理教育では、数値化や目標達成度が不明確で万人に共通するマニュアル化も容易ではない「人格教育」ではなく、「倫理的判断能力」の育成に焦点を絞ることで、「善い人」にまとわりつく主観や抽象性の排除に成功し、「人としてすべきではない」ことの項目を説く説教型教育からの離脱にも成功した。

しかし、その一方でメディアで報道される専門職による倫理的不祥事は一向になくならない現実がある。こうした現状に今後倫理学研究者がどのように対応していくのか、端的に言えば、専門職倫理教育の限界を認め、不祥事に対する厳罰化との共存の姿勢への転換に踏み切るのか、が今問われている。

ただ筆者としては、冒頭であげた「善き人であることは善き職業人の前提である」という価値観を簡単に手放したくはない。そのヒントが前述の「価値共有型」倫理教育にあると考える。

(1) フェイスブック「フウガドールすみだ」二〇一四年三月四日付の投稿を参照。
(2) 島田燁子（一九九〇）『日本人の職業倫理』有斐閣、一五四頁。
(3) 同前、一七七頁。
(4) 同前。
(5) 曽根秀一（二〇一六）「老舗企業研究の変遷にかんする準備的研究――家訓、家憲を中心に」『静岡文化芸術大学研究紀要』一七号、四二頁。
(6) 島田燁子、前掲書、一六〇頁。
(7) 同前、一七八頁。尾股惣司氏による聞き取り調査の記録として紹介されている。
(8) 馬場芳（二〇〇六）「近江商人の企業倫理」弦間明・小林俊治監修、日本取締役協会編著『江戸に学ぶ企業倫理――日本におけるＣＳＲの源流』生産性出版、一二三－一二九頁。
(9) 同前。
(10) 同前。
(11) 三井文庫編（二〇一五）『史料が語る三井のあゆみ――越後屋から三井財閥』吉川弘文館、三頁。
(12) 同前。

(13) 同前、一九頁。

(14) https://www.sumitomo.gr.jp/committee/principles/

(15) 島田燁子、前掲書、二四一頁。

(16) 新田孝彦（二〇〇〇）『入門講義　倫理学の視座』世界思想社、一一一－一一二頁。

(17) 神崎宣次（二〇一一）「応用倫理学は問題を解決しないといけないのか」戸田山和久・出口康夫編『応用哲学を学ぶ人のために』世界思想社、二〇一一年、三〇〇頁。なおこの部分について神崎は、越智貢ほか（二〇〇四）「シンポジウム応用倫理学の「有用性」」高橋久一郎編『岩波　応用倫理学講義7　問い』岩波書店、二一二－二一五頁の議論をまとめている。

(18) 安彦一恵（二〇〇七）「応用倫理と応用倫理学、あるいは、応用倫理学は応用倫理にどのように関わるのか」応用倫理学研究会『応用倫理学研究』No. 4、ii頁。

(19) 上野哲（二〇一五）「日本におけるエンジニア倫理教育の変遷」小山工業高等専門学校図書情報センター運営委員会編『小山工業高等専門学校研究紀要』第四八号、二頁。

(20) 同前。

(21) 札野順（二〇〇四）「技術者倫理教育――その必要性、目的、方法、課題」日本科学者会議『日本の科学者』Vol. 39. No. 1、一二頁。

(22) Charles E. Harris, Jr., Michael S. Pritchard and Michael J. Rabins (2000) *Engineering Ethics: Concepts and Cases*, Second Edition, Belmont, pp. 19–21.

(23) 札野順、前掲書、一二頁。

(24) 同前。

(25) Maruyama, Yasushi and Ueno, Tetsu (2010) "Ethics Education for Professionals in Japan: A critical review," *Educational Philosophy and Theory*, Vol. 42. No. 4, Wiley Blackwell, p. 442f.

(26) 越智貢・秋山博正・谷田増幸・衛藤吉則・上野哲・後藤雄太・上村崇（二〇〇八）『教育と倫理』〈シリーズ人間論の二一世紀的課題〉ナカニシヤ出版、七四頁。

(27) 註(21)を参照。
(28) 註(22)を参照。
(29) 梅津光弘(二〇〇七)「企業経営をめぐる価値転換」企業倫理研究グループ編『日本の企業倫理——企業倫理の研究と実践』白桃書房、一三頁。
(30) 同前。
(31) 同前、七頁。
(32) 同前、一五頁。
(33) 同前、一四頁。
(34) 田中一弘(二〇一四)『「良心」から企業統治を考える——日本的経営の倫理』東洋経済新報社、iv頁。
(35) 同前、七頁。
(36) 同前、八頁。
(37) 同前、七-八頁。

【付記】本研究はJSPS科研費(21K02935)の助成を受けたものである。

第6章　新たなるWissenschaft（科学・学問・知識）論に基づく「術としての教育」の構造と可能性

衛藤吉則

1　はじめに

心で観なくちゃ、ものごとはよく分からないってことさ。肝心なことは目に見えないんだ。（サン＝テグジュペリ（内藤濯訳参照）二〇一七、一〇二頁）

これは、サン＝テグジュペリ（Antoine de Saint-Exupéry）による有名な『星の王子さま（*The Little Prince, Le Petit Prince*）』（一九四三年）の一節である。

ここでの〈分かる〉は、あきらかに自然科学が求める〈確かである〉こととは内容と質を異にする。自然科学においては、事象の解明に際して、徹底した観察を通して出来事の顕在化した〈事実〉に焦点を当て分析する。

そこでは、いつでもどこでも誰がやっても同じ結果が明証的な形で示されることが求められ、それが学問的妥当性の証左とされる。それゆえ、このアプローチでは、真善美などの普遍領域への言及は回避され、私たちが知覚できる現象の事実領域に考察を限定し、判明した因果連関を明瞭な形で説明・記述することになる。この意味で、この立場は、「事実の学」とも「説明の学」「記述の学」とも呼ばれる。

一方、冒頭に挙げた「肝心なことを心で観る」とは、いわゆる「内観」に基づく本質（価値）洞察の営みを意味する。この見方は、自然科学が支持する唯物論的一元論や、「普遍的な真実在の価値領域」と「現象の事実領域」とを分断する認識・存在の二元論には立たない。現実の相対的事実をふまえた上で、私たちが個別に普遍的な領域とかかわり合うことができるという確信をこの立場はもっている。ここでは普遍を問い得ないとか、普遍が私たちとまったく別にあるとは考えずに、私たちに内在する、あるいは高次の心の働きを通して普遍と関わりをもつことができると考えている。それゆえ、私たちと普遍は分断されず、私たちは内省的〈理解〉を通して、事実領域を超えて真善美という価値領域とつながりをもつことになる。したがって、この見方は、「価値の学」「理解の学」と称される。

本稿では、前者の自然科学が採る誰もが分かる可視的な見方を「水平軸の思考」と称し、後者が採る理解・人格の深まりと高まりを軸に据える見方を「垂直軸の思考」と呼ぶ。以下では、両者の根源原理をふまえた上で、「垂直軸の思考」が採る「特殊即普遍のパラダイム」に基づく「術としての教育」の学的可能性に言及してみたい。

2 「垂直軸」的な知の成立と「術」の起源

アリストテレス（Ἀριστοτέλης）は『形而上学（τὰ μετὰ τὰ φυσικά）』において「知」の成立と高進のプロセスを次のように語っている。

> 驚くことによって、人間は（……）智慧を愛求（哲学）し始めたのである。ただし、その初めには、ごく身近にある不思議なことがらに驚きの念をいだき、それから次第に少しずつ進んではるかに大きな事象についても疑念を抱くようになったのである。（……）このように疑念を抱き驚異を感じる者は自分を無知な者だと考える。（……）無知から脱却せんがために、智慧を愛求した（……）何らの効用のためではない。（アリストテレス（出隆訳参照）一九六八、一〇頁）

ここにおいて知への愛求は、「不思議なことへの驚き」に端を発し、事象に対する「疑念」を介して発展するとされる。その後、知は、認識上のターニングポイントである〈無知の自覚〉を経て、とらわれのない眼差しを獲得しつつ真の智慧を愛求していくという。しかも、その智慧は〈より多くの人が役に立つ〉ことを最大の指針とする功利的な知とは別物とされた。ここからは、今日においてなお支配的な〈即効的な役立つ知識〉と、アリストテレスが元来求めた〈無知の自覚を経た智慧〉との学的な落差を読み取り得る。

アリストテレスはつづいて「術としての知」に言及する。「術」とは、元来、ギリシア語の τέχνη（technē）やラテン語の ars に由来し、中間世界（叡智界と自然界の中間に位置づく人間界）において不可視な本質を象徴的類比的に可視化し表現する営みを意味した。アリストテレスは、この「術」を次のように知の発展に位置づける。

> すべての人間は、生まれつき知ることを欲する。その証拠としては感覚知覚への愛好があげられる。（……）

動物は、（1）感覚を有するものとして自然に生まれついている。（……）他の動物は、表象や記憶で生きているが、経験を具有するものはきわめてまれである。（……）経験が人間に生じるのは、記憶からである。（……）術（技術）の生じるのは、経験の与える多くの心象からいくつかの同様の事柄について一つの普遍的な判断が作られたときにである。（……）「知る」ということや「理解する」ということは、経験よりもいっそう多く術に属する（……）したがって、経験を有する者よりも術を身につけた者の方がいっそう多くの智慧ある者だとわれわれは判断している（……）そのわけは、術を身につけた者は、物事の原因を知っている（……）何故にそうあるか（……）の原因を認知している。（アリストテレス（出隆訳参照）一九六八、三－五頁）

ここでは、人間の生と知は不可分なものとして描かれる。しかも、そこでの知や理解は、蓄積された情報の記憶のみに基づく「経験」よりも、その経験的諸心象から一つの普遍的判断を導出する「術」に多く負うものとされる。なぜならば、「術」的営為は、普遍世界と現実世界の中間に位置し、直観や感性を通して両世界の交流を図り、存在の意義や現象の深遠なる因果を象徴的にとらえることを可能にすると考えられたからである。

3　議論の前提としての特殊－普遍関係

（1）「普遍論争」の図式における「特殊即普遍のパラダイム」

ここまでの考察からも分かるように、「善さ」を視野に入れて論ずる場合、いかなる普遍－特殊関係を支持するのかが、理論の根拠あるいは分かれ目となる（とりわけ教育をめぐる議論はこの分類が判断に大きく関わる）。その関係に対する自己の立場を確認するには、中世の「普遍論争」での議論が有効な視座を示してくれる。(1)

〈真善美などの普遍〉と〈特殊な個物〉との関係理解について、「普遍論争」で問題とされたのは、①「普遍は個物の先に（universalia ante rem）」、②「普遍は個物の中に（universalia in re）」、③「普遍は個物の後に（universalia post rem）」のうち、どのスタンスが妥当かということであった。

①は、普遍が時間的位階的に根源的なものとされる超越的見解（プラトン Πλάτων 的立場）であり、②は、現実の事物において客観的な法則性や本質が理念原型として観取し得るとする普遍内在に依拠する立場（アリストテレス的立場）であり、③は、普遍がたんなる名称にすぎず、私たちの認識において抽象の産物として記述され得るだけとする見解である。

本稿が「垂直軸の思考」として新たな学問論の基礎に置く「特殊即普遍のパラダイム」は、状況相対的な現実を容認した上で、①の「普遍は個物の先に（客観善）」を顧慮しつつ、②の「普遍は個物の中に（普遍内在論）」を採用する見方（プロティノス Πλωτῖνος 的立場）といえる。

ここでいう「特殊即普遍のパラダイム」とは、普遍をたんなる超越とみる素朴な有神論的立場にも、普遍を全内在とみる汎神論的立場にも与しない。この立場は、内在に即してその超越をみる見方といえる。すなわち、そこでは、個物と分離された超越的普遍を前提とするのでも、個物の中に普遍がそっくりそのまま分有された静止状態や、普遍と個物とのたんなる相互関係の事実を語るのでもない。この理論枠組みにおいては、特殊（個）に内蔵された（あるいはいまだ不明の状態で顕現していない）普遍を、精神作用を通した主体の自己運動によって「明」なるものへと展開する、という動的なパラダイムが構想される。それは、ソクラテス（Σωκράτης）が善き生に向けてめざした「内へ、そして上へ」と飛翔する魂の翼による認識・道徳の「垂直軸的」な総合運動、つまり「汝自身を知れ」の道として哲学的に体系づけられる。しかも、そこで展開される精神を介した総合的な主体変容の営みは現実的な歩みであるゆえ、自己自身の特性は失われることはない。各自の変容レベルに応じて、特殊は特殊なまま自らの内にリアリティ（真実在としての真善美）を体現していくことになる。

では、不完全で特殊な存在である私たちが相対的次元を超えて普遍と関わりをもつという「垂直軸（具体的普遍）」の見方はいかなる学的構造と理論的な妥当性をもつといえるのだろうか。

（2）総合の鍵としての「形相（エイドス）」

このパラダイムにおいて、プラトンとアリストテレスの分断をつなぐ鍵となる概念は何であろうか。その融合を満たす〈つなぎ〉の概念が「形相（εἶδος エイドス）」といえる。この立場の象徴として挙げられるプロティノスは、自らの思想において、プラトン的なイデア（究極の普遍）とアリストテレス的な形相（個物に内在する普遍の相）とを同じ「エイドス」という語で解説する。つまり、彼の理論では、イデア（一者）は私たち個物のなかに「エイドス」として宿り、精神を介した〈気づき〉の程度に応じて、「形相そのもの」あるいは形相以前の「無形相としての一者（不動の動者）」に〈呼応〉し、その性質をわが身の内に体現していく。ここでは、内省を通して私たちを善へと突き動かすもの（＝始動因）は「エイドス」であり、私たちが向かう先（＝目的因）もまたエイドスそのものとしての一者となる。こうした「一者」をめぐる事態について、プロティノスは『エンネアデス（*Enneades*）』（三〇一年）においてつぎの言葉を挙げて説明する。[2]

すべてのものにとって根源は目的である。（……）すべては一者から生じ、さうして一者へ向かふ（……）かくして一者はまた善である。叡智は既にそれの由来せるところの原理へと向かっている。（……）個別的精神は叡智的欲求によって自己の来れる根源へ還向する。（プロティノス（山本幹夫訳参照）一九三六、一四九－一五一頁）

ここでは、イデア（一者）による個物への「関与」というプラトン的視点を超え、内在的形相を介した個物とイデア（一者）との円環的な連続性が支持される。この事態の内実については、ベルクソン（Bergson, H-L.）がみごとに描き出している。

> 「イデア」と訳された言語はエイドス eidos で、それには実際、三重の意味がある。（一）性質、（二）形相あるいは本質、（三）なされつつある行為の目的（……）「眺め」とか「瞬間」と訳してもよく（……）不安定を写しとった安定した眺めである。それは生成の瞬間としての性質であり、発展の瞬間としての形態である。（……）いま果たされつつある行為に活気を吹き込む計画（デッサン）である。（……）しかもそれらの瞬間は（……）時間の法則をのがれて永遠の中へと摘みとられた形になっている。（……）動く事象の底に動かぬイデアが置かれるやいなや、ひとつの全自然学が、ひとつの全宇宙論が（……）かならず生じる。（……）プラトンからアリストテレスを経て、プロチノスまで展開する教説は、その大筋においてなにひとつ（……）偶然的なところもなく、なにひとつとして哲学者の空想ととるべきものはなかった。（ベルクソン（真方敬道訳）一九七九、三六八－三六九頁）

ただ、このような、個が普遍へ近づくという形相変容のプロセスに対しては、しばしば、「少数のエリートしか到達し得ないエキスパート理論だ」「普遍の次元を含むこの構造を不完全な人が語り得るのか」「究極の次元では個人性が消失するのではないか」という疑問や批判が出される。しかし、善さや人格の向上を想定する理論に価値のヒエラルキーが伴うことは当然である。しかも、普遍内在論を支持する場合、特殊な存在である私たちは内奥で普遍とつながっているため、私たちが内観を通じ〈とらわれ〉をなくし、〈気づき〉を深める程度に応じて普遍が私たちの内に実になると考えることも体験することも可能である。しかも、こうした主体変容の結果、「無知の自覚」を経て偏見やエゴが消え去ることで、その人はよりその人らしくなり、他者に対して寛容となり得るのである。

4　「垂直軸の思考」をもつ思想家とその特徴

(1) 自己意識への注目――「汝自身を知れ」の道

「垂直軸の思考」を採る思想家は、「特殊即普遍のパラダイム」に立ち普遍内在論を支持する。そのため、知の形成に向け、彼らは共通して、「自己意識への注目」という内観的アプローチ、つまり、「汝自身を知れ（γνῶθι σεαυτόν：gnothi seauton）」の道を採用する。「汝自身を知れ」とは、周知のように、古代ギリシアの賢者たちによってデルフォイの神殿に奉納された箴言の一つをさす。ソクラテスは、この「内観の知」を自らの思想形成の核心に置くことについて次のように語っている。

> ぼくは、あのデルポイの神殿の銘文が命じている「汝自身を知れ」ということがいまだにできないでいる。それならば、この肝心の事柄についてまだ無知でありながら、自分に関係のない様々のことについて考えをめぐらすのは笑止千万ではないだろうか。だから、ぼくは、そうしたことにかかずらうことをきっぱりとやめ、（……）ぼく自身に対して考察を向けるのだ。（プラトン（藤沢令夫訳参照）一九六七、一六頁）

プラトン的なイデアとアリストテレス的な内在エイドスとを架橋するプロティノスもまた内観の意義を次のように述べる。

善き魂のもつ美しさがどのようなものであるかを、君はどのようにすれば見ることができるのか。まず、君自身にもどり、（君自身を）見よ。（……）君自身に付着しているような別の混じりものは君の内になにひとつとしてなく、君自身のすべてがただまことの光のみとなって（……）清らかな君が君自身と交わった時（……）その時こそ、君は心眼そのものとなって自信に満ちあふれていることだろう。（……）だから全力を集中して観るがよい。大いなる美を観るのは、この眼だけなのだから。（プロティノス（水地宗明・田之頭安彦訳参照）一九八六、二九六－二九七頁）

カント（Kant, I.）的二元論を意識論において克服しようとしたフィヒテ（Fichte, J. G.）も同様の認識論上の観点を強調する。

君自身に注意を向けなさい。君の目を、君を取り囲むすべての物から転じて、君の内部に向けなさい。これが、哲学の初心者に対して、哲学が最初に要求することである。問題となるのは、君の外部にあるものではなく、もっぱら君自身である。（cf. Fichte 1797, S. 186）

以上の見方から、この立場に立つ者が、自己自身の内側に思考を向け、あらゆる偏見を排除した精神において真実在との〈呼応〉体験が可能となると考えていることが分かる。

（2）功利的・相対的次元を超える思考

「垂直軸」の思想家は、功利主義等の立場がコモンセンスを根拠に「現象界の相対的な次元」の内でのみ思考・判断するのに対し、相対的次元を超え、普遍領域に接近可能と考える。あらゆる〈とらわれ〉をディオニュソス的な破壊の力によって滅却し、その先に純粋な創造的存在者の姿を見出すニーチェ（Nietzsche, F.）の言葉を挙げてみたい。

超人が私の思いを占める。私の第一の、そして唯一の関心はこれであって、（……）隣人でも、貧者でも、苦しむ者でも、善い者でもない。（……）こんにち主になったのは、小さい者たち（……）このやからがいまや人類の運命の主になろうとしている。このやからが繰り返し問いを発して、（……）「人間はどのようにして今の状態を保ちうる、最もよく、最も長く、最も快適な状態に」、こう言うことによって、かれらは今日の主になったのだ。今日のこの主たちを征服せよ（……）かれらは超人の最大の危険である。征服せよ、高人たちよ、小さい徳を、小さい賢しらを、（……）あわれむべき安穏を、「最大多数の最大幸福」を。屈服するよりは、絶望せよ。（cf. Nietzsche 1883–1885, S. 353–354）

（3）固執する自己意識の否定の先に成立する高次の精神

「垂直軸の思考」は、自己の心に根を張る〈執着〉を認めつつ、内観による飽くなき自己尺度の更新の先に〈とらわれのない境位（自由）〉を見る。ヘーゲル（Hegel, G. W. F.）は、こうした意識を核とする止揚（Aufheben）

としての変容を「精神の弁証法」として描き出す。

> 自己意識は三つの発達段階を経過すべきである。（……）第一の段階は、私たちに向かって（……）個別的な自己意識を表現している。（……）対象は、ただ外見的に独立のものだけであって、（……）これが欲求する自己意識である。（……）第二の段階では、（……）自我はある他の自我の規定を獲得（……）二つの自己意識の間は承認の過程が発生する。ここでは、（……）個別的な自己意識であるだけではなく、自己意識の中ではすでに個別性と普遍性とのある結合が始まっている。つぎに、相互に対立するもろもろの自己の他在が廃棄され、（……）自己はそれぞれ独立でありつつしかも相互に同一化する。（……）これが普遍的な自己意識である。（cf. Hegel 1827–1828, S. 163–164）

では、この「自己意識の否定」に伴う普遍と特殊に関する〈呼応〉の実相はいかに解説できるのだろうか。ここでの〈呼応〉は、「垂直軸の思考」を採る多くの者が語るように、積極的な自己意識の先鋭化の先に〈私から〉もたらされるというよりはむしろ、自己純化の先に一者（普遍としての真実在）側から流れ出た「叡智」が精神を介して私の内に立ち現われるものと理解される。このある種の「離脱（Abgeschiedenheit）」「放下（Gelassenheit）」の構造こそが、〈呼応〉の内実といえる。プロティノスと同様の流出説に立つ思想家としてあげられるエックハルト（Eckhart）の次の言葉がこの事態を理解する助けとなる。

> 私の知性がなし得るかぎり（……）あらゆる書物を徹底的に探求した結果、私がそこに見つけたのは、純粋な離脱はあらゆる徳を凌ぐということに他ならなかった。なぜならば、他のすべての徳が被造物に対して何

らかの結びつきをもっているのに対して、離脱はあらゆる被造物から解き放されているからである。（……）私は、すべての愛にも増して離脱を称える。その理由の第一は、（……）私の側から神へと合一するよりは、神の側からの方がより強く私と結びつき、よりいっそうよく私と合一することができるからである。（……）神の本性にかなった固有の場とは一性であり純粋性である。この一性と純粋性とはまさに離脱に由来する（……）だからこそ神は離脱した心に自らをどうしても与えずにはいられないのである。（……）第二の理由は、愛は、神のためにすべてのことを耐えるように私に強いるが、離脱は、神以外の何ものも私が受けいれることのないようにしむけるからである。（……）ただ神だけが、離脱した心の内に自らをよく保つことができる（……）離脱は無にきわめて近い。（cf. Eckhart 1936, V, S. 400）

ここでは、自己意識の純化に向けた「存在論的な浄化体験」の内実が語られる。たしかに始まりは、私の側による発願や発心であり、その後も、あくなき内省を通じた〈気づき〉の深化が「純化」には欠かせない。しかし、私たちは無意識の深くでさえエゴや怒りや意味分節にとらわれている。そのような私たちが「純化」するためには「非思量」「無量」の道をさらに選びとる必要があるとされる。このような体験知はいくつかの思想に見出しうるが、わが国では、道元の言葉に端的に表わされる。


仏道をならふといふは、自己をならふなり。

自己をならふといふは、自己をわするるなり。

自己をわするるといふは、万法に証せらるるなり。

万法に証せらるるといふは、自己の身心および他己の身心をして脱落せしむるなり。（道元、一二三一－一二

五三（水野弥穂子校注）一九九〇、五四－五五頁）

（4）近代日本思想に見る「分けない物の見方」

西洋近現代知に顕著な「水平軸の思考」は、現象の可視的な事実や功利的な結果に判断の主眼を置き、合理的な論理や思考を重んじる。一方、「垂直軸の思考」は、古来、こうした「水平軸」的な〈相対主義〉〈抽象的客観主義〉〈功利主義〉を根拠とする「分ける思考（主観と客観、特殊と普遍、個と全体、心と体、知と徳、知と行為）」に対して、不合理な情意を含む総合的な〈主体変容の知〉をめざしてきた。しかも、こうした「垂直軸」の見方に関して、西洋思想全体では異端的な立場として継承されるが、東洋や日本では、成熟を重ねる本流の思想として位置づけられる。代表的な人物（西田幾多郎、和辻哲郎、鈴木大拙）の言葉からそのことを確認したい。

善とは（……）人格の実現である。（……）即ち、意識統一であって、その極は、自他相忘れ、主客没するという所に至らねばならぬ。（……）小は個人性の発展より、進んで人類一般の統一的発達に至ってその頂点に達する。（……）元来、現象に内外の区別はない（……）自己は実在のある特殊なる小体系といってもよい。（……）自己は宇宙と同一の根柢をもっている、否、直ちに同一物である。（……）われわれが実在を知るというのは、自己の外の物を知るのではない。自分自身を知るのである。（西田 一九一一、一八一頁）

自と他とに分離しつつしかも間柄として合一している（……）あくまでも統一に於ける分離である。根柢に於て一であるものでなくては分離するといふことがない。（……）自他不二的に連関する。（……）かく一者

が分かれつつ不二であるといふことに於てのみ間柄は成立する。（和辻 一九三四、二〇五－二〇六頁）

禅者にとってはいつも一即多、多即一である。二つのものはいつも同一性を持っていて、これが「一」、これが「多」と分けるべきではないのである。（……）万物の姿は真如そのままである。真如とは無である。（鈴木 一九六四、二七頁）

（5）「具体的普遍」という見方

「具体的普遍」とは、ヘーゲルの konkrete Allgemeinheit に由来する。本稿が提唱する「垂直軸の思考」の妥当性を考える場合、「客観的普遍」と区別されたこの見方の理解が最も重要となる。井筒俊彦によれば、アリストテレスの思想を継承するイスラム哲学ではこうした区別は自明であるという。

イスラーム哲学としては極めて初歩的な常識であって、それを否定する人は一人もいない。ましてや、この区別を知らない人、あるいは術語的に正しく使ってものを考えることのできないような人は始めから哲学者の数に入らない。その区別とは「マーヒーヤ」（māhīyah）と「フウィーヤ」（huwīyah）との区別である。いかなるものにも、そのものをまさにそのものたらしめているリアリティーがある。だが（ここで注意すべきは）このリアリティーは一つでなくて二つであるということだ。その一つは具体的、個体的なリアリティーであって、これを術語で huwīyah という。もう一つは普遍的リアリティーで、これを māhīyah と呼ぶ。（井筒 一九九一、四〇頁）

さらに興味深いことに、井筒は「マーヒーヤ（普遍的な真実在）」と「フウィーヤ（具体的な真実在）」の即応的転成の有り様を、松尾芭蕉による俳句の術的営為の内に看て取っている。

「松の事は松に習へ、竹の事は竹に習へ」と門弟に教えた芭蕉は、「本質」論の見地からすれば、事物の普遍的「本質」、マーヒーヤ、の実在を信じる人であった。だが、この普遍的「本質」を普遍的実在のままではなく、個物の個的実在性として直観すべきことを彼は説いた。言いかえれば、マーヒーヤのフウィーヤへの転換を問題とした。マーヒーヤが突如としてフウィーヤに転成する瞬間がある。この「本質」の次元転換の微妙な瞬間が間髪を容れず詩的言語に結晶する。俳句とは、芭蕉にとって、実存的緊迫に充ちたこの瞬間のポエジーであった。（井筒 一九九一、五七頁）

以上見てきたように、「垂直軸の思考」は、「汝自身を知れ」の道を通って「無知の知」に至り、さらに私たち特殊内部に「具体的普遍」を実にしていく知の体験をさす。では、次章ではこうした知の今日的妥当性について検討してみたい。

5　自然科学による「垂直軸の思考」への接近

一九七〇年代に入り、自然科学者の側において実証科学の限界を超えた説明のできない現象を有意味的に解明する今日的な理論枠組みが模索・提唱され始めた（衛藤 二〇一八、一六二一一六六頁）。ウィルバー（Wilber, K.）の言を借りるならば、「かたい科学（hard science）」（cf. Wilber 1985, p. 4）を、精神的な、つまり超越論的なリアリティと直接に向き合わせるパラダイムの創築が試みられたのである。具体的には、スタンフォード大学神経科学教授のプリブラム（Pribram, K. H.）が従来の「分析的モデル」に対して提唱した「ホログラフィック・モデル」や、量子論を背景としたロンドン大学理論物理学教授ボーム（Bohm, D.）の物理理論による「ホログラフィック・パラダイム（holographic paradigm）」がその代表的なものである。

「分析的モデル」とは、デジタル型コンピュータのように、情報が一群の可能性に基づく特定のプログラムに従って単線的に選択・フィードバックされると考える理論モデルである。一方、「ホログラフィック・モデル」は、情報に関していえば、個々の状態が互いに不可分に相互作用を行ない、単線的モデルに還元できないアナログ型のシステムを意味する。さらに、このモデルは、心理学的には、従来の分析的モデルが個別の日常意識の次元と超個人的な次元との関連を説明できなかったのに対し、事象間あるいは特殊と普遍との相互連結の内実を説明可能にする理論モデルとみられている。分析的モデルがデータの単線的な因果記述と可視化に徹する「水平軸」の思考を先鋭化したものとすれば、ホログラフィック・モデルは、禅、道教、神智学等の東洋思想や西洋の神秘主義思想が従来述べてきた、部分（特殊）と全体（普遍）の相補性や相同性を容認する「垂直軸」の物の見方を理論の中核に据えることになる。現在、この新たなパラダイムに基づく学問は、当初の神経科学、量子論、素粒子論を超えて、精神病理学、心理学、倫理学、社会学等にかなりの広がりをみせている（cf. Wilber 1985, p. 144）。

このホログラフィック・モデルを科学的に支える「全体論的パラダイム」では、存在論は一元的、認識論は相互作用的、方法論は類比的（特殊と普遍や個別の事象をつなぐ総合としての術的方法が有効視される）、因果性は蓋然的、分析性は構造的、動力学は負エントロピー的となる。つまり、このパラダイムは次の構造を有する。

この理論枠組みでは、「部分は全体への手がかりをもつ」ものと解され、「差異の内の統一（unity-in-diversity）」と「統一の内の差異（diversity-in-unity）」が即なる関係として容認される（cf. Wilber 1985, p. 145）。さらに、ここでは、時空は完全に開かれ、一切の区切りは実体的でなく、機能的・暫定的なものと理解される。それゆえ、空間的制約から生じる、自己－他者、自己が属する有機体－その他の環境、身体－心－精神の区別や、時間的制約によって生まれる過去－未来、生－死、存在－無といった区別は本質的ではなく、同一系の相異なる位相とされる。すなわち、そこでは全体として唯一のリアリティを備えた唯一の実有が存在し、そこに精神（Geist）や死をも包み込む上昇的で円環的なヒエラルキーが構成されるのである。ここにおいて認識の壁は一時的なものとされ、認識主観の高進の程度に応じて存在のリアリティは開示されていく。つまり、経験的認識（知）から超越論的存在認識（知即在）への架橋は、「至高の同一性（supreme identity）」（cf. Wilber 1985, p. 3）をめざす連続的な認識主観の存在論的変容プロセスとして解説できるのである。

以上の構造ゆえ、この全体論的パラダイムは、現象の有機的連関や生成発展をその一回性や選択性をも射程に入れたアプローチを可能とし、従来の経験的実証科学と精神科学との境界を見通した新たな理論地平として十分機能し得るものと考えられる。

では、最後に、「垂直軸の思考」を基盤とし、術的な方法論を採用する教育学の形を提示してみたい。

6　「教育術」という新たなる科学・学問論の可能性

(1) 精神科学的教育学にみる「垂直軸の思考[3]」

二〇世紀初頭に、主観的あるいは規範的な従来の教育学に対して、事実に基づく実証的な客観性を根拠とする教育学として、教育科学がフランスの社会学者デュルケーム（Durkheim, É.）によって提唱された。この立場は、その後、教育学の科学化要求という時代の要請も手伝い世界的な広がりをみせていく。

こうした「事実の学」としての教育学の発展に加え、「価値の学」として、「垂直軸の思考」の流れを汲む精神科学（解釈学）的教育学もまた科学の時代に台頭してくる。この精神科学の起源は、詩や神託を理解する技法として古代ギリシアに見出し得るが、その学問的な体系化は十九世紀のシュライアマハー（Schleiermacher, F. D. E.）を介し、ディルタイ（Dilthey, W. C. L.）に至って一つの哲学的地位を得ることになる。

そのディルタイ以降、精神科学の対象は従来の文献学・神学・法学にとどまらず、文化や歴史を含むあらゆる生の表現に拡張される。自然科学が現象の因果事実を〈説明〉するのに対し、精神科学は人間活動の所産を精神の現われととらえ、精神現象に科学的な基礎づけを与え、〈理解〉という内観的手法によって現象の価値と意味を構造的にとらえていく。教育学では、この立場を精神科学的教育学と呼ぶ。

このように精神科学は、普遍内在論に立ち、内観的な手法によって出来事の価値や意味を理解するため、「垂直軸」的なアプローチを採るように思える。しかし、「科学の時代」にあって、この立場の多くは、人間の認識を現象界に限定し、価値相対主義に徹することで今日的要求に応えようとする（たとえばNohl, H., Litt, Th., Spranger, E. 等）。

一方、同じく精神科学を標榜するフリットナー（Flittner, W.）やシュタイナー（Steiner, R.）は、一元的な「垂直軸の思考」に立つ教育学を支持する。[4] それは、近代西洋思考が分断してきた、主観と客観、特殊と普遍、個と全体、心と物、心と体、知と徳、知と行為、思考と感情と意志等を、高次の心の作用である精神の働きのもとに総合する試みといえる。以下、（2）において、近代のWissenschaft論の発展に古代からの「垂直軸の思考」が位置づくことをおさえた上で、（3）では、「術」としての教育の一つの形を、シュタイナー的な精神科学的教育学を例に描出してみたい。

(2) 新たなる Wissenschaft (科学・学問) 論の可能性

古代から連綿と深化・継承されてきた「特殊と普遍を架橋する垂直軸の思考」は、近代哲学において最も影響力のあったカントによって、私たちの認識に限界が設定されることになった(彼がア・プリオリな総合判断とみる数学や自然科学が認識の極に置かれた)。それゆえ、近代以降、誰もが分かる「一般」としての事実領域と、事象の本質を含む価値領域とを分断する見方が諸学に広がりをみせることになる。だが、前章で確認したように、こうした二元論に対して、自然科学自体からの問い直しも始まっている。

根本学としての認識論を問う哲学の領域においてすら、カント以降、すぐにこのような二元論の克服が試みられ、十九世紀以後、明らかに哲学は再び新たな一元的思考を追求していったといえる。ドイツから発せられるWissenschaft(科学・学問)論もまたそうした流れの中で生起してくる(以下、衛藤 二〇一八、一六六―一六七頁)。

すなわち、十九世紀後半には、自然を対象化・客観化する近代自然科学の一方向性に対して、ロマン主義や観念論哲学が新たなWissenschaftとしての科学的知を提供していった。そうした新たな見方は、まなざしを自己自身の内奥に向け、いっさいの前提や偏見を排除し純化した精神の内に真実在を認識するという役割を見出した。それゆえ、この立場は、可視の事実に限定された推論的な思考や主客の分離を前提とする自然科学的な対象視とは一線を画す。むしろ、とらわれのない内観の先に立ち現われる無時間的な思考体験を支持することになる。

そこで採用される「特殊(個)と普遍(全体)の即応的認識」の在り方は、自然科学的立場からは、「新プラトン主義」「神秘主義」という漠たる前近代的枠組みにはめられがちであるが、その内実は、人格的な善さへと向かうギリシア的な「内観の知」が、近代の科学的観察と反省的思考のフィルターを通して、今日的意義をもって再構築されたものととらえることができる。それは、ジェームズ（James, W.）が高次の意識状態について、「感情の状態に似ているけれど、経験した人にとっては、知識の状態でもあるように思われる」（cf. James 1902, pp. 380–381）と表現するように、認識的性質（noetic quality）をもつものと考えられた。

前節で取り上げた「現代的ホリズム（ホリスティックパラダイム）」もまた、そうした拡張する科学の知の系譜に位置づくことになる。したがって、このような学問・科学上の背景をふまえるならば、二十世紀にかけて展開されたシュタイナー的なWissenschaftとしての精神科学は、近代以降顕著となるScience（サイエンス）としての自然科学の知と異なり、古代の神秘的叡智に発し、十九世紀のWissenschaft論において磨かれ発展を遂げた今日的なホリスティックパラダイムに位置づくものといえる。

さらに、この深化・拡張されたWissenschaftとしての知は、シュタイナー教育においては、「垂直軸の思考」が元来視野に入れてきた「術」と融合することになる。次の（3）では、シュタイナー論に見る「術（Kunst）としての教育学」という新たな科学・学問（Wissenschaft）論の可能性を示唆してみたい。

（3）シュタイナー教育に見る「術としての教育学」の学問的可能性

シュタイナーは、様々な社会問題の根本原因を人間認識の在り方に見、あるべき認識に基づくシステムの再構築を政治・経済・教育・医療・農業など様々な領域で試みた。とりわけ、彼の教育論と実践は、「精神の自由」を妨げる、主知主義や唯物論に基づく理論・実践へのアンチテーゼとして打ち出された。

たとえば、一般に、思考にのみ比重を置く主知主義的なアプローチでは、大人たちがつねに子どもに何かを教えようとし、子どもができごとの事実関係や社会的な意味をよく理解すればするほどよいと考えられる。しかしながら、シュタイナーは自己の生と密な関わりをもたない、一度教え込まれてそのままおぼえられるものは、子どもたちの感情や意志を深く耕すことはないという（cf. Steiner 1919, S. 75）。逆に、心に共感をもって受容され、内的な変容を引き起こし行為へと促すことができるのは、美的体験のような、喜びをともなって何度も繰り返し行なわれるような行為なのだと主張する（cf. Steiner 1919, S. 76）。まさに、これまで検討してきた特殊個別な私たちと普遍とをつなぐ「術」の意義がこの教育では強調されるのである(5)。

つまり、シュタイナーの教育実践では、内観を通して対象となる事象の不可視な本質を自己の生と結びつけ可視的に表現する「術」の様式や、知識への美的態度や眼差しが重視されることになる。シュタイナーが、「教育学は科学であってはいけない、術でなくてはならない。（……）教育学という偉大なる生の術を実践するために私たちの内で活性化しなければならない感情は、偉大な宇宙やその宇宙と人間との関係を観照することによってのみ、点火させられる」（cf. Steiner 1919, S. 159）と強調するのは、こうした見方に立つゆえんである。ここに、Science とは別の、Kunst（術）としての Wissenschaft（学問・科学）に基づく教育の形が成立する。このような教育の在り方をシュタイナーは、"Erziehungskunst"（教育術）と呼び、それを通して「自由」が獲得されると考えたのである。

シュタイナーにとって Wissenschaft は、思考を通じて理念をもたらす人間の精神活動の産物であり、Kunst はその理念を、存在世界から採られた素材に刻印し表象化するもの（不可視な本質の可視化）と解される。つまり、ここでの両者の関係は、Wissenschaft が具体的普遍の内実から紡がれた理性的な知であるのに対して、Kunst は方法論としてのメカニズムであり、行為に応用された具体的な実践科学（praktische Wissenschaft）という位置づけになる。

対象視に徹する通常の自然科学の知が、認識に限界を定め、現象の表層的な事実の記述に終始するのに対し、この Kunst としての Wissenschaft は、その記述された文字の背後にある本質へと歩み入り、理念を実践へと還元する力をもつ。それゆえ、シュタイナーの教育術においては、知はKunst的創造の領域に接近し、融合することになる。それは、認識行為とKunst的行為が、ともに、所与の現実を介して、私たちを真実在の領域に引き上げることを意味する。このことは、源泉である内奥の観照を通して、私たちは創造されたものから創造へと、偶然性から必然性へと昇っていき、そこにおいて自然の統一性（Natureinheit）が精神的なまなざしの前に立ち現われる、とシュタイナーによって表現される（cf. Steiner 1886, S. 131–132）。

以上が、Wissenschaftのフィルターを通してみたシュタイナーによる教育術の意義となる。このことをふまえた上で、今日の実践上の評価に鑑みれば、シュタイナー教育（思想）は、分断された知・情・意・身体・モラルを総合し、本来的な生や精神を回復する有効な教育理論としての可能性を有するものといえる。

7 おわりに(6)

今日、認知に偏った抽象的な教育が、子どもの知と情意・身体・モラルとを分離させ、彼らから「生」の実感を奪いつつある。私たちがよく耳にする「スチューデント・アパシー」（青年期に生じる無気力・無感動・無関心）、「自己肯定感の喪失」、そして〈キレる〉〈とじこもる〉〈荒れる〉といった「学校病理」はどれもそうした主知主義による分離の結果として現われる。本来ならば、自然な活力を有する一人ひとりの「生」が、この状況の中で〈弱まり〉〈ゆがみ〉〈攻撃性〉を表出していく。

同様の兆しがあった西洋近代社会において、知の在り方が生の哲学によって問われたように、現在、急激な科学技術の発展に伴い、再び「生」を根源的な意味で問い直さなければならない時期に来ているといえる。

わが国の教育が掲げる「生きる力」は、英語ではa Zest for Livingと訳される。つまり、私たち個々人の内から発せられる具体的な「生きるための熱意（Zest）」こそが、わが国がめざす教育理念＝「知・徳・体の総合的育成」を支えるのである。それゆえ、知の時代に分離が進む〈知と存在〉〈知と行為〉〈知と徳〉〈心と体〉〈特殊と普遍〉〈主観と客観〉を、内奥の〈生き生きとした熱い意欲〉から架橋していくことが期待されるのである。

加えて、教育について考える際、こうした一元的でホリスティックな生の総合運動の先に、学問の究極の目的である「人格の高まり」が設定されなければならない。「一般」としての解を追求する自然科学によっては到達できないこの個々人の具体的な生の意義と人格の高進こそが「垂直軸の思考」に基づく「術としての教育学」の役割となる。最後に、そのことを示唆するシュタイナーの言葉を挙げて稿を閉じたい。

あらゆる学問・科学（Wissenschaft）の究極目的は、人間の人格における存在価値を高進せしめることにある。（……）諸学の成果から見通せる人間の意義を哲学的に説明することによって初めて諸（科）学に本当の価値が授けられるのである。（cf. Steiner 1892, S. 13）

（1）衛藤吉則（二〇一八）『西晋一郎の思想――広島から「平和・和解」を問う』広島大学出版会、二六頁（初出『HABITUS』二〇一二年）を参照。

（2）衛藤吉則（二〇一九）「山本幹夫（空外）の思想――宗教体験にねざした智」『ぷらくしす』（二〇巻）八三－九〇頁を参照。

（3）衛藤吉則（二〇一九）「近代日本の教育思想史をどうとらえるか」吉田武男監修、平田諭治編『日本教育史』ミネルヴァ書房、一七五－一九三頁を参照。

（4）フリットナーは、シュタイナー同様ゲーテ思想に通じ、シュタイナー学校を「生」にねざした「生活共同体学校」として高く評価する（衛藤吉則（二〇一八）『シュタイナー教育思想の再構築――その学問としての妥当性を問う』ナカニシヤ出版、四七－五四頁参照)。

(5)（五）「術としての教育学」論については、前掲の衛藤著『シュタイナー教育思想の再構築――その学問としての妥当性を問う』において思想史的裏付けも含め詳細かつ包括的な検討を行なっているので参照されたい（三二－三七頁、一六七－一七一頁等参照)。

(6) 衛藤吉則（二〇一九）「生の哲学としてのシュタイナー教育思想――ニーチェ思想との連続性」『HABITUS』二三巻、一七－三〇頁、「生の哲学と教育」坂越正樹監修・山名淳・丸山恭司編『教育的関係の解釈学』福村出版、四四－六〇頁を参照。

■引用・参照文献

アリストテレス（一九六八）『アリストテレス全集　形而上学』第一二巻、出隆訳、岩波書店。

井筒俊彦（一九九一）『意識と本質』岩波書店。

サン＝テグジュペリ（二〇一七）『星の王子さま』内藤濯訳、岩波書店。

鈴木大拙（一九六四）『禅と日本文化』岩波書店。

道元（一九九〇）『正法眼蔵』水野弥穂子校注、岩波書店。

西田幾多郎（一九一一）『善の研究』岩波書店。

プラトン（一九六七）『パイドロス』藤沢令夫訳、岩波書店。

プロティノス（一九八六）『プロティノス全集』第一巻、水地宗明・田之頭安彦訳、中央公論社。

ベルクソン（一九七九）『創造的進化』真方敬道訳、岩波書店。

山本幹夫（一九三六）『哲学体系構成の二途――プローティーノス解釈試論』目黒書店。

和辻哲郎（一九三四）『人間の学としての倫理学』岩波書店。

Eckhart, M.（1936）*Auftrage der Deutschen Forschungsgemeinschaft*, Stuttgart.

Fichte, J. G.（1797）*Erste Einleitung in die Wissenschaftslehre*, Stuttgart.

Nietzsche, F.（1883–1885）*Also sprach Zarathustra*, Berlin.

Hegel, G. W. F.（1827–1828）*Philosophie des Geistes*, Berlin.

James, W.（1902）*The Varieties of Religious Experience*, New York.

Steiner, R.（1886）*Grundlinien einer Erkenntnistheorie der Goetheschen Weltanschauung*, Dornach.

Steiner, R.（1892）*Wahrheit und Wissenschaft*, Dornach.

Steiner, R.（1919）*Die Kernpunkte der sozialen Frage in den Lebensnotwendigkeiten der Gegenwart und Zukunft*, Dornach.

Wilber, K.（ed.）（1985）*The Holographic Paradigm and Other Paradoxes. Exploring the Leading Edge of Science*, London.

第2部　教育実践への応用

第7章　道徳教育の成立要件としての被教育者性

秋山博正

1　問題の所在

本論の目的は、教育、特に道徳教育における被教育者性の意義の解明にある。教育は必ずしも学校における活動に限定されるものではないし、必ず年長者から年少者に施されるものでもない。教育は人間関係がある所に成立しうる活動の一つである。とはいえ、本論では特に断らない限り、学校教育を念頭に置いて考察を進める。

さて、「被教育者性」とは、たとえば「教育の主体である教師が教育の客体である児童生徒等の言動を教えとして被る者でありうるという能力」や、「児童生徒の言動によって陶冶されている者であること」などを意味する。端的にいえば、それは教える者が常に同時に教えられる者であるということである。そして被教育者性がなければ道徳教育、ひいては教育一般は実質的には成立しないことを明らかにすることが本論の目的である。

2　教育の本質としての道徳教育

教育とはそもそも何であろうか。たとえば教育とは、カントが「人間は教育を通じてのみ人間となる」と述べたように[1]、人間を人間たるにふさわしいものとするための教育主体からの教育客体への意識的な働きかけ、つまり指導支援だと定義できる。指導支援の内容としては、能力開発、知識伝達、意志・性格の陶冶などが挙げられる。これらはすべて教育の客体を「人間たるにふさわしいもの」とするための指導支援である。そうだとしたら、人間たるにふさわしいとは、どういうことだろうか。換言すれば「人間らしさ」とは何であろうか。

教育によって、私たち人間の心身の能力が開発され、有益な知識や技術が私たちに伝達され、私たちの意志・性格が陶冶されうる。能力開発、知識等の伝達、意志・性格の陶冶などは私たちが社会において生活するために大切なものである。ただし、大切ではあるが、私たちの能力がいくら開発されても、その心身の能力は動物の特長的な能力や機械の能力には敵わない。しかも動物の能力や機械の能力に劣る私たちの心身の能力であっても、それらの使い方によっては自他を傷つけることがある。また、私たちにどれほど多くの有益な知識等が伝達されても、あるいは私たちがそれを習得しても、記憶量や処理能力では人工知能に及ばない。それのみならず、知識等によっては使い方を誤ると自他の破滅を招く。むろん、どんな知識等を習得すべきか、どの程度習得すべきかといったことは重要である。だが、それらよりも重要なのが習得された知識等の使い方である。そして知識等の使い方の決定のみならず、上述の開発された能力の使い方をも決めるのは、あえて区別すれば、意志・性格である。そうだとすれば、人間らしさの要点は意志・性格にあることになるであろう。

開発された能力や、伝達されたり習得したりした知識等を制御し、それらと調和できる意志・性格とは、どのようなものであろうか。ソクラテスの表現を借りれば、それは私たちが「よく生きる」ための意志・性格であろう。ここでいう「よさ」は単純には定義できない。だが、理想的な意味におけるよく生きることには、人が主体として確立されて自律しているという前提の下、置かれた状況において未来をも見通した上で適切な選択をし、それを実行することが少なくとも含まれる。その意味で、よく生きるための意志・性格は、認識、感得、推理、判断、意欲などの働きにおいて優れたものである必要がある。そしてそれらの優秀性は固定されたものではなく、終生向上させられることが求められるものである。そうだとしたら、よく生きるための意志・性格は、伝統的な用語法において「道徳的である」ための意志・性格だといってよい。結局、人間らしさの要点は「道徳的であること」にあることになる。そうであれば、教育は私たちが道徳的になるための、さらには一定程度道徳的である者がより道徳的になるための指導支援である。そして教育は人がより道徳的になるための指導支援であるという意味で、教育の本質は道徳教育にあることになる。

それならば、人がより道徳的になるために私たちは道徳教育においては何を、どのように指導支援できるのだろうか。その問題は次節で論考する。

3　道徳教育の目標としての自律的で能動的な主体性（道徳性）の育成

道徳教育は、形式的にいえば、私たちが「道徳的になる」ための、あるいは「より道徳的になる」ための指導支援である。そうだとしたら、道徳教育は実質的にはどのような変化を人に促す指導支援であろうか。

「道徳的になる」と表現する場合の「道徳」は、一般に人の行ないの善悪、正不正、為すべきことと為すべからざることを示す基本的な規則、またそれらの規則が内面化されたものだといわれる。また、道徳は、たとえば慣習道徳と普遍道徳とに大別できる。慣習道徳は時代や社会に制約された相対的なものである。そして「ある社会の構成員の多数が自他の行為、態度、心情等に対する要求として共有している意識内容」だと定義できる。[2]この意識内容が言語化されたものが規則、徳目、教訓、戒めなどである。一方、普遍道徳は時代や社会の違いを越えてあらゆる理性的存在者に当てはまる絶対的なものだと考えられている。だが、それは実際には妥当性の高い慣習道徳なのかもしれない。いずれにせよ、道徳は人が変化するための手がかりとなりうるものである。

そのことを具体的にいえば、人がある社会の中に入りそこで生活しようとしたら、「郷に入っては郷に従え」といわれるように、人はその社会の慣習道徳に従うことを求められる。そして人はその社会で生活するために慣習道徳を知り、自発的にであれ強制的にであれ、慣習道徳にある程度従う。幼児が成長に伴って徐々に社会生活ができるようになるプロセスもそれと同様である。このように人は慣習道徳という外からの要求に他律的に従って特定の社会の中で生活できるようになる。ただし、そのための指導支援は本論で主題化している道徳教育ではない。というのは、人が他律的に慣習道徳に従うための指導支援では、主体性は確立されず自律的にはなれない、つまり道徳的にはなれないからである。

慣習道徳に他律的に従えるようになった人の中には慣習道徳に潜む価値に気づき、自らそれに従う人もいるかもしれない。たとえば他者に優しくする、困っている人を助ける、などの親切といわれる言動に潜む価値に気づき、打算からではなく、思いやりや人類愛の立場から親切を為そうとする人や、あるいは親切を当然視して自ずから親切を尽くそうとする人がいるかもしれない。自ら判断してより多くの人が望むような言動をとれる人は、前述の慣習道徳の定義に従えば、共有されている要求に他律的に従うだけでなく、要求として共有されうる言動を自ら見出し、その言動を自発的に実行できるようになっている人である。このような心境を孔子は「心の欲する所に従えども矩を踰えず」と表現したのであろう（『論語』為政篇）。また、より多くの人が望むような言動、換言すれば、より多くの人が納得する要求としての在り方は時代や社会という制約を少なからず越えるものであり、普遍道徳の域に近づくものである。そうであれば、人は慣習道徳を手がかりにして普遍道徳に接近できることになる。

以上をまとめると、ある社会で生活するために最初の段階で求められるのは、当該社会の多数の構成員に共有されている要求に従う能力の育成であった。この能力は、すでにある要求、たとえば所与の規則に従うという意味で、いわば裁判官的な能力である。裁判官的な能力の育成を目指す指導支援は人の社会化のためには必要であるが、本論の主題とする道徳教育ではない。なぜなら裁判官的能力には自ら規則を見出そうとする能動性がないからである。だが、裁判官的な能力を育成された人の中には所与の規則に服従するだけでなく、自発的に規則を見出して自律的にそれに従う能力を身に付ける者もいるかもしれない。この能力は未知の規則を新たに見出だす、つまり規則を立てるという意味で、いわば立法家的能力である。

これら二つの能力についていえば、裁判官的能力しかなければ、その人は、たとえ所与の規則に自律的に従ったとしても一定の受動性は免れない。一方、立法家的能力は自ら規則を立てる点では能動的である。だが、所与の規則である慣習道徳という手がかりなしに人がいきなり立法家的能力を養うのはほとんど不可能である。また、立法家的能力しかなければ、何を行なうにせよ、いちいち新たに規則を立てなければならない。しかし、そのような煩瑣な事態は現実にはありえない。したがって人が自律的かつ能動的になるためには裁判官的能力と立法家的能力との両方が必要である。両方の能力が揃って初めて人は自律的で能動的な主体性をもてるのである。(3)

この裁判官的能力と立法家的能力との両方を兼備する主体性の育成を目標とする指導支援が本論で主題とする道徳教育である。そして裁判官的能力と立法家的能力とを兼備した主体性は、文部科学省「学習指導要領」における「道徳性」とほぼ同じものだと考えられる。そこで以下では、本論で主題化する道徳教育は道徳性の漸次の育成を目標とする指導支援だとして考察を進める。
それでは、道徳性の育成を目標とする道徳教育はいかに行ないうるのだろうか。その問題を解明するための準備として次節では道徳性に「価値感得・応答力」があることを明らかにする。

4　道徳性における価値感得・応答力

人が道徳教育を行なうためには、何が道徳的かとわかっていることが前提である。何が道徳的かとわかっていること、すなわち「道徳に関わる知」は一様ではなく、重層的である。このことを本論では「道徳の知の重層性」と表現して考察を進める。

さて、道徳教育とはそもそも何を行なうことかといえば、前述したように、児童生徒の道徳性の育成を目標とする指導支援である。道徳性とは、「学習指導要領」によれば「人間としての生き方を考え、主体的な判断の下に行動し、自立した人間として他者と共によりよく生きるための基盤となる」ものである。そして「道徳的判断力、道徳的心情、道徳的実践意欲と態度という諸様相」によって構成されるものである(4)。この定義を踏まえて簡潔にいえば、道徳性は人が道徳的であるための、つまりよりよく生きるための性質や能力の総体であろう。

また、道徳性は、理念的にいえば、状況に潜在している価値を総合的に捉え、その状況にふさわしい言動、態度、さらには心のもち方などを選択・実現するための性質や能力の総体である。たとえば火事になって焼けている家から助けを求める人の声を聞いたとする。この状況に直面した人が選びうる選択肢は多数あるが、いずれの価値を感得（優先）するかによって実現される行為等が決まる。換言すれば、人は実現される価値を前提として行為を選択できるのである。むろん価値感得や行為選択は瞬時に直観的に行なわれるのが一般的であり、ここでもそのことを前提として考察を進める。さて、助けを求める声を聞いたとき、他者に関わりたくないという利己的価値には応じず、人命の尊さという価値を優先して人命救出に尽力する人がいるとしよう。この人が人命を優先することは道徳的価値としての隣人愛に応答することである。それをこの人にさせるのが道徳性である。したがって道徳性の働きには状況に潜む、つまりまだ実現されていない「価値を感得し（見出し）、それに応答する力」、すなわち「価値感得・応答力」という一面があることになる。

価値の感得は、フォン・ヒルデブラントによれば、それが十全に遂行されれば、人は状況に潜む価値を適切に把握し、それにふさわしい応答を自ずから行なえるという[5]。したがって価値感得・応答は価値の感得と価値への応答との二つの別々の働きではなく、本来一体の連続した働きである。たとえば私たちが崇高な行為を目の当たりにしたら白けるのではなく、感動せざるをえない。そのように、行為の崇高という価値を感得したら、それにふさわしい感動という応答をせざるをえないのである。ただし、私たちが価値感得を適切に遂行できなかったり、価値感得力が未熟だったりすると、価値応答を行なえなかったり、それが不適切だったりする。したがって、たとえば相手を愛するという価値応答を適切に行なうためには相手の適切な認識という価値感得が愛に先行しなければならない。その意味で価値応答には価値感得が不可欠なのである。とはいえ、相手への愛という価値応答と、相手の認識という価値感得とは別物ではない。両者は一つのものである。

ところで、道徳性に価値感得・応答という働きがあり、価値感得と価値応答とが一体であるのであれば、不適切な価値応答は生じるにせよ、価値応答が為されていないように見える場面があるのはどうしてだろうか（何もしないという価値応答の仕方についての考察はここでは措く）。端的にいえば、状況の認識が必ずしも道徳的実践につながらない場面が少なからずあるが、それはなぜだろうか。この問題は次節で「道徳に関わる知の重層性」[6]を手がかりにして考えてみることにする。

5　道徳に関わる知の重層性

道徳教育の目標は道徳性の育成にあるゆえ、道徳的実践は必ずしも道徳教育の目標ではない、ということはすでに述べた。それにもかかわらず、道徳教育への批判の一部は道徳教育が道徳的実践に直結していないという実行力の低さに向けられている。つまり、いくら道徳教育を施しても人はそれ相応の道徳的実践を行なうようにはならない、と批判されているのである。

この実行力が低いという道徳教育に対する批判は、あながち的外れではない。というのは道徳性が育成されれば、道徳的実践は結果的に為されるはずだからである。したがって道徳的実践が為されないのは道徳性が育成されていないからだという推論は十分に成り立つ。それでは従来の道徳教育が実際に道徳性を十分には育成できていないとしたら、それはどうしてであろうか。結論からいえば、道徳教育の実行性の低さの要因の一つは「道徳に関わる知の重層性」の看過にあると考えられる。この理由から以下では道徳に関わる知の重層性を明らかにし、その重層性を看過する原因を究明する。

道徳に関わる知の重層性とは、私たちの「道徳に関してわかること」には「挨拶をしなさい」というような「言語による説明によってわかること」から、愛や友情の価値がわかる場合のような「言語による説明によっては伝わらず、言語によらないで非言語的にわかること」、すなわち「価値の感得によりわかること」までグラデーションのように階層的な幅があることをいう。その中でも特に非言語的にわかること、すなわち「非言語的な知」が道徳教育にとっては重要であり、そこに道徳的実践に直結するための鍵がある。その非言語的な知の意義を解明するため、この**5**節と次の**6**節においては越智貢教授の論考(7)を祖述する。

さて、越智教授によれば、道徳に関してわかること、すなわち「道徳に関わる知」が重層的であることは道徳教育の前提とされる必要がある。だが、その一層をなす非言語的な知が看過されている場合は少なくない。それは、たとえば道徳に関わる知を、教科の教育内容がわかること、すなわち「教科に関わる知」と同じ水準で扱う場面で見られる。教科に関わる知の特質の一つは、それが言語による説明によって伝達可能である点にある。しかも教科に関してわかるということは、言語によって説明されるだけで実践に直結する場合が少なくない。たとえば数学の授業において公式の説明を受けた生徒がその公式をたちまち使いこなせるように。だが、言語による説明という仕方の指導支援は道徳教育においてはそれほど有効ではない、つまり実践には直結し難いのである。なぜだろうか。

たとえば道徳に適う心情、発言、態度、行為等をもてない、または為しえない、あるいは道徳に反する行為が為される状況を取り上げてみよう。道徳的実践が為されない理由は多岐にわたるが、そのような状況は少なくとも次の二つの場合に大別できる。一つは、当事者が道徳的であることや道徳的な行為の価値は感得しており、それらの大切さを自明のこととしているにもかかわらず、複雑な事情などのために具体的に何をしてよいかわからない場合である。もう一つの場合は、当事者が道徳的であることや道徳的な行為の価値を感得したことがない場合である。つまり当事者に道徳に適う行為をしなければならないという「向き」がまったくない場合である。前者は「道徳への志向」が備わっている人のケースであり、後者は道徳への志向が未開発な人のケースである。現実には道徳への志向が皆無の人は存在しないだろう。だが、本論では相違点を際立てるため道徳への志向がまったくない人を想定して考察を進める。

道徳への志向がある人の場合、適切な行為をたまたま知らない、あるいは思い違いをしているだけなので、「しかじかの場合はこれこれすればよい」というように何が道徳的かと言葉によって説明されるだけで、道徳に適う行為を実行できる。たとえそれを実行できなくても、その人がその必要性を疑うことはない。だが、道徳への志向がない人の場合、言語による説得は実践に関しては有効ではない。なぜなら、その人には「道徳に適う行為は為さなければならない」という向きがまったくないからである。この人の道徳に関わる無関心、あるいは盲目的な状況を言語による説得で解決することは困難である。

道徳への志向がない人はどんな行為が道徳的かと知っていても、自分の利益にならない限り、道徳に適う行為はしないであろう。約束を守ることへの志向がない人とはいくら固い約束をしても無駄なのである。このような人は何が道徳的かと言葉として知っていても、それを行なわなければならないという志向がそもそもないからである。したがって道徳への志向がない人には言葉によって実践を促そうとする方法は適切ではない。

一方、道徳への志向がある人には道徳に関わる知を言語によって説明することは有効である。この人においては何が道徳的かとわかることがただちに行為と結びつくからであった。それだけでなく、この人は、たとえば親切という言葉を知らされなくても、その価値を適切に感得すれば親切な行為ができる。具体的な言動の価値を適切に感得することにより為すべきことが明らかになるからである。しかし、道徳への志向がない人は親切という言葉とその意味を知っていても親切な行為をするとは限らない。したがって親切という言葉を知っている人と、親切ができる人とは必ずしも同じではない。

それゆえ道徳的実践に関しては、当事者の道徳への志向の有無が鍵になる。そうであれば、道徳への志向はいかにして養われるのであろうか。この問題については次節で考察する。

6　道徳的実践の鍵としての道徳への志向

前述したように、道徳への志向がある人においては何が道徳的かとわかることが、当該の行為を表わす言葉を知ろうが知るまいが、その実行と結びつく。つまり道徳に関わる知が実践と結びつくのである。ただし、単なる知が、つまり何かがわかったということが自ずから実践と結合するのではない。本節で知が実践と結合するという場合、それは何が道徳的かと感得して道徳への志向をもった人がそれにふさわしい実践を自ずから行なうことを意味しているにすぎない。したがって知と実践との結合の可否は、当事者の道徳への志向の有無によって決まる。そうだとしたら、道徳教育において重要なのは道徳への志向の開発であることになる。「道徳は遵守するもの」という志向がなければ、どれほど堅牢な道徳教育も砂上の楼閣にすぎない。それならば、道徳への志向とは何であり、それはどのように開発されるのであろうか。

たとえば言語による意志の疎通がまだ十分にはできない段階にある幼児のことを考えてみよう。その段階にある幼児でも道徳に適う行為を意識して自発的に行なうことができる。だが、その子はそのことを言葉による説明によって学んだのではない。むしろ、周囲の人々の具体的な行為や状況から習得したのである。つまり他者の行為等を通して、何を為すべきかを実践につながる仕方で非言語的に感得したのである。

非言語的に感得することにより何が道徳的かとわかるとともに道徳への志向も養われるという経験は、幼児に特有のものではない。大人の場合でもほぼ同様である。大人がもっている道徳に関わる知の多くも感得によりわかるという水準にある。たとえば愛や友情など道徳に関わる心情の意味は、それらを感得することがなければ、言葉で説明するのは至難である。事実、これらの言葉の意味を辞書で調べると、同語反復や論点先取の定義がしばしば見出されるという。そのことは、愛などが言語による説明によってわかるものではなく、あらかじめ知っている意味が言葉によって確かめられるだけだということを示唆している。

愛を価値感得という水準でわかっていない人に言葉で愛を説明しようとしても、わかってはもらえまい。砂糖をなめたことのない人には砂糖の甘さを言葉では説明できないのと同様である。つまり道徳教育で重要なのは言葉そのものではなく、道徳に適う行為に潜む非言語的な価値なのである。そしてそれを感得することが道徳への志向を養うのである。だが、道徳に適う行為の非言語的な価値も道徳への志向も教えられるものではない。道徳に適う行為の価値は児童生徒が自分で感得するしかなく、教師にできるのはその支援だけである。

ただし、道徳への志向がない人でも愛が道徳に関わる言葉であることは知りうる。むろん愛という言葉を知っているだけでは、愛せるようにはなれない。だが、知識としては理解できる。だとすれば、何が道徳的かとわかることは決して一様ではなく、前述したように、重層的であることになる。つまり道徳に関してわかること、すなわち道徳についての知は「言語による知、すなわち言語により伝達しうる知」から、「言語では伝達できない知、すなわち感得せざるをえない知」まで広範囲にわたっているのである。換言すれば、「道徳への志向を養えない知」から「道徳への志向を養える知」までさまざまな段階があるのである。

しかも、すでに指摘したように、道徳の知に関する限り、「挨拶をしなさい」といった言語により説明できる知は表層的である。これを支えるのは愛や友情という言語では説明できない価値についての知、すなわち感得せざるをえない知である。したがって感得せざるをえない知は言語により説明できる知よりも深い水準にある。それならば、道徳教育においてめざすべきは、道徳的だと感得できる水準の知へと深まることである。そのためには児童生徒が感得力を向上させることが不可欠である。それゆえ実践につながる道徳教育とは、児童生徒が自らの「わかること」を深められるよう支援するものであることになる。以上が越智教授の論考の祖述である。

児童生徒が道徳に関してわかるということを深め道徳への志向を養うためには、少なくとも次の三つのことが求められる。第一に何が道徳的かと感得すること、第二に道徳的なことをいかにして感得するか、その感得の仕方を習得すること、第三に感得力を養うこと、これら三つが必要である。

第一の児童生徒が何を道徳的かと感得する手がかりになるのは、たとえば歴史上の人物やフィクションにおける登場人物の言動である。だが、それら以上に影響力をもちうるのが児童生徒に日常的に接する教師である。それだけではない。児童生徒は第二の道徳的なことの感得の仕方も教師から学ぶことができる。教師が自分の感得の結果を語ることからだけでなく、教師の日頃の在り方生き方を通じて児童生徒は人がいかに価値を感得しうるかを間近に見ることができるからである。第三の感得力を養う上で有効なのは道徳的に価値あることにできるだけ多く接することである。その手がかりとなるのが「目が肥える」という経験則である。それは、たとえば優れた芸術作品を繰り返し鑑賞した結果、審美眼が養われることをいう。道徳に関する価値感得力の育成も同じ事情にある。したがって児童生徒の価値感得力を養うために、児童生徒が道徳的なことに持続的に接するという方法が有効である。ただし、その方法を採るには道徳的なことを紹介する教師が児童生徒に受け入れられていなければならない。

そのためにも教師はまず、その言動が児童生徒に受け入れられるだけの在り方生き方をする必要がある。それならば、教師はどのような在り方生き方をすればよいのだろうか。この問題は次節で考察する。

7　被教育者としての教師

教師は、児童生徒が道徳的なことの感得の仕方に習熟し道徳的であることをより深くわかっていくための身近な手がかりとなりうる。だとしたら、教師のどのような在り方生き方がそのために有効であろうか。

結論からいえば、教師は児童生徒に先立って自分自身の価値感得力を養い続けることが求められる。道徳教育が実質的に成立するためには、道徳教育の主体が最初の客体であることが構造的に必要なのである。換言すれば、道徳教育の成立のためには教師の「被教育者性」が不可欠なのである。この理由を本節で明らかにしよう。

前述したように、私たちが、何が道徳的かとわかる場合、言葉による説明を受けるよりも、その価値を感得することにより、より深く、しかも行為に結びつく仕方でわかる。そして学校教育において児童生徒が道徳的行為の価値を感得する最も身近な手がかりは、教師の人間としての在り方生き方である。この意味で教師は「生ける教材」である。もちろん、それは自明のことであるし、教師がそのことを意識しておけば十分対応できる、という考え方もあるだろう。だが、児童生徒の目は至る所にある。また、道徳的な在り方生き方を演技しようとしても常時続けるのは困難であるし、見破られる可能性もある。それに「感得する」範囲は五感で知覚できる領域を越えることもある。そうだとしたら、教師は自分自身の価値感得力を高めていくしか対応する術はない。むろん実際にはそれを高められないこともあるだろう。だが、大切なのは自身の価値感得力を高めようとする教師の姿勢である。児童生徒はその姿勢に道徳的であることの価値を感得するのではないだろうか。

また、教師が児童生徒に先立って自分自身の価値感得力の育成に努めなければならない必要性は、「知らないことは教えられない」という単純な事実が証明している。児童生徒の価値感得力育成を指導支援しようとすれば、価値感得力が何であり、それが養われるとはどういうことであり、どうすれば養われるか、などといったことを事前に習得しておかなければならない。それらは言葉によってわかるという水準においても、感得する水準においても習得しておく必要がある。しかも、価値感得力向上を「よきこと」として感じていることが肝要である。さもなければ、教師は信念をもって児童生徒を指導支援することはできないであろう。

教師は児童生徒に先立って自身の価値感得力育成に努める必要があるがゆえに、「学習指導要領解説　特別の教科　道徳編」は価値感得力（道徳性）の育成が児童生徒と教師の両者の課題であることを示唆しているのである[8]。同様の示唆は一般の教科教育に関してはない。だからこそ教師が道徳教育の主体であると同時に客体である必要があることは道徳教育の特質なのである。教科教育において教育内容の学習が教師の課題でもあると示す必要がないのは、あまりにも当然だからであろう。その当然視の理由の一つは教師と児童生徒との間の圧倒的な学力差にある。

翻って、教師と児童生徒との価値感得力を比較したらどうであろうか。比較できるのかという疑問はあるが、それは措く。一般的には教師の価値感得力の方が児童生徒のそれよりも高いだろう。だが、両者の間には教科の学力ほどの差はないだろうし、関係が逆転する場合もありうる。しかも価値感得力は鳥が羽ばたくのをやめれば高度が下がるように、絶えず刷新されなければ生き生きとは働かない。ただ一度の不道徳な行為でも価値感得の眼は曇りうる。だからこそ教師は児童生徒に先立って自らの価値感得力を養い続ける必要があるのである。

それならば、教師の価値感得力が児童生徒のそれより高くさえあれば十分かというと、必ずしもそうではない。自分の価値感得力の方が高いという意識はそれだけにとどまらず、そこからは一種の傲慢が生じやすく、それが道徳教育を歪めるからである。だが、それだけではない。児童生徒の立場に立ってみよう。児童生徒はどんな人から学びたいと本心から願うだろうか。それを考える手がかりとなる文章を次に引用する。これは父母の子に対する食前の合掌に関する躾について述べたものであるが、道徳教育の本質的構造が示唆されている。

人間に生まれて食事をいただけることの中には無量の恩が宿っている。それに対しては、ただ合掌していただくばかりである。子はその無量の意味には気づきえないだろう。だが、合掌はできる。父母が合掌すれば子も自然に合掌するようになる。これが躾である。躾は子の外から内に入り心に意味を味わわせ、それが熟してやがて徳を成すに至る。その初めの合掌をする父母の心にあるのは「私たちは先人に導かれて合掌の習慣を伝えられ無量の恩をいささかでも思わされ、子どもも等しく無量の恩の中に育まれてきた。だからこそ、相ともに合掌してこの恩を有り難くいただこう」という思いである。さらに父母自身を省みるならば

「そのように恩の果をいただくのだと教えられていながら、その真理に順うことに懈《おこた》りて恩に背きがちである己を慚《は》じ、此の如き慢《おご》れる己の影響が子の純なる情を傷つけんことを愧《は》じ、子に縁りて父母自らが道を敬わせていただく。ここに躾の根本義があろう。則ち先覚が後覚によりて教え育まれつつ道の招きに応え徳の養いを受ける、是れ道徳教育というものの真相であろう(8)。

この父母の子がどのように成長していくかはわからない。だが、否定できない何かを両親に感じるのではないか。いずれにせよ、指導支援の主体こそ、その客体から教え育てられることが肝要だと述べられている。能動的に学び、さらに受動的にも教え育てられる者が被教育者であった。価値感得力育成における「感得による知」の重要性は指摘ずみだが、教師は道徳教育の客体である児童生徒から道徳に関わる価値を感得させられて初めて、つまり被教育者となって初めて道徳教育の主体たりうるのである。そして教育の本質が道徳教育にあるのであれば、教育一般においても教師が被教育者であることは重要であろう。

8 結　語

以上、教師の被教育者性が道徳教育、ひいては教育一般の成立要件であることを構造的に述べてきたが、最後に児童生徒の立場からの見え方をもう一度確認しておこう。前述したように、児童生徒が生き方を学びたいと願い、事実動かされるのは、児童生徒を指導支援し自ら学ぶだけでなく、児童生徒が関与せざるをえない受容性がある人である。この受容性の完全形は、当事者の言行一致への希求を含むだけでなく、その人が神ならぬ身の不十分さを知悉し、どこまでも謙虚であることにある。換言すれば、他者から学ばざるをえないことが領解されていることにある。したがって理想的な教師はその児童生徒に対してのみ被教育者であるのではなく万人に対して被教育者であらざるをえない。

とはいえ、被教育者という境地は高く、到達は困難である。そのせいか、今日あまり顧みられない。しかし人が教師としての務めを少しでも果たそうとしたら被教育者性を帯びざるをえないのではあるまいか。

（1）I. Kant (1968) "Pädagogik," in *Kants Werke IX*（Akademie Textausgabe）, Berlin, S. 443.
（2）拙論（二〇〇八）「道徳教育と宗教」越智貢ほか『教育と倫理』ナカニシヤ出版、八四頁。
（3）村井實（一九九三）『教育学入門（下）』講談社、九一頁以下。
（4）たとえば文部科学省（二〇一八）『中学校学習指導要領（平成二九年告示）』東山書房、一九頁。
（5）価値応答については下記を参照。D. v. Hildebrand (1973) *Ethik*（*G. W. Bd. 2*）, Regensburg, S. 203–260.
（6）越智貢（一九九六）「道徳授業とその成立条件」日本道徳教育方法学会『道徳教育方法研究』第二号、七六－八〇頁。
（7）同前。
（8）たとえば文部科学省（二〇一八）『中学校学習指導要領（平成二九年告示）解説　特別の教科　道徳編』日本文教出版、一九頁。
（9）白井成允（一九五二）「道徳教育について」日本倫理学会『道徳教育　第一集』有斐閣、四頁以下。引用は表現を現代仮名遣いに改めて行なった。

【付記】本論は拙論「「特別の教科　道徳」、その特別性の根拠」（日本道徳教育学会誌『道徳と教育』第三三三号、二〇一五年）を大幅に書き改めたものである。

第8章　道徳教育と哲学対話

上村　崇

あるところに、人間と仲よくなりたいと願う赤おにがいた。しかし、人間は怖がって寄りつこうとしない。それを知った友達の青おには、自分を悪者にして一芝居をうち、赤おにの願いをかなえてやる。その結果、人間と仲よくなることができたが、青おには「はり紙」を残して旅に出る。それを読んだ赤おには、涙を流す。(1)

1　童話作家　浜田廣介
――「ありたい世界」の希求――

「泣いた赤おに」は童話作家浜田廣介の代表作として知られている。この作品は昭和八年（一九三三年）七月に「おにのさうだん」（鬼の相談）の題で「カシコイ二年小学生」八月号（精文館）に連載されたのが初出である。浜田の作品は大正初期の自由教育運動や「赤い鳥」に代表される童心主義、芸術至上主義の流れに位置づけられる。教育性よりも自己表現としての文学性を重視した彼の童心主義は、次の言葉にもよく表われている。

教育であるように心を配ることはよい。しかし、それは、大人の既成概念をただやすやすと、かつ、いそがしく植えつけようとの目的を持つべきではなく、文学的なセンスを求め、感性による人間を育てていくべきもくろみでなくてはなるまい。(2)

浜田廣介記念館元館長の樋口隆は浜田児童文学における文学性を次のようにまとめている。「浜田は終生、童話文学における直截的な訓育の表現を忌避した。しかも、自作が教訓譚と誤解をされるのを承知で、若い日の苦難の身に沁みた善意や思いやりの息づく「ありたい世界」を希求し続けた(3)」。樋口は、浜田の文学性に厚みを与えているものが「若くして失った故郷や母への思慕と孤独感、逆境にひっそりと光る善意と命のぬくもり(4)」であるとも指摘している。

「泣いた赤おに」が「善意」の童話であることは誰もが認めるところであろう。教育学者の伊藤啓一は「泣いた赤おに」を「善意の童話」と位置づけ、「友情の最高形態として「無償の愛」を表現している、と読み取ることができる(5)」と評価している。「泣いた赤あかおに」は「友情・信頼」の道徳的価値を考える教材として小学校の教科書に収録されているほか(6)、中学校の道徳教育でも活用されている(7)。子どもの発達段階によって物語の活用方法を工夫することが求められるが(8)、いまなお、児童・生徒の心に響く物語である。

2 「善意の物語」から「喪失の物語」への解釈の転換
――赤おにの「涙」の意味――

「泣いた赤おに」は時代とともに加筆と修正が加えられているが、樋口はこの物語の骨子を「寂しがりやの赤鬼が、青鬼の知慮により人間との交流の夢がかない一時の喜びを得るも、親友青鬼を失うことの代償であることを知り涙する」とまとめている(9)。赤おにの「涙」は、かけがえのない友人を失った後悔と自責の念から溢れ出たものである。

この物語は確かに「善意の物語」であるかもしれない。しかし、善意がいつも正しい結果を招くとは限らないことを私たちは知っている(10)。樋口が指摘した骨子に従えば、「一時の喜びを得ることで大切なものを失う」ことがこの物語の「教訓」としては相応しいように思える。無論、浜田は教訓よりも文学性を重視したのは先に述べたとおりである。この物語から合理的な「教訓」を導き出すよりも、青おにの「善意」を看取することが正しい読み方なのかもしれない。しかし、早期に一家が離散した後に苦労を重ねて文学の道に進んだ浜田は、大切なものを失ってはじめて理解できるものがあると考え、その喪失の中にこそ人間の情動の豊かさを見出そうとした文学者ではなかったか。私たちが赤おにと共に青おにの手紙に涙するとき、私たちは青おにのやさしさに触れると同時に、「友の喪失」という取り返しのつかない事態に胸が押しつぶされている。そのとき私たちの心には、「友を失わないために私たちは何ができたのか」という問いが浮かぶであろう。この物語を「喪失」という観点から読み解くことは、「喪失感」という心情に基づきつつも、合理的な思考から友情や相互理解について探究する可能性につながる。

3 「喪失の物語」として読み解く「泣いた赤おに」の可能性

「青おにの知慮」は、人間と仲よくなりたい赤おにのために人間に対して「一芝居をうつ」ことである。村で暴れる青おにを赤おにが退治する芝居をうつことで、それまで赤おにを怖がって寄りつかなかった人間が安心して赤おにと接することができるように仕向けるというものだ。青おにの提案にたいして赤おには躊躇する。それに対する青おにの言葉は象徴的である。

「また思案かい。だめだよ、それじゃ[11]」

青おには赤おにが「思案する」ことを制して村に降りていき、乱暴を働く。青おには赤おにのことを思ってこの芝居を提案したのかもしれない。もしかすると、この提案をしたときには、すでに赤おにから距離をとることを青おには決意していたのかもしれない。しかし、赤おにに思案の機会も与えずに自分の提案に従わせる行動は独善的ではなかろうか。さらに、村人たちに安心させるために「一芝居うつ」ことは、相手を欺いて信頼を得ることではなかろうか。「善意はどのような場面でもよいものとして認められるのか」、「信頼を得るために嘘をついてもよいのか」という疑問はきわめて重要な道徳的な問いである。

青おにが赤おにの友達であるのならば、人間と仲よくできる方法を一緒に思案することもできたであろう。嘘をつかずに根気強く人間と関わる方法を一緒に思案することもできたであろう。友達とはお互いを理解し合い尊重し合う存在である。しかし、青おにの提案は赤おにに対してその帰結（代償としての友達の喪失）を悟らせない一方的なものであった[12]。青おには赤おにの心情を理解していたかもしれないが、赤おには青おにの心情を理解していたとは言えない。この物語からは「思案の欠如」と「相互理解の欠如」を読み取ることができる。

4 「泣いた赤おに」における非対称性の構造
――物語における青おにの超越性――

思案と相互理解の欠如が、この物語の文学性の欠如につながるわけではないことに注意していただきたい。むしろ、思案と相互理解の欠如から友情について探究する可能性がこの物語から開かれるのである。

まず「赤おにと青おにが対等の立場にあり、相互に理解し合うべきである」という私たちの前提を問い直してみよう。青おには一方的な善意から赤おにに一芝居うつことを提案して一方的に去っていく。青おにの計画や行動が身勝手で独善的にみえるのは、赤おにと青おにが対等な立場であり、相互理解が可能だという前提に立っているからである。

そこで赤おにと青おにの非対称な関係性に着目してみよう。青おにを友達という価値を探究するための仕掛けとして設置された物語の装置だと考えてみてはどうであろうか。青おにを物語の文脈から超越した存在、つまり「友情」という価値を読者に問いかける浜田廣介その人の投影と捉えてみるのである。赤おには人間も生活する里山に住処を構えているのに対して、青おには「山をいくつか、谷をいくつか、こえて、わたっ」た「岩山」の上に住処を構えている[13]。赤おにや村人との物理的な距離の隔たりだけではなく、関係性の隔たりは物語のそこかしこに暗示されている[14]。

この物語の中で読者の心を最も動かす装置として「手紙」が配置されている点にも注目されたい。手紙は目の前に話者が存在する会話や対話とは異なり、一方通行の伝達手段である。いつ読むか、読むことそれ自体も宛名に書かれた受取人の裁量に任されている。さらに手紙は宛名に書かれた受取人だけがその内容を読むとは限らない（第三者が勝手に手紙を読む可能性は捨てきれない）不確実な伝達手段である。ここにも関係の非対称性が存在する。物語の手紙はもちろん、青おにが赤おにに宛ててしたためた言葉が記されている。しかし、この手紙は登場人物である赤おにを越えて、読者である私たちに向けて直接的に語りかける効果を持っている。それはまさに、青おにが赤おにに向けて語りかけた言葉であると同時に、作者の浜田廣介が私たちに直接語りかけている言葉でもある。私たちは「赤おに」に共感して青おにの手紙を読むと同時に、作者である浜田廣介の言葉を読者として直接的に受け取る。私たちの情動を大きく揺さぶる仕掛けがここにある。

5　「ドコマデモ」が示す他者性

手紙のなかで青おにが赤おにに投げかける言葉には独特の言い回しがある。青おには「ドコマデモ　ナカヨク」、「ドコマデモ　キミノトモダチ」[15]と語りかける。「仲よくする」修飾語としては「いつまでも」が適切であるように思われる。実際、青おにも記憶に関して表現するときは「イツマデモ　キミヲ　ワスレマイ」[16]と「いつまでも」を用いている。浜田廣介が「ドコマデモ」という言葉を選んだ意図を非対称性の構造から考えてみよう。「イツマデモ」は、時間に関わる言葉であるのに対して、「ドコマデモ」は空間に関わる言葉である。「イツマデモ」が友達という関係性の時間的な継続を示しているのに対して、「ドコマデモ」は「徹底して」、「とことん」という意味でも用いられるように、空間だけでなく程度の無制約性も示している。「ドコマデモ」は、相手が「なにをしても友達でいる」という決意の表明を示した言葉として読み取ることができる。自分にとって理解できない行動を相手がとったとしても、それでもなお、友達であり続ける決意と態度が「ドコマデモ」には込められている。

友達は私たちのことを理解してくれるものだと考えているし、私たちも友達のことを理解したいと願っている。信頼もお互いの相互理解を願う態度から形成されていく。しかし、他者の共約不可能性[17]という言葉が示すように、どれほど親密な関係にあっても私たちは他者を完全に理解することはできない。青おにの「ドコマデモ」という言葉は、他者の共約不可能性を認めながらも、どこまでも他者である「トモダチ」に関わろうとする呼びかけとして理解することができるのである。

6 「他者性に気づく物語」としての「泣いた赤おに」
――異文化理解の課題――

赤おにと青おにの非対称な関係性から、「泣いた赤おに」が「友情・信頼」の重要性を単純に提示した物語ではなく、他者の喪失感を抱きながらも他者と関わる態度に思いをめぐらす物語であることを示してきた。「泣いた赤おに」の物語を現代の私たちが受け取るとき、この「他者性」はさらに実践的な意味合いを帯びる。「泣いた赤おに」の「おに」と「村人」の関係性は、異文化理解の問題として捉えることができる。[18]異文化理解の観点から「泣いた赤おに」を読み解くと大きな課題が浮かび上がる。「おに」を「在日外国人」、「村人」を「日本人」の地域住民」と読み換えてみればその課題は明らかであろう。地域住民と仲よくなりたいと願う在日外国人が「自分が営むカフェに来てもらいたい」という希望をかなえるために、仲間の外国人と地域住民に対して一芝居をうつことが優れた「知慮」と言えるであろうか。在日外国人が地域住民と共に暮らす方法として、地域と完全に同化する必要があると言えるであろうか。いくつもの疑問が頭に思い浮かぶ。

まずは、根気強く自分たちの文化を地域住民に知らせる努力をすることが在日外国人には必要かもしれない。「地域住民と仲よくしたい」、「地域の役に立ちたい」という心情だけでは地域住民と共に暮らすことは難しい。歴史や文化が違えばなおのこと、相手に対して自分たちの歴史や文化を理解してもらう方法を思案することが在日外国人には求められるかもしれない。一芝居うつことで「在日外国人＝怖い」というイメージが「在日外国人＝優しい」というイメージに転換したとしても、地域住民が勝手に思い描いたイメージである限り、在日外国人を理解する姿勢が形成されているか疑わしい。地域住民は在日外国人に対する偏見を取り払い、地域住民の一員として在日外国人を理解する態度が求められるかもしれない。在日外国人と地域住民がお互いを理解するためには、言葉を交わし対話を重ねていかなくてはならないであろう[19]。

7　物語に触発される思考
――道徳的価値の多角的探究――

「泣いた赤おに」の物語は、登場人物の役割を超越した青おに＝浜田廣介が投げかける手紙の言葉に心を揺さぶられながらも、いかに応答するか深く思考する機会を私たちに与えてくれる。物語の非対称的な関係性は、容易には他者と理解しあうことができず、喪失と希求を繰り返して成長していく私たちの姿に改めて気づかせてくれる。私たちの善意が他者に受容されたとき私たちは喜び、善意が他者に届かないとき私たちは悲しむ。しかしそれでもなお、私たちは他者と関わろうと希求する存在である。「泣いた赤おに」は他者との関係性の希求とその失敗を情緒豊かに示し、私たちに「どうすべきか」と思考を促す。この物語に触発される思考[20]が道徳的価値を探究する核となる。

「泣いた赤おに」の物語を通して、「私たちはひとを見かけで判断していないか」、「善意からの行動はすべて許されるのか」、「周囲の信頼を得るために嘘をついてもよいのか」、「村人と仲よくする別の方法はなかったのか」、「赤おにはなぜ涙を流したのか」、「本当の友情とはなんだろうか」、など数々の問いが生まれてくる。「泣いた赤おに」を読んで心揺さぶられた感情をもう一度冷静に捉え直し、言葉にしてみんなで共有することで、道徳的価値を深く探究する授業の構成が可能になる。

「泣いた赤おに」は教科書で「友情、信頼」の道徳的価値の理解を深める教材として位置づけられている[21]。特定の道徳的価値の理解を深めることは重要である。しかし、物語から触発された子どもたちの問いをすべて「友情・信頼」という道徳的価値の理解という観点から「評価」して授業を展開することは、他の道徳的価値に関わる問いについて考え、みんなで共有する機会を奪うことになりかねない。さらに、物語から触発された道徳的な問いを表現することに「意味がない」と子どもが感じてしまうと、子どもは特定の観点から物語を読むことが「よい」ことだと考えてしまうであろう。物語に触発される思考と多面的な思考について、哲学的思考と哲学対話の実践から深めていこう。

8　哲学教育と探求の共同体
――思考の柔軟性と触発される思考――

文部科学省の学習指導要領では「特別の教科　道徳」の目的は「よりよく生きるための基盤となる道徳性を養うため、道徳的諸価値についての理解を基に、自己を見つめ、物事を（広い視野から）多面的・多角的に考え、自己（人間として）の生き方についての考えを深める学習を通して、道徳的な判断力、心情、実践意欲と態度を育てる。[22]」ことと定められている。ここに掲げられた道徳科の目標を「一つの道徳的価値にもとづいて子どもたちが多様な意見を表明することで多面的・多角的に考えること」と捉えると、一つの教材（物語）で一つの道徳的価値について検討するという解釈になってしまう。しかしこの解釈に従って道徳科の授業を展開することは、物語に触発される思考を子どもたちから排除してしまうことになりかねない。そもそも、子どもたちは学校や家庭での教育、友人との交流の中で道徳的価値に関する一定の理解や自分なりの考えを持っている。[23]物語に触発される思考は、物語を通して子どもたちが看取した道徳的価値について自らの意見を述べる契機となる。

子どもたちが物語に触発される思考を自由に発揮する教育はいかにして可能であろうか。哲学者で「子どものための哲学[24]」の教育実践を確立したマシュー・リップマンは道徳教育における哲学教育の重要性を指摘している。彼は子どもが理性的でありたいと願う衝動を発展させることが教育の目的であると述べる。[25]道徳教育では理性と感情の双方を発達させるとともに、自分と他人の要求のバランスをとって考えることができるようになることを目指さなくてはならない。[26]道徳教育の最終目標としてリップマンが掲げるのは、子どもたちが社会の構成員として社会の物事に関心を持ち、社会を改善する当事者となることである。[27]リップマンは哲学的思考が備えている柔軟性をなによりも重視する。既存の教育理論はその教育理論の枠組みに子どもの思考を閉じ込め硬直化させてしまう。思考の柔軟性に焦点を当ててこそ、子どもの理性的な衝動を発展させることができるのである。リップマンが重要視する柔軟な思考が哲学的思考に他ならない。

哲学的思考が発揮される空間をリップマンは「探求の共同体」と表現する。探求の共同体では参加者相互の思考が触発される。「私の思考」は通常、私「だけ」の思考として認識される。しかし「私の思考」がそもそも探求の共同体に参加している他の参加者の思考に触発されたものであるかもしれない。「私の思考」が他の参加者の思考を触発することもありうる。「触発する／触発される」という相互作用を通して「私」の思考は「私たち」

の思考、つまり対話という大きな思考のうねりとなるのである[28]。

ハワイで子どものための哲学（p4c@Hawaii）の実践に携わってきたトーマス・E・ジャクソンは、ダイナミックな思考のうねりを形成するためには探求の共同体に「知的な安心感」を確保することが必要であると語る[29]。対話と探究を始める際には、教室が子どもたちにとって身体的に安心できる場所であるだけではなく、感情的にも知的にも安心できる場所でなくてはならない。他人の意見を頭から否定することや他人を侮辱することもあってはならない。お互いの存在と思考を尊重する安心感があってはじめて「私の思考」が「私たちの思考」として躍動する。ハワイの実践が私たちに教えてくれるのは、私たちの哲学的な思考とその実践が逆にセーフな場所を形成するということである。ハワイはハワイ王国時代を経てアメリカ合衆国に組み込まれた歴史を持っており、多様な文化背景を持つ子どもたちが就学している。子どもたちは哲学的な対話を通して現実の問題について自由に話すことで、お互いを尊重し、暴力ではなく言葉で問題を解決する態度を修得していくのである[30]。

知的な安心感は柔軟な私の思考を触発し、思考が相互に触発されながら私たちの思考という対話の大きなうねりを生み出す。探求の共同体の対話とその実践を通して涵養された態度が、今度はセーフな場所な場所を形成する。このダイナミックな循環こそが哲学対話を継続的に実践する醍醐味である。

9　民主主義と多様性と道徳教育

リップマンは、哲学的な思考を育成するためには理性的な姿勢と民主主義の理念が大切であると主張する[31]。理性的な姿勢は一人一人の人間性を発達させていくとともに社会構造に関心を向けさせる。民主主義は一人一人の人間性の発達を保障するとともに社会構造を発展させる礎《いしずえ》となる。哲学対話の成立は、理性と民主主義への私たちの信頼を基盤としている。一方、ジャクソンは探求の共同体における知的安心感を強調している。リップマンが哲学的な思考に対する認知的な側面を重視しているのに対してジャクソンは哲学対話の成立を保障する空間構築に関心を払っていると言えるだろう。

哲学対話の実践空間を多様性と民主主義の観点から検討することで道徳教育の視座を確定したい。現代日本社会ではダイバーシティ“diversity”を標語に多様性社会の実現が目指されている。この言葉が経済産業省における競争戦略を通して広まった経緯は検討に値する。経済産業省によれば、多様な感性・能力・価値観・経験を持った人材を確保して、それぞれが能力を最大限に発揮することがダイバーシティ戦略に求められる[32]。ダイバーシティ経営は、①人材獲得力の強化、②リスク管理能力の向上、③取締役会の監督機能の向上、④イノベーション創出の促進によって企業価値の向上という効果をもたらす。

ダイバーシティの推進は喜ばしいことであるが、ダイバーシティ戦略の推進は能力主義と密接に関わっている。ダイバーシティがインクルージョンという言葉と共に語られるとき、そこに潜む能力主義に目を向けなくてはならない[33]。能力主義の見解に従えば、マイノリティであっても能力ある者は存在価値が認められ、組織の一員に包摂されるであろう。しかし、能力の乏しいものの存在は依然として無視されて、周縁に追いやられたままでいる危険性を見逃してはならない。

朝鮮文学研究者の李建志はマジョリティがマイノリティを包摂する様子を「抱きしめて切りとる」という秀逸な表現で指摘している[34]。まさにマジョリティの価値観に適合するマイノリティのみが優しく包摂されるのである。多様性の実現やマイノリティの包摂自体は優しい善意によって取り組まれているのかもしれない。しかし、その包摂原理そのものがマジョリティの価値観を反映したものであるとするなら、私たちが実現しようとしている多様性は結局のところマジョリティが思い描く多様性のイメージにすぎない。

私たちがマジョリティの価値観とそれに基づいた能力主義にとらわれずに他者を認める契機は対話にある。ノディングスはデューイの民主主義の理念に立ち返りながら、民主主義は目標を持ち、開かれたコミュニケーションを行ない、惜しみない自己批判を行なうものであると述べる[35]。ノディングスはデューイとともに、民主主義を多数決に代表される合意形成の手続きとして捉えてはならないと主張する。民主主義とは、人々がともに暮らしていくための共同的な生の一形態である。私たちはともに生きていくために共通の関心を持ち、その関心について自分と他人の考えを吟味していかなくてはならない。民主主義とは、お互いのコミュニケーションを通して一つの関心を共有する人々の範囲が拡大して階級や人種、国境を打ち壊すラディカルな理念なのである。

民主主義は私たちが共同的な生を模索する営みそのものと捉えることができる。この営みにおいて、能力主義やマジョリティの価値観そのものが批判的に検討されるとともに、新たな価値観を形成していくことが求められる。ノディングスは、民主主義の理念が機能するためにコミュニティにおける信頼とケアの関係性を維持していなくてはならないと主張する[36]が、この信頼は民主主義という理念に対する信頼であり、民主主義という理念を気にかける（ケアする）ことと捉えることができる。多様性を実現するためには、私たち自身の価値観を問い直し、共に生きる基準を模索することが必要なのである。

10　哲学対話を通した道徳教育の可能性
――「ドコマデモ」問い続ける空間――

「泣いた赤おに」の物語の豊かさを通して、「物語に触発される思考」に注目してきた。物語に触発される思考は、物語を通して私たちが道徳的諸価値に近接することを促す。私たちはそれぞれの道徳的価値に基づいて言葉を発し、その言葉が他者の思考や自らの思考を誘発する。思考を相互に触発する対話を通して、私たちの道徳観は時に確固たるものとして強められることもあれば、時に揺さぶられることもある。哲学対話を通した道徳教育は、対話を通して、他者と出会い、自らを振り返る教育である。それは、私たちの価値観を捉え直し、異質な他者とともに生きていく基準を模索する営みである。そしてこの営みが多様性ある社会を目指す民主主義の理念を実現することにつながるのである。

哲学対話の実践は、毎日学校生活を共にするクラスメイトの他者性を発見することから始まる。他者性を認めたうえで共に生きていく生活形式を構築する営みこそが対話を通した道徳教育である。道徳科の授業における哲学対話の実践は子どもたちの柔軟な思考を育成し、学校をセーフな場所に変容させるダイナミズムを生み出す。それは多様性を認める社会の実現を目指す営みでもある。哲学対話を通した道徳の授業は授業の枠組みを超えて学校の教育活動全体に効果的な影響を及ぼす道徳教育である。学校の教室が柔軟な思考を相互に触発することで共に生きる基準を探求する共同体へ変化するかどうかは、教師と子どもたちの哲学対話の積み重ねにかかっている。

（1）伊藤（二〇一四、五七頁）
（2）樋口（二〇一四、五四頁）
（3）同前、五四‐五五頁。
（4）同前、五四頁。
（5）伊藤（二〇一四、五七頁）
（6）小学校の教科書では、『新・みんなの道徳四年』（学研教育みらい）、『道徳きみがいちばんひかるとき四』（光村図書）、『小学校道徳四年　かがやけみらい』（学校図書）に収録されている。

（7）　中学校では『中学道徳二　きみがいちばんひかるとき』（光村図書）の付録に「泣いた赤おに」が収録されている。

（8）　和井内（二〇一四）は、児童の発達段階によって「泣いた赤おに」の目標を次のように設定することができると指摘している。

低学年：友達と助け合う大切さに迫る

友達と助け合う大切さに気づき、仲良くしようとする心情を育てる。

中学年：友達とわかり合う大切さに迫る

友達と理解し合う大切さに気づいて信頼し助け合おうとする心情を育てる。

高学年：友だちと友情を深めることに迫る

相互理解と信頼性が友情を深めようとする心情を育てる。

杉中（二〇一四）は、中学生に「泣いた赤おに」を授業するならば、「赤おには青おにを「幸せ」にしたのか」、「青鬼がとるべき道は他になかったか」という発問から友情について多面的に考察する可能性を提示している。

和井内は小学校四年生の道徳オリジナル資料も作成している。

村人と仲よくなるにつれ、青おにのことが気になる赤おに。一方、旅に出た青おにも「自分のしたことがほんとうによかったのか」と問いつづけ、考えれば考えるほど赤おにが心配になる。村に帰り、赤おにを尋ねると「張り紙」がしてあり、「青鬼を探す旅にでます」、と書いてあった。（伊藤（二〇一四、五九頁）の概略による。もとの資料は和井内（二〇〇六、八四－八五頁））

「泣いた赤おに」を「善意の物語」と位置づけた伊藤も学習指導要領に従って「泣いた赤おに」の授業を提案した和井内も、「泣いた赤おに」の資料が持つ豊かさを単純な善意の物語と捉えるだけではなく、友情のありかたを児童が「思案する」ための物語として位置づけている点は指摘しておきたい。

（9）　樋口（二〇一四、五六頁）

（10）「私たち」はここでは「おとな」を指している。子どもは「善意」から振る舞う素晴らしさをまずは理解することが必要であることに異論はない。しかし、「善意が人を傷つける」「善意が愚かな結果を招く」ことも併せて理解することは、「相互理解」とともに友情について考えることが学習指導要領でも求められている小学四年生では必要である。

（11）『小学校道徳四年　かがやけみらい』学校図書、三三頁の表現を引用。
教科書では、次の箇所が省略されている。

「なにか、ひとつの、めぼしいことをやりとげるには、きっと、どこかで、痛い思いか、損をしなくちゃならないさ。

だれかが、犠牲に、身がわりに、なるのでなくちゃ、できないさ」

なんとなく、もの悲しげな目つきを見せて、青おには、でも、あっさりと、いいました。（浜田　二〇一八）

童話では、目的を遂行するために「自己犠牲」「身代わり」が必要であることを明確に述べている。
（12）青おにが赤おにに一芝居を提案した時点では、自分が立ち去らなくてはならない状況を想定できていなかったと考えることもできる。しかし仮にそうだとしても、友達のもとを去る判断を自分一人で下すことは一方的な決断と言えるであろう。
（13）『小学校道徳四年　かがやけみらい』学校図書、三三頁の表現を引用。
（14）童話で赤おにの風貌は、「絵本にえがいてあるようなおにとは、形、顔つきが、たいへんにちがって」いて「目は大きくて、きょろきょろして」いるものの、角はなく「どうやら角のあとらしい、とがったものが、ついて」いると描写されている。赤おには「まじめなおにでも、気短者《きみじかもの》」という性格描写がある。それに対して青おには「青いとなると、つめのさき、足の裏まで青い」という青おになのでありました」と描写されている。青おにの徹底的な青さは、感情的な赤おにに対する冷静さの対比と読み取れる。また赤おにの描写から、「鬼」はかつての「鬼」の姿を残しながらも、「人間化」（＝人間との融和化）が進行しているようにも読み取れる。赤おにと青おにの描写は浜田（二〇一八）を参照。
（15）『小学校道徳四年　かがやけみらい』学校図書、三三頁。
（16）同前。
（17）レヴィナスとデリダの思想を「他者の共約不可能性」という観点からまとめた論考としては柿木（二〇一〇）を参照。
（18）教育学者の宮川久美は「泣いた赤おに」を次のように分析している。
このような「おに」と「人間」の関係性は、子どもたちの身の回りでも多々あり得ることである。大は、国家間でも民族間でも、村のような共同体の間でも、小は、家と家との関係でも、友達集団同士の関係でも、身近にあるだろう。真の友情、真の融和とはなにかを考えるのに適した教材として扱ってこそ、この作品の主題が活かされるであろう。（宮川　二〇一四、一頁）

(19) 岩渕功一編（二〇二一）参照。本書で述べられる「同じでないことの連帯」（一五一頁）やナショナリズムという同質性に注意深く向き合いながらそこに「異質性」を持ち込む実践（一九三頁）という観点は注目に値するが、哲学対話の実践を通してこれらの観点をどのように実現していくかは今後の課題となる。

(20) 「物語に触発される思考」は、本稿における「泣いた赤おに」の考察と哲学的思考を架橋する重要な概念である。今泉（二〇一六）の論文は、本稿と同様の問題意識を心理学的なアプローチから探究している。彼は鬼を「人との関係性に葛藤するマージナル・マン（周辺人・境界人）」と位置づけるとともに、「唐突とも言える青鬼と赤鬼の別れというこの物語の結末が、読者の心の均衡をくずして内的に抱えているものを刺激し、多様なその後の物語を連想させ、自分の物語として展開していく」ことと「赤鬼と青鬼との突然の別れに、広介自身の大事な母・弟・故郷との別離体験が色濃く投影されており、それが物語に命を与え、子どもを中心とした読者に、母親や子どもを中心とした読者に、母親や大切な存在が予告なくいなくなる不安や切なさを喚起させるのではないか」と指摘している。

(21) 「学習指導要領　特別の教科「道徳」」の道徳的価値に照らし合わせてみても、「友情、信頼」、「相互理解、寛容」は言うに及ばず、「国際理解、国際親善」「国際理解、国際貢献」、「公正、公平、社会正義」という道徳的価値をこの物語を通して探究することが可能である。

(22) 文部科学省（二〇一七、一六頁）

(23) フルガム（二〇一六）を参照のこと。

(24) 「子どものための哲学」については、河野（二〇一四）、土屋（二〇一九）を参照。日本における子どものための哲学並びに哲学対話の受容と実践に関しては中岡（二〇二一）を参照。子どものための哲学の包括的な実践についてはグレゴリー（二〇二〇）を参照。子どものための哲学の理論的な解説についてはリップマン（二〇一四、二〇一五）を参照。

(25) リップマン（二〇一四、三八〇頁）

(26) リップマン（二〇一五、二九八頁）

(27) 同前、二七八頁。

(28) リップマン（二〇一四、二二頁）

(29) ジャクソン（二〇一七、六頁）

（30）土屋（二〇一九、六七－六九頁）
（31）リップマン（二〇一四、二九七頁）
（32）経済産業省（二〇一八）参照のこと。
（33）ダイバーシティ推進の問題点については岩渕功一編（二〇二一）を参照のこと。
（34）李建志（二〇〇八）を参照のこと。
（35）ノディングス／ブルックス（二〇二三、三四－三六頁）
（36）同前、三六頁。

引用・参照文献

今泉岳雄（二〇一六）「自分の物語として「泣いた赤おに」を読む」『東北文教大学・東北文教大学短期大学部紀要』（六）、一一－一五頁。

伊藤啓一（二〇一四）「「泣いた赤おに」――資料を深く読む　資料研究・資料分析「泣いた赤おに」」、『道徳教育』二〇一四年九月号、明治図書。

岩渕功一編（二〇二一）『多様性との対話――ダイバーシティ推進が見えなくするもの』青弓社ライブラリー
お茶の水女子大学附属小学校・ＮＰＯ法人　お茶の水児童教育研究会編著（二〇一九）『新教科「てつがく」の挑戦――〝考え議論する〟道徳教育への提言』東洋館出版社。

柿木伸之（二〇一〇）『共生を哲学する――他者と共に生きるために』ひろしま女性学研究所。

グレゴリー、Ｍ・Ｒ／Ｊ・ヘインズ／Ｋ・ムリス（二〇二〇）『子どものための哲学教育ハンドブック――世界で広がる探究学習』小玉重夫監修、東京大学出版会。

経済産業省（二〇一八）「ダイバーシティ２・０――一歩先の競争戦略へ」経済産業省ＨＰ　https://www.meti.go.jp/policy/economy/jinzai/diversity/

河野哲也（二〇一四）『「こども哲学」で対話力と思考力を育てる』河出書房新社。

河野哲也（二〇一九）『人は語り続けるとき、考えていない――対話と思考の哲学』岩波書店。

ジャクソン、トーマス・E（二〇一七）『優しいソクラテスの探究』たばたたけと訳、www.p4chawaii.org
昌子佳広（二〇一〇）「浜田廣介「泣いた赤おに」をめぐる一考察― 童話と国語教育・文学教育、道徳教育」『茨城大学教育学部紀要（教育科学編）』第五九号、二〇一〇年。

杉中康平（二〇一四）「「泣いた赤おに」――授業を創る 中学生に「泣いた赤おに」を授業するとしたら」『道徳教育』二〇一四年九月号、明治図書。

土屋陽介（二〇一九）『僕らの世界を作りかえる哲学の授業』青春新書インテリジェンス。

中岡成文監修（二〇二一）『哲学対話と教育』大阪大学出版会。

日本学術会議哲学委員会哲学・倫理・宗教教育分科会（二〇二〇）『報告 道徳科において「考え、議論する」教育を推進するために』。

ノディングス、ネル／ローリー・ブルックス（二〇二三）『批判的思考と道徳性を育む教室「論争問題」がひらく共生への対話』山辺恵理子監訳、学文社。

浜田廣介（二〇一八）「泣いた赤おに」『童話集童話集』講談社。

樋口隆（二〇一四）「「泣いた赤おに」――資料を深く読む 作者研究「泣いた赤おに」」『道徳教育』二〇一四年九月号、明治図書。

フルガム、ロバート（二〇一六）『人生に必要な知恵はすべて幼稚園の砂場で学んだ』池央耿訳、河出文庫。

宮川久美（二〇一四）「小学校国語・道徳教材「泣いた赤おに」の主題についての再検討」『奈良佐世保短期大学紀要』二二号。

文部科学省（二〇一七）『小学校学習指導要領解説：特別の教科 道徳編』。

李建志（二〇〇八）『日韓ナショナリズムの解体――「複数のアイデンティティ」を生きる思想』作品社。

リップマン、マシュー（二〇一四）『探求の共同体――考えるための教育』河野哲也・土屋陽介・村瀬智之監訳、玉川大学出版部。

リップマン、マシュー（二〇一五）『子どものための哲学授業』河野哲也・清水将吾監訳、河出書房新社。

和井内良樹（二〇一四）「「泣いた赤おに」――授業を創る 発問研究「泣いた赤おに」」『道徳教育』二〇一四年九月号、明治図書。

和井内良樹（二〇〇六）「道徳・最新オリジナル資料１「泣いた赤おに」」『道徳教育』二〇〇六年四月号、明治図書。

第9章 〈独り在ること〉を学ぶ

後藤雄太

君たちは隣人のまわりに押し寄せる。そしてそのことを美しいことだと言う。しかし、君たちの隣人愛とは、自分をしっかり愛していないことではないのか
——ニーチェ『ツァラトゥストラはこう言った』

1 序

近年における教育学や社会学などの研究成果も示しているように、現代日本の青少年において「友人や仲間」を自己の存在肯定の根拠とする傾向が強くなっている。その背景としては、地域社会の崩壊や核家族化などのため青少年の所属先としての学校の役割が肥大化していったことや、SNSに代表されるようなコミュニケーションメディアの普及によって友人との「常時接続」が常態となっていったことなどが挙げられる(1)。

子どもたちは、親をはじめとする「善良なる」大人たちによって、「外向的であれ」「友達をたくさん作れ」などといった「善良なる」価値観を幼い頃から吹き込まれる。そして、友達のいない人間、人付き合いの苦手な人

間は、あたかも問題児の如く断罪される（今の世の中にうまく適応できている子どもの方がむしろ「問題児」であるという可能性が検討されることはない）。教員や親の言うことにほとんど耳を傾けてくれない青少年たちも、「つながり至上主義」「コミュ力至上主義」という、その一点に限っては大人たちの価値観に忠実すぎるほどに従っているのである。

本稿の目的は、青少年における「友人や仲間の重視」が、むしろ様々な負の効果をもたらしてしまっている可能性があることを指摘したうえで、問題解決の方向性を探ることにある。

まず**2**では、子ども・若者における「友人や仲間の過度の重視」が、自分の感性や価値観に合致しない〈他なるもの〉を身の周りから徹底的に排除していこうとする志向につながってしまっていることを指摘する。

続く**3**では、こうした排他性が、「いじめ」や「不登校」など、現代の子ども・若者たちを悩ませている様々な具体的問題の大きな一要因となってしまっていることを示す。

4では、「他なるものの排除」の問題と連動して起こってしまっている、もう一つの重要問題として、青少年における「自己との関係の断絶」の問題を取り上げる。

5では、上記の二つの問題に対する解決の道の一つとして、まずは「自己との関係の断絶」を解消すること、すなわち自己へと立ち還り、自己を〈ケア（配慮・世話）すること〉を主張する。

最後の**6**では、青少年が自己をケアするため、大人が手助けできることについて言及する。

2　〈他なるもの〉の排除
――内閉化について――

前述したように、現代人、特に青少年においては、友人関係に代表される身近な人間関係が、自己の存在肯定のための大きな〈拠り所〉となっている。そして、そこでは、「空気」を読むこと、うまくその場の「ノリ」に合わせること、決して「上から目線」に立たないことが、友人関係の和を保つための重要な「倫理」とされる。

しかしながら、その一見楽しげな「平和」の裏側では、様々な「不和」が引き起こされている。すなわち、青少年たちのエネルギーが友人関係へと集中すればするほど、「友達以外の人間」とのつながりは断たれていくのだ。人間ひとりが他者に費やすことのできるエネルギーや時間は有限なのだから、当然の結果ではある。友人以外の人間は、あたかも〈存在しない〉かのように扱われ、配慮の対象とはならない。驚くほど冷酷な行動や失礼な態度をとってくることもある。「仲間以外はみな風景[2]」というわけだ。仲間以外の他者は、単なる異物やノイズとして排除されていく。

以上のような人間関係の「内閉化」は、すでに一九九〇年代半ば頃から、現代日本における青少年の人間関係の在り方の際立った特徴として、「島宇宙[3]」「村社会[4]」「みんなぼっち[5]」などの様々なキーワードによって、若者文化に関する識者たちから指摘されてはいた。例えば教室内でも、四月の早い段階で、数人の似たタイプの者同士で友達グループを作り、その友達グループ内のみに人間関係を固定してしまい、各グループ間は完全に没交渉となってしまうといった具合に——。

内閉化の進行によって、人々の「分断」は深まっていく。そして、そうした断絶は、仲間以外の他人との関係の断絶にとどまらない。社会問題や時事問題、さらに私たち人間を包み込む文化・歴史・自然などといった、より広大な世界への無関心にもつながっていると思われる。おそらく、そうした無関心は、昨今の学力低下ともまったく無縁ではないと推測される。

ただし、誤解のないよう急いで付言しておけば、「昔はよかった」「昔に帰れ」と本稿は主張したいのではない。

かつての日本人の所属していた人間関係——例えば「世間」「地域」「会社」などは、現代の青少年が所属する人間関係に比べて、あくまで「相対的に」大きかったに過ぎず、「排他的」「内閉的」という性質から自由であったわけではないからである。

3 様々な具体的問題
——スクールカースト、いじめ、不登校、自殺……——

言うまでもなく、何らかの現実的問題というものは、決して単一の原因からではなく様々な要因が複雑に絡み合って生じているのではあるが、本節では、異他的なものに対する排他性が、「いじめ」や「不登校」など、現代の青少年たちを悩ませている様々な具体的問題の大きな一要因となってしまっていることを示していく。

近年における青少年の人間関係の特徴をよく表わすキーワードの一つとして「スクールカースト」が挙げられる。それは、もともとは二〇〇〇年代半ば頃から広く用いられるようになったネットスラングであったが、近年は人口に膾炙し、教育学等における研究対象にもなっている[(6)]。スクールカーストという言葉のおおよその意味は、「教室・学校内における人気や友人の多寡を基準にした序列・差別構造」だと考えられる。すなわち、この現代日本のカースト制度においては、友人が多く、異性からの人気があり、音楽やファッションなどの若者文化へのコミットメントが深いグループほど、より大きな権力を持ち、公共空間であるはずの教室を「私物化」していく傾向が見られる。一方、地味で受け身で目立たないグループはカーストの下位になりやすいとされる。そして、カーストの最下層に置かれる傾向があるのは、特定のグループに所属しないひとりぼっち、すなわち「ぼっち」である。スクールカーストの価値観においては、「友達・仲間がいないこと」は人間として何よりも恥ずべきことであるからだ。「コミュ力」や「人気」こそが、現在の教室内における権力の源泉なのである。この権力には教員さえも逆らえないとされる。多くの教員は、上位カーストのグループに媚び諂い、取り入ることによって、自己保身するとともに、上位グループの権力に便乗して円滑な学級統治を進めていこうと試みるからだ。

この「スクールカースト」という若者言葉が新たに――そして巧みに――照らし出してくれているのは、グループ間には明らかな「序列」があるという事実である。かつての「島宇宙」「村社会」というキーワードは、個々のグループの分断を強調した言葉であったが、「島宇宙」「村社会」における個々のグループは決して同じ力関係で並存しているわけではなく、それらの間には明確な上下関係があるのである。

さて、こうしたスクールカーストの問題点の一つとして、まずは、時に「いじめ」という問題へと発展するということが挙げられる[7]。権力の弱い下位カーストの生徒は、もちろん教室内において「いじめ」（および、その前段階としての「いじり」）のターゲットにされやすい。しかしながら、特に一九九〇年代以降、いじめの主流になっているのは、むしろ同カースト・同グループ内において「和を乱した者」に対するいじめであるとも指摘されている[8]。すなわち、「空気」を読まず、波風を立て、グループのメンバー（特にリーダー格）の機嫌を損ねたことの「罰」、改心させるための「善導」として、いじめは行なわれる。それゆえ、しばしば指摘されるように、いじめる側に罪悪感はほとんどない（それどころか、自分たちこそが「被害者」なのだという意識を持っていることさえある）。また、教員など周囲の大人の外的視点からは、せいぜい「同じグループ内のじゃれ合い」程度にしか見えず、いじめの発見を困難にさせている一因ともなっている。さらに、たとえ自分がいじめの対象になっても、グループから自発的に離れようとする者は少ないという。その理由は、もはや言うまでもないが、「独りになりたくない」からである。たとえいじめの対象であっても、多くの青少年はグループにしがみつき続けることを選ぶのである。

いずれのパターンのいじめにせよ、「共通の敵」を作ることは、集団の一体感を高め、場を盛り上げるための最も手っ取り早い方法――私たち人類がなかなか手放すことができない安直な方法――であるため、スクールカーストと「いじめ」は連動しやすい。また、いじめは、グループ内に潜在している緊張関係から目をそらし、それを緩和する「ガス抜き」としても機能している。

さらに、たとえ「いじめ」のような明確な形を有する重大問題にまで発展しなかったとしても、こうした差別構造の存在それ自体が、暗に学校を居心地の悪い場にしてしまうこと、また彼らの本分である学び・成長の阻害にもなることによって、カーストの上下を問わず、生徒たちを徐々に蝕んでいく。むしろ、このことこそが、スクールカーストの最大の問題点であるように思われる。

下位カーストの生徒は、日ごろから上位カーストの生徒（および教員）から軽々しい扱いを繰り返されることによって自己否定感を募らしていかざるをえない。そして、わが身を守るため、地味な者同士で小さく身を寄せ合って、学生時代という嵐が過ぎ去るのをおとなしく待つしかないのだ。

一方、たとえ上位カーストに属している生徒であったとしても、その華やかな見た目に反して、必ずしも利益のみを享受し、青春を謳歌しているわけではないようである。まず、その地位を維持し転落を防止するためには、常に人間関係に対して過剰な緊張状態を強いられ、膨大なエネルギーと時間を費やさねばならない。極端な場合、集団による万引きなどの軽犯罪や強盗、ホームレスの襲撃[9]などに走ることさえある。近年における代表的なトラブルの事例としては、「悪ふざけ」行為のＳＮＳへの投稿（いわゆる「バカッター」や「バイトテロ」）が挙げられるだろう。こうした集団犯罪は、必ずしも金銭や物品の獲得それ自体が主な目的ではなく、いじめの場合と同様、仲間の結束を固め、「絆」を確認しあうため、あるいは仲間内の「ガス抜き」のため、行なわれるのである。犯人グループのメンバー一人ひとりは、必ずしも凶悪な性格というわけではなく、「普通の子」であることが多いという家庭裁判所の少年係調査官や裁判官の言葉も聞かれる。(10) 仮に彼ら一人ひとりは「悪いことをしている」と内心思っていたとしても、誰も犯罪行為にストップをかけることはできない。それは、「ノリ」を壊し、仲間の「絆」を壊すことになるからだ。

さて、こうして膨大なエネルギーや時間を友人関係の維持・強化に費やす結果として、先述したように、彼らは自らの生きる世界をどんどん狭くし、学ぶこと・成長することをやめてしまい、無力化していく。彼らは「コミュ力」が高いとされ、本人たちもその力を誇っている。確かに一見すると、「社会性」が高いようにも見える。しかしながら、青少年たちがイメージしている「コミュ力」と、近年企業や一般社会で要請されている「コミュニケーション能力」のあいだには巨大なズレがあるように思われる。すなわち、若者がイメージする「コミュ力」が、あくまで似たタイプの人間とつるみ、楽しく盛り上がる能力であるのに対して、ビジネスや一般社会で要請されるコミュニケーション能力とは、むしろ逆に、「異なる人間」と付き合っていく力である。すなわち、ビジネスや一般社会においては、異世代の者、別組織の者、他国の者、異なるポジションの者、利益の対立する者、嫌いな人間など、多種多様な他者となんとか付き合っていかねばならないのが常である。同類とのみつるんできた者たちは、学校という「一般社会から浮いた特殊で均質な空間」では上位に君臨できたかもしれないが、その能力がそのまま外の世界で通用するとは少々考えにくい（なお、近年ビジネスの世界で要請されている「コミュニケーション能力」に対しても異論がないわけではないが、ここでは措いておく）。

さて、以上に見てきたように、カーストの上下を問わず、学校は少なくない青少年たちにとって過酷でストレスフルな場になっているわけだが、このことこそが、「不登校」や「自殺」といった、青少年たちを苦しめている問題の大きな一因にもなっているように思われる。

文部科学省「令和三年度　児童生徒の問題行動・不登校等生徒指導上の諸課題に関する調査」によれば、不登校の小中学生の数は二四万四九四〇人にのぼり、少子化にもかかわらず、過去最多を更新している（もちろん、その背景には、フリースクールの活用など「学校へ行く以外の選択肢」が認められてきたこともある）。

自殺者数もまた、日本全体では二〇〇三年をピークに減少傾向にあるにもかかわらず、若年層ではむしろ増加傾向にある。文部科学省の同調査によると、二〇二〇年度に、四一五人の小中高生が自殺で亡くなっており、過去最多を更新している（翌二〇二一年度は、三六八人に減少してはいるが、高止まりしている状態である）。「いじめ」それ自体が自殺の原因だと特定されているケースは、全体の三％程度に過ぎないが、「いじめ」という明確な問題にまで至らなくとも、その発生の土壌ともなっている「学校空間の居心地の悪さ」が背景の一つであることは疑いないように思える（ちなみに、自殺の理由としては「不明」が全体の六割近くに達しており、最も多い）。実際、学校現場ではすでに広く注意喚起されているように、「生徒の自殺が一番多い時期は新学期開始前後」であるが、その事実は、生徒たちに学校という場が与えているプレッシャーの大きさを物語っている。冒頭でも指摘したように、地域社会の崩壊や核家族化などのため、青少年にとって学校空間の重要性が相対的に増している。つまり、現代の青少年にとっては、学校空間のみが「唯一の世界」だとどうしても感覚されてしまいがちなのである。その学校空間に居場所が見出せなかった場合、もはや自分の居場所は、自宅や自室、あるいは「死後の世界」にしかないと思い込んでしまっても無理はないだろう。

4　〈自己との関係〉の断絶

以上、内輪の人間関係への没入により、「異他的なものの排除」という問題が起きてしまっていることを見てきた。しかし、実のところ、青少年の人間関係において断たれてしまっているのは、友人関係以外の「外部世界とのつながり」だけではない。

人間とは、他人や環境とのみならず、自己自身とも関係している存在者である。すなわち、自分自身と向き合い、配慮・世話（ケア）していくことによって、自分の考えなどを「深め」ていったり、自分の能力などを「高め」ていったりするのが人間である。

しかし、常に友人の顔色をうかがい、空気を読んでばかりいると、「自己との関係」も断たれてしまう。現代の青少年たちにおける関係性は、いわば「水平方向」にだけでなく、「垂直方向」にも断たれてしまっているのだ。彼らの自己は放置され、本当の意味で大切にされていない。

本節では、この「垂直方向における断絶」について、①自己を「深める」力の衰退と②自己を「高める」力の衰退との二つに分けて言及していく（なお、これら二つの分類は、あくまで便宜的なものであって、実際には両者は切り離しえない仕方で存在している）。

①自己を「深める」力の衰退

欧米人と比べた場合、日本人は、ムラ、イエ、国家、家庭、学校、会社など、何らかの集団への同一化志向が伝統的に強いということは、古くから日本文化論の定説となっている（典型的には、ベネディクトの言う「恥の文化」）。確かにそれは事実かもしれないが、一方において、かつての日本人は静かに自己と向き合うための様々な「生の技法」を豊かに有していたことも忘れてはならない。例えば、茶道や華道、書道、弓道などは、単にそれらの技術それ自体を学ぶことよりも、むしろ精神の修練を大きな目的とするものであった。また、読書、読経、坐禅、礼拝といった行為も、独り自分と静かに向き合うためのものでもあった。[11] 日常生活の喧騒から距離を置き、他人からのまなざしが巻き起こす雑念を捨て、動揺する心を落ち着かせていく。そうすることによって、自己と深く対話する状態が整っていくのである。

人間が成長していくためには、今現在の自己を省みて、問題点を発見し、何らかの対応をしていくことが必要である。しかし、少なからぬ青少年は常に友人とつながり続けることによって自己と向き合おうとはしないがゆえ――しかも、その友人たちは、多くの場合、互いの御機嫌をとりあうだけの「イエスマン」であるがゆえ――自分の中に「反省回路」が形成されていかなくなる。すなわち、自分の中にあるマイナスの部分を見つめ、それを克服するなり、そのことが無理ならば上手くなだめて共存していくなりといった「自己との付き合い」の力が育っていかないのである。

こうした力の衰退ゆえであろうか、教員から注意されても、わが身を振り返ることなく、自らの不明は棚上げしたうえで、「みんなやっている」「なぜ自分だけ叱るのだ。不公平だ」といった類の、「平等」を盾にした反論をしてくる子どもが増えているという現場教員からの声もある[12]（筆者自身も、そうした反論を受けた経験がある）。こうした反省回路を欠いた子どもは、クレーマーやモンスターの予備軍となっていくおそれもある。

自分の「やりたいこと」がわからない、自分が何に向いているかわからない、等と訴える若者も少なくない。これも、もちろん様々な要因が複雑に絡んで起きている現象ではあろうが、幼いうちから友人の目ばかり気にしすぎて自己観察の機会を著しく欠いてきたことも要因の一つなのかもしれない。

さらに、自己観察の欠如は、分不相応なプライドをどんどん膨らませていく要因にもなりうるだろう。今現在の自分の感性や価値観を絶対視し、「自分が不完全で無知な存在者に過ぎないこと」に無知となり、傲慢になっていく。自分のなかのマイナスの部分、都合の悪い部分ときちんと向き合っていく力の弱さは、今後の人生を生き抜くことにひどく困難をもたらすかもしれない。なぜなら、人生においては、自分自身が自分自身にとって受け入れがたい存在になっていくような時――例えば、失業、失恋、離婚、災害、事故、老い、病、死、等々――

が、避けがたく訪れるからだ。都合の良いセルフイメージを作り上げてきた人間にとって、これらの試練は相当耐え難いものとなるだろう。

さて、自己との対話が深まっていくと、単に、上記のような「反省」や「自己の志向や適性などの把握」という次元に止まらず、より深い位相での〈自己〉との出会いをもたらすことになる。現代哲学においても明らかにされてきたように、自己とはひとつの他者である。すなわち、自己とは確固たる実体ではなく、無意識、身体、社会、歴史、自然などといった「他者」に縁って初めて成立し現象している〈関係態〉である。自己究明の深まりは、通常私たちが自己だと思い込んでしまっている自己を突破し、こうした〈内なる他者〉との出会いへと導くことになる。――わが国でも、すでに道元が「自己をならふといふは、自己をわするるなり。自己をわするるといふは、万法に証せらるるなり[13]」と、逆説的な表現で喝破しているように。

本来、私たちは、社会や自然といった広大な世界の一端として現象しているわけであるが、仲間からの評価を気にするあまり、自己との関係を断つことによって、自己の深奥に広がる世界への通路もまた断たれてしまっているのだ。多くの青少年は、身体と向き合い対話することなく、周囲の目線やマスメディアの供するイメージのみによって身体を支配されてしまっているように思える。例えば現代の痩身信仰に典型的に見られるように、あくまで基準は他人からの評価なのである。過食症や拒食症はダイエットがきっかけで発症することが多いとされるが[14]、それも身体という自然の反乱・暴走なのかもしれない。また、思春期から大きな課題となってくる「性」にしても、本来は生命の営みの一部であり、「生まれる／産む」「育てる」といった生命の流れとひと連なりのものである。性は、私たちが対話をし、それとの付き合い方を模索しなければならない〈内なる他者〉だが、今や単に虚栄心を満たすための装身具になり下がっている。すなわち、性は「私は愛されている、欲情されている、必要とされている」ことを証明するための単なる道具なのである。自らの内なる生命・自然と向き合うことなく成長していくならば、彼らは、やがて来るであろう「老い」「病」そして「死」といった生命の営み、内なる他者とも向き合おうとはせず、それらを排除する戦いを続けることだろう。すなわち、アンチエイジングに走り、健康を絶対的価値として崇拝し、八十年間生きられることを当然の権利と見なし、「孤独死」をまるであってはならぬことのように騒ぎ立てる浅はかな大人たちの「仲間」入りを果たさざるを得ないだろう。

②自己を「高める」力の衰退

次に、自己を「高める」方向性について言及したい。ここで自己を「高める」とは、自らの教養や技能を磨きあげ高めていき、新たな自己へと変貌していくことを意味している。

四六時中仲間と群れていたり、SNSでつながりあっていては、教養や技能は高まっていかない。勉強や練習のための十分な時間が確保できないからである。学力低下の一要因として、「仲間以外への無関心」という心理的要因を先に指摘したが、まずは何より、こうした生活習慣こそが、大きな要因となっていると思われる。

また、近年、グループ学習がやたらともてはやされているが、その効果もさほど期待できないように思われる。例えば心理学者のアンダース・エリクソンは、様々な分野において、優れた者ほど「個人練習」により多くの時間を割いていることを指摘している。エリクソンによれば、孤独な時間こそが「集中的実践（deliberate practice）」を可能にし、大きな成果をもたらす原因となっているのである[15]。また、グループ学習においては、つい「他人任せ」にしてしまう傾向があるため、自分で考える力が身につきにくいという指摘もある[16]。筆者自身の指導経験から言っても、学生に一定以上の基礎能力がなければ、グループ学習は「雑談」の機会、そして学生同士の賛美――例によって、「空気」を読んだうえでの――によって「自己満足」に陥らせる機会にしかならない。グループ学習の意義を全面的に否定する気はないが、やはり学習や修練の基本は「独り努めること」にあるのだろう。

しかし、現代の青少年のなかには、「地道な努力」を軽視する傾向が見られることも懸念される点である。(17)「コスパ」や「タイパ」が重視され、効率よく成果を得ることが尊ばれる。必死に努力する人間は、「痛い奴」「余裕のない奴」として嘲笑われる。例によって、「仲間」同士で、互いの向上心を牽制しあい、足を引っ張り合い、「なかよく」低きへと流れていくことによって、互いの「安心」「安定」を保っているわけだ。

また、こうした向上心の喪失も一因となってだろうか、今や学習意欲は、各々が自らの内奥から引き出してくるものではなく、教員によって生み出されなければならないものになった。教員はエンターテイナーとして、「面白く」「分かりやすく」授業をし、「学生の興味・関心を引き」、「主体的に」学んでいただくことが求められるようになった。学生たちの多くは、「やる気が起きないのは、授業が楽しくないからだ」と言う。しかし、自己の内的な意欲までも他者からのコントロールに委ねているという点で、これはむしろ「徹底的な家畜化」ではないのだろうか。学生たちは、厳しい教員に対して「強制だ、押しつけだ」とクレームをつける。しかし、娯楽・サービス産業の圧倒的支配による、もっと深刻なレベルでの「強制」「押し付け」が自らを蝕んでいる、すなわち「面白いこと」「共感できること」「楽なこと」にしか反応しない愚鈍な身体に飼いならされてしまっていることには気づくことはない（実は、そうした事実に気づくための洞察力を与えてくれるのも「学習」なのだが）。

そもそも、学習というのは基本的に楽しくないものである。学びは娯楽や趣味とは違うのである。しかし、たとえ楽しくなくても、世界には知らなくてはならないこと、考えなくてはならないことが数多く存在する。もちろん、〈学ぶ歓び〉は疑いなく存在する。しかし、それはある程度の修練を積んだ者だけに訪れるかもしれない僥倖に過ぎない。「楽しみ」それ自体は学ぶ目的ではない。学びとは――「労働」がそうであるように――他者や社会全体に貢献するために為されるという側面も有する。高められた教養・スキルは、閉じられた「仲間」から自らを解き放ち、より広い世界へと結びつけていってくれるのである。「学び」が蔵する公共性の軽視は、現在の青少年における主流の労働観――すなわち、理想的な仕事とは、自分の「やりたいこと」「夢」を実現することだという、美しく響くが、その実、自己中心的で欲望主体の労働観――にそのまま地続きとなっているように思われる。

さらに言えば、学んでいく営みそれ自体に、社会性の育成機能が埋め込まれている。すなわち、学ぶとは、自分の好みや価値観をとりあえず脇に置いて、様々な事実や多様な見解を理解しようと努める営みであり、その意味で、自己中心的な姿勢を矯正していく機能を有しているのである。それにもかかわらず、自分の好みや価値観に合致しないからといって学ぶことをすぐに放棄し、それを正当化――「個性」や「自分らしさ」「主体性」「個人の自由・権利」等といったマジックワードによって――し続ければ、いつまで経っても学力も社会性も身につかず、「自分という檻」に閉じ込められたままだろう。

青少年の人間関係における近年の傾向のひとつとして、いわゆる「キャラ化」――すなわち、仲間内で各々が固定的な「キャラ」を演じることによって、人間関係の安定化をはかる――が指摘されている(18)。そこに見受けられるのは、「今の自分から変わりたくない／変われない」「他のメンバーも変わらせない」というある種の「頑なさ」である。彼らが忌み嫌う「老害」たちも顔負けの「頑固さ」が、そこにはある。しかし、学びとは、本来は、自らを変貌させていくこと、「自分という檻」から脱出することを志向するものである。「キャラ化」もまた、青少年たちの成長を阻害する一因となっていることが懸念される。

そもそもスクールカーストにおいて評価基準となる「人気」や「口のうまさ」というのは、生まれ持った資質や育った環境に大きく左右されるものであって、少なくとも「学力」や「運動能力」に比べれば、個人の努力によっては如何ともしがたい面がある。また、「人気」などというのは結局のところ他人が決めることであり、「学力」や「運動能力」に比べれば、その判定基準もかなり曖昧である。努力しようにも方法が明確でないのだ。そうした天与のもの、たまさかの要素で人間を差別するのがスクールカーストなのである(19)(この点、「生まれ」で人間を差別する、本場インドのカースト制度と似ている)。さらに言えば、スクールカーストにおいては、カースト上昇のための努力はむしろ逆効果になる。下位カーストの者が、上位の者をまねて、おしゃれに気をつけるようになったり、お笑い芸人のような楽しいトークを試みたとしても、現代の青少年にとっては、そうした努力自体が「かっこ悪い」ことなのであり、「イタい奴」「余裕のない奴」として嘲笑の対象にされるばかりでなく、時には「分不相応」「生意気な奴」として「いじめ」の対象にさえされるのである。スクールカーストにおいて「転落は簡単だが、上昇は不可能」とされる所以である。すなわち、転落は「空気」を読まなければすぐに実現してしまうが、上昇は、いかなる努力によっても実現困難なのである。

自己を「深める」「高める」ためには、どうしても孤独な時間が必要である。常時仲間とつるんでいたり、ネットでつぶやいていては自己は育っていかないのである。

さらに言えば、他人にへりくだり取り入ろうとする行為は、他者における「自己へのケア」をも妨げる行為である。媚び諂う者たちは、常に他人の評価ばかり気にかけているという点で「自己へのケア」を怠っている者であるのは言うまでもないことであるが、かつてセネカが指摘していたように、お世辞などによって相手に「自己誤認」を引き起こすという点で、相手における「自己へのケア」をも妨害する者なのである(20)。彼らは、その愛想の良い外面に反して、その実、倫理的には性質が悪いと言える。東洋においてもまた、孔子が指摘している――「巧言令色鮮《すくな》し仁(21)」と。

5 〈独り在ること〉の肯定

以上、青少年における「異他的なものの排除」と「自己との関係の断絶」という二つの問題を見てきた。これらの問題を解決していくには、いったいどうしたらよいのだろうか。

まずはもちろん、教育政策や学校システムの改善が必要である。具体的には、「クラス制を廃止する」「異世代との接触の機会を増やす」「学校で過ごす時間自体を減らす」など、現在の学校・教室が閉鎖的な空間であることを解消していく方向で工夫を凝らしていかなくてはならない。

しかし、こうした教育環境の改善はもちろん必須ではあるが、ここでは、哲学者らしく――かつて「魂への配慮」を強調したソクラテスに倣って――「孤独な時間を確保して、等閑にされてきた自己自身と向き合うこと」の重要性を特に強調しておくことにしたい。

「社会環境の改善」と「個人の生き方の改善」、どちらも重要であるのは言うまでもないことであるし、この両者は決して切り離すことができない関係にある。そのことを前提にしたうえで、あえて優先順位をつけるなら、やはり後者を優先するしかないのではないか。そう考える理由は、主に二つある。

一つ目は、現実主義的な理由である。社会というものは簡単には変わらないし、拙速な改革は、仮にその理念自体が正しくても、デメリットをもたらすことも多い。とすれば、とりあえず関わることができるのは、自己自身である。もちろん、前述のように、自己とは一つの他者であるのだから、自分自身さえ、思い通りに変えられるわけではない。しかし、とりあえず「関わること」「ケアすること」はできる。また、たとえ社会環境が悲惨であっても、私たちはその中で自らの限られた人生を何とか全うしていくしかない。おそらく人類史上、「完全に理想的な社会」が存在したことはないが（もしかしたら、今後も実現しないかもしれないが）、人類の一人ひとりはその中を生きてきた。「社会改善への意志は手放さないが、まずは自己の日々の生を整える」という姿勢が、とりあえずの落としどころではないか。具体的には、世間に同調し、「人並み」になることを目指すのは放棄し、自分の存在を受け容れることが必要とされるであろう。さらに、群れる人間達との適度な〈距離〉を探りつつ社会のなかに自分の居場所を確保できるような「隠者の智恵」を身に付けていくことが必要となろう。

「個人の生き方の改善」を優先する二つ目の理由は、自己の存在肯定の源泉に関わる、より根源的な理由である。仮に理想的な社会が実現したとしても、他人からの十全な愛や友情が保証されるわけではない（もちろん、現状に比べれば、他人からの過剰な存在否定は減るだろうが）。愛や友情は、社会によって強制されえない点に、その特徴を持つ。したがって、他人からの愛や友情に自己の存在肯定の根拠を求め続ける限り、ついに自己の存在肯定に至ることはできず、いわば「愛を求めて彷徨う」生き方に陥らざるをえない。おそらく、他人からの愛や友情は、本当の自信をもたらさないだろう（もちろん、生きる支えの「一つ」にはなるだろうが）。なぜなら、他人からの承認への過剰な欲求は、むしろ本当の自信の喪失に由来するものだからだ。いくら他人に承認を求めても本当の充足は得られることはなく、その行為はますますエスカレートするばかりであろう。例えば、SNSを通した果てしない自己アピールを想起されたい。あるいはまた、ある青少年は、むしろ他人を打ち負かし、他人に優越することによって獲得される名声や権力などに自己肯定の根拠を見出すようになるかもしれない。しかし、こうした類の青少年もまた、結局のところ自己肯定の根拠を世間的評価に求めている、その意味で他人の評価に依存しているという点では「愛を求めて彷徨う者」と同じ圏内にいる。他人に自己肯定の根拠を置き続ける限り、脆弱なプライド（「友達や恋人がいるから、私は自分を肯定できる」「成績が良いから、自分は偉い」）と、それと表裏一体の不安に常に振り回されながら生きる状態は避けられない。そうだとすれば、本当の自信を回復するために残されている方法は、むしろ他者からの承認の追求とは逆の方向へと進み行くこと、すなわち、「孤独」と正面から向き合っていくことではないか。本来ならば「自信」とは、他人や集団ではなく、文字通り「自分」を「信じること」のはずである。さらに言えば、本来「信じる」ということは、無条件に、根拠無しに行なわれることである。特別な能力・性質だとか世間的評価といった「根拠」があるから自分を信じるというのは、本当の意味で「信じる」ことではないはずである。

実は、この「自己の存在の肯定」こそは、「他者との本当の関係の回復」のためにも必要な条件である。なぜなら、「他者との断絶」と「自己との断絶」という二つの問題は、一見正反対の方向性を持つ問題にも見えるが、決して別個の問題ではないからである。すなわち、人間は、自分自身が他の誰とも違う孤独な存在者であり決して他と同一的な存在者ではないという自覚、つまり「独りの人間」としての自覚がなければ、他者たちのことも各別各異の「独りの人間」として見ることができない。自分が「独り在ること」を自覚した時初めて、仲間以外の他者も単なる「風景」ではなく、様々な人生の悲哀を背負った「独りの人間」としての輪郭を持ち始めるのである。「さびしさ」「かなしみ」といった、一見ネガティヴな感情は、本来ならば、人間の倫理を深いところで支えている重要な感情なのであるが[22]、現代人、とりわけ青少年たちはそうした感情を「重い」「暗い」「病んでいる」と忌避する傾向がある。青少年たちは、悩み事を友人には相談しなくなっているという[23]。なぜならば、そういった（一見）ネガティヴな感情を友人に露わにすることは、彼らにとって、ノリをこわす、空気を読まない「悪しき行為」だからである。「独りの人間」としての自覚がないところ、「仲間」たちとの「つながり」の白けた明るみの背後には、あの残酷で陰湿な二分法が常に潜んでいる。

孤独の力は、仲間からの「愛」に満ち足りた人々特有の思い上がりを鎮める力である。さらに、それは、集団内の行き過ぎた同一化を解消する解毒剤でもある。集団への盲従や同一化のまどろみのなかに、他者はいない。

また、繰り返し述べているように、自己とはひとつの他者である。私たちは、社会や文化、自然の一部として現象している〈関係態〉なのであった。自己究明を通して、閉じられた人間関係の外に無限に広がっている場へと開かれる。西谷啓治が言うように、「自分の依り所を他に求めない。その代りに自分自身というものを掘り下げて行って、自己の根元のところに自分の、また人間の、また人類全体の存在の真の据え所を見出す[24]」のである。

孤独は決して否定されるべきものではない。それはむしろ、「独りの人間」として、「独りの人間」と関係し、互いを映しあっていくために、人間が受け入れるべき根源的事実である。

本当に他者と出会うためには、単に水平的に人間関係を拡大していくことを試みるだけでは不十分であると思われる。それは結局のところ、「自分のコピー」を増殖する試み、すなわち「拡大版の内閉的集団」を作る試みに過ぎないという点において、危険なことでさえある。真に他者と出会うためには、逆説的ではあるが、まずは垂直的に自己へと還帰し、「孤独という通路」を歩み抜くことが必要とされるのである。身内にとどまらない愛や慈悲を説き実践した過去の賢者の多く――例えばブッダ、イエスなど――の生きざまには、どういうわけか常に深い孤独が影を落としているわけであるが、今や私たちにとって、それは不思議なことではないだろう。

そして、「自己を深める」ことと相即して、「自己を高める」こと、すなわち教養や技能を身に付けることも、単に「競争に打ち勝ち、他人からの評価を獲得する」「自分の利益を守る」といった小さな目的からのみ為されるのではなく、より広い社会の人々に資するため、自己を広大な世界へと結び付けていく願いから為されるようになる。社会や歴史、文化等に関する教養は、自己の世界を空間的にも時間的にも拡大するものである。そして、高められた技能は、多くの他者に資することを可能にする。その意味で、技能とはこの世界への愛のひとつの表現であり、自己を仲間以外の他者へと解き放ってくれるものでもある。以上のことを自覚した時、学びは真の力強さを帯びてくるだろう。

友人関係の構築と維持にあくせくしている現代の青少年たちにしても、実は、完全に自己喪失し、「孤独という通路」を失ってしまっているわけではないように思われる。なぜならば、彼らの多くは、そうした濃密で安定した人間関係に対して、いわゆる「SNS疲れ」(25)などに見られるように、一方で大きなストレスや退屈を感じてもいるからだ。それは、いわば自らの身体からの抵抗の声であり、彼ら一人ひとりが決して完全には集団の中に回収されきれない異他的な存在者であるという証である。そして、彼らが忌避し、蓋をしている「悩み」や「苦しみ」といった一見ネガティヴな感情も、本当は人生の多くの真実を告げ知らせてくれる貴重なサインである。そうした自己の内奥からの声を聴き、自己という宝蔵を発見し、磨き上げていくこと。そのことが、互いに自己を押さえつけ、他者を排除した上で成り立っている仮初の「つながり」ではない、真の〈つながり〉への道の第一歩となろう。

6　大人にできることは

最後に、青少年たちにおける自己へのケア、自己究明のため、大人が手助けできることについて少々述べておきたい。まず参照したいのは、仏教の開祖ゴータマ・ブッダ――すなわち、はるか昔、本場インドのカースト制度を批判した人物である。

カースト制度批判のため彼が採った思想戦略は、政治的な抵抗運動を起こすことではなく、まずは何より個々人の「目覚め」（ボーディ＝悟り）を促していくことであった。すなわち、「永久不変なものが存在する」「私という実体が存在する」といった妄想や無知（無明）から「目覚めること」こそが彼の目指したものであるわけだが、カースト制度もまた、そうした迷妄・無知のひとつであった。目覚めの力によって、他者と自己とに貼り付けられたレッテルから、自己を解放するのである。

こうした古代の智慧は、現代日本の青少年たちを苦しめているカースト制度と戦う際にもヒントを与えてくれているように思う。(26) すなわち、スクールカーストにおける差別も、「つながり至上主義」「コミュ力至上主義」といった「迷妄」「無知」ゆえに生じているものであることを青少年たちに自覚させることが、問題解決のためには必要である。

本当の自由とは、多くの青少年が勘違いしているような「自分の意のままにすること」ではない。あらゆるレッテルから他者と自己とを解放し、空けた場に各々を各別各異に〈在らしめる〉ことにこそ、根源的な自由がある。その空けた場においては、仲良しグループのような内閉的世界がもたらしてくれた静的な「安心」「平和」はもはや望めない。この空けた場とは、他なる者同士が、時に波風を立てながらも、共生のための適切な〈距離〉を探っていく動的な場である。無風の中に安心があるのではない。揺れ動く不安のなかにこそ、真の安心、そして真の和解を見出していかねばならないのだ。

そうした「目覚め」を促す役割を果たさなければならないのが、教員をはじめとする大人たちであろう。青少年たちに迎合して「お友達」になろうとするのではなく、独りの「他なる者」として、一歩〈距離〉を置いた視点から、彼らがどっぷりと浸ってしまっている価値観を相対化したり対象化したりして揺さぶっていくことこそ、むしろ私たち大人が担うべき役割なのではないか。(27)

現代の日本社会には、青少年たちへの共感に溢れた「やさしい大人」「理解ある大人」たちが溢れている。しかし、その「やさしさ」は、実のところ「子ども・若者たちから嫌われたくないから同調しておく」という単なる自己保身や計算高さから来ているものではないのか？　また、青少年たちを、教育という「サービス業」の単なる「お客様」とみなし、「金づる」にしているだけではないのか？　そうしたことを常に厳しく自己に問うていく必要があるように思う。他人に対して同調的・迎合的であることが時代の「空気」になっているが、そうした時代の風潮に流されているだけで、結果的には社会における「大人の役割」を放棄し、青少年の成長を阻害しているだけではないかと――。

かつてソクラテスは、人々の神経を逆撫でするような哲学的活動を行なう自らを「虻」になぞらえた。本稿は、単に「独りの大人」としてだけでなく、一匹の「虻」として、現代日本社会における「魂への配慮」について論じたものである。

(1) 以上のことに関しては、後藤雄太(二〇二一)『存在肯定の倫理Ⅱ 生ける現実への還帰』ナカニシヤ出版、第六章および第八章を参照されたい。

(2) 宮台真司(一九九七)『世紀末の作法』メディアファクトリー、一八九頁。

(3) 宮台真司(一九九四)『制服少女たちの選択』講談社、第八章参照。

(4) 例えば、NTTアド編(二〇〇〇)『ネット&ケータイ人類白書』NTT出版、浅羽通明編著(二〇〇一)『「携帯電話的人間」とは何か』宝島社、原田曜平(二〇一〇)『近頃の若者はなぜダメなのか』光文社新書、に見受けられる。

(5) 富田英典・藤村正之編(一九九九)『みんなぼっちの世界』恒星社厚生閣、参照。

(6) 以下、スクールカーストに関しては、児玉真樹子・南晴佳(二〇一八)「周囲からみたスクールカースト上位者の特徴――社会的勢力に着目して」『学習開発学研究』一一号、貴島侑哉・中村俊哉・笹山郁生(二〇一七)「スクールカースト特性尺度の作成と学級内地位との関連の検討」『福岡教育大学紀要』第六六号第四分冊、作田誠一郎(二〇一六)「「スクールカースト」における中学生の対人関係といじめ現象」『佛大社会学』第四〇号、堀裕嗣(二〇一五)『スクールカーストの正体』小学館新書、鈴木翔(二〇一二)『教室内カースト』光文社新書、本田由紀(二〇一一)『学校の「空気」』岩波書店、第二章、森口朗(二〇〇七)『いじめの構造』新潮新書、等を参照。

(7) ただし、スクールカーストといじめには直接的な関連性が見られないとする実証的研究もある。例えば、水野君平・加藤弘通・太田正義（二〇一九）「中学生のグループ間の地位といじめ被害・加害の関係性の検討」『対人社会心理学研究』一九号、を参照。

（8）斎藤環・土井隆義（二〇一二）「若者のキャラ化といじめ」『現代思想』一二月臨時増刊号、青土社、二二―二三頁参照。

（9）青少年における「つながり」過剰とホームレス襲撃の関係については、生田武志（二〇〇五）『〈野宿者襲撃〉論』人文書院、を参照。

（10）小林道雄（二〇〇一）『退化する子どもたち』現代人文社、五二―五九頁参照。

（11）さらに言えば、かつての日本文化には、西行や兼好を典型とするような〈独り在る人〉すなわち世捨て人、隠遁者に対するある種の憧れや尊敬の念も見受けられた。このことは、俗世を生きる人々が自分たちの世界を絶対視せず相対化するまなざしも有していたことを意味する。しかし、今やこうしたまなざしはますます失われ、〈独り在る人〉は「異常な人」「可哀そうな人」としかみなされないような窮屈な社会になってしまった。

（12）齋藤孝（二〇〇八）『あなたの隣の〈モンスター〉』NHK出版、四七―四八頁参照。

（13）『正法眼蔵』現成公案。

（14）丸井明美・村山恭朗（二〇一七）「痩身プレッシャーを媒介する痩身理想の内在化と食行動異常の関連」『日本健康心理学会大会発表論文集』三〇巻、参照。

（15）cf., Susan Cain (2012) *Quiet: The Power of Introverts in a World That Can't Stop Talking*, Penguin Books, pp. 80-81.（古草秀子訳『内向型人間の時代』講談社、二〇一三年、一〇一―一〇三頁）

（16）阿部孝之（二〇一九）「グループ学習を取り入れた授業実践とその可能性について」『木更津工業高等専門学校紀要』第五二号、二八頁参照。

（17）『あなたの隣の〈モンスター〉』一二九―一三四頁参照。また、近年好まれているライトノベルは、いわゆる「転生もの」「なろう系小説」であることも、「努力への不信」の傾向の一例として挙げられるかもしれない。そこでは、かつての「スポ根」もののように、無力な主人公が、努力と挫折を重ねて成長を遂げていくのではなく、何らかの理由で異世界に「転生」し、突如（努力なしに）圧倒的な力を獲得して、世界を救う英雄、いわゆる「チートキャラ」として活躍する、というのが物語の基本的なパターンとなっている。

(18) 土井隆義 (二〇〇九)『キャラ化する/される子どもたち』岩波書店、参照。
(19) スクールカーストの背景の一つとして、本田由紀が言うところの「ハイパーメリトクラシー」(超業績主義、すなわち「学力」ではなく、「人間力」に象徴されるような天与の能力、曖昧な能力が重視される社会)も挙げられるだろう(本田由紀(二〇〇五)『多元化する「能力」と日本社会』NTT出版、参照)。
(20) cf., M. Foucault (2001) *L'hermeneutique du sujet: Cours au College de France* (*1981-1982*), Gallimard/Seuil, pp. 359-364.(廣瀬浩司・原和之訳『主体の解釈学——コレージュ・ド・フランス講義一九八一-一九八二年度』筑摩書房、二〇〇四年、四二五-四三〇頁)
(21)『論語』学而篇。
(22) 竹内整一(二〇〇九)『「かなしみ」の哲学』NHK出版、参照。
(23) 土井隆義(二〇一四)『つながりを煽られる子どもたち』岩波書店、五六-五七頁参照。
(24) 西谷啓治(一九九一)「禅と日本文化の将来」『西谷啓治著作集』第一九巻、創文社、一二三頁。
(25) 橋元良明研究室によって二〇一〇年に行なわれた調査の結果によれば、SNSへビーユーザーの五二・一%が「SNS上の人間関係」に「負担を感じる」と答えており、「SNS上の友人へのコメント」や「足跡チェック」「キャラクター作り」にも四分の一程度が負担感を持っていた(橋元良明・小室広佐子・小笠原盛浩他(二〇一一)「ネット依存の現状:二〇一〇年調査(『安心ネットづくり促進協議会』委託調査報告書)」参照)。
(26) もっとも、カースト制度は仏教によっては結局駆逐されえず、現代に至るまで依然として存在し続けているという現実も忘れてはならない。「自己の改善」のみならず、「社会の改善」もまた必須であることを示す一例と言えるかもしれない。
(27) 田中智志によれば、教師の権威は、子どもたちに迎合することにあるのではなく、子ども(および自分自身)に自己反照・他者参照を喚起する存在たることにある(田中智志(二〇〇二)『他者の喪失から感受へ』勁草書房、九四頁参照)。

【付記】本稿は、後藤雄太(二〇二一)『存在肯定の倫理Ⅱ 生ける現実への還帰』ナカニシヤ出版、第七章を、データを更新しつつ改稿したものである。

第10章　シュタイナー教育によるインクルーシブ教育の可能性

衛藤吉則

1　グローバルに広がるシュタイナー教育

ドイツの思想家R・シュタイナー（Rudolf Steiner, 1861–1925）による学校は一九一九年に創設されて以降、ナチスによる閉鎖期間を除き世界的な拡張をつづけている。とりわけ、一九八〇年代以降、シュタイナー学校による積極的な情報公開にともない、「教育術（Erziehungskunst）」という独自な教育方法の有効性や学力面での高い評価が周知され、ドイツにおいては倍以上、世界的には三倍以上といったように爆発的な増加をみせている。しかも、この派の学校は、ロシア・中国をはじめとする社会主義諸国にも広がり、アメリカにおいては荒廃する学校を立て直す「救い主」とみられ、世界のいくつかの自治体ではその公立化が実現している。このように既存の学校が抱える問題を克服するオルタナティブスクールとして世界に拡張し、現在、学校数は、“Waldorf Word List（2020）”によれば、六十七か国に一二一四校（幼稚園はおよそ五十四か国に一八七五園）を数えるに至る。ひとりの思想家が創設した幼稚園から高等学校までの一貫教育が、これほどまで長期にわたり広く世界に展開されるのは希有な例といえる。

とりわけ、今日、世界的な取り組みが進むインクルーシブ教育・統合教育において、障がいの有無、能力・男女・貧富の差を超えて多様性のうちに共生をめざす学校共同体のモデルとしてシュタイナー教育は世界で注目を集めている。以下、第2節では、われわれがそうした多様な子どもとともに行なうシュタイナー教育の実践を取り上げて紹介し、第3節においては、この教育実現の前提としてわれわれが取り組む「教師の自己教育」の在り方を提示したい。

2　発達が気になる子どもたちへのシュタイナー教育の応用
――シュタイナーハウス・モモにおける文字学習の実践事例――

(1) 発達障がい児教育について

今日、国内外で学問的な認知とともに急増する「発達障がい児」(LD、ADHD、自閉症スペクトラムなどの児童)に対し、効果的な教育理論と方法を示すことが喫緊の課題となっている。

発達障がい・学習障がいという概念が一九六〇年代にアメリカで出されてからすでに半世紀が経過する。今日まで、注意欠陥多動性障がい(ADHD)、学習障がい(LD)、自閉症・アスペルガー症候群等を含む広汎性発達障がい(PDD)といった広範な発達障がいに関して、それぞれに障がい児教育学や医学の領域で科学的実証主義的な取り組みが進められてきた。また、わが国では、二〇〇五年以降、法的整備(発達障がい者支援法施行・改正や児童福祉法改正)も進み、今日、公的支援の下、民間の「児童発達支援(六歳未満)」「放課後等デイサービス(六—一八歳)」事業が展開されている。しかし、こうした研究・制度状況にもかかわらず、民間の支援事業やサービスの実態をみるかぎり、多様な障がい種や発達をふまえた体系的な療育が行なわれているとはいい難い。

このような状況に対し、われわれは、健常児の教育に加え障がい児教育でも成果を上げるシュタイナー教育に注目し、無意識や高次の感覚・精神をも視野に入れた教育の実践分析を通して、発達障がい児教育に有効な〈健常児教育との連続的・統合的な理論・実践モデル〉を提供することをめざしている。次項では、われわれが運営するＮＰＯ法人シュタイナー&モンテッソーリ・アカデミーにおける実践の一つの事例を示してみたい。

(2) 文字が書けない子どものための教育実践

①A君との出会いと無意識下の根源的抑圧への注目

対象となるA君との出会いは、シュタイナー思想に理解を示すある医師による紹介がきっかけであった。A君は、幼少期から心臓を患い、それが原因で学校生活になじめず小学校にはほとんど通っていない。彼は、いくつかの分野で大人の想像を超えた驚くほどの能力と知識をもっているが、二年生でわれわれの施設に通い始めた当初は文字を読むことも書くこともほとんどできなかった。とりわけ、A君は、「勉強」そのものに対してかなりの不安やディプレッション（沈鬱な気分）を抱えていた。

では、問題はどこにあるのか。学校か、学校の友達か。たしかに直接の引き金は学校でのできごとであるが、われわれは根本的な問題をA君の心の深層を規定する乳幼児期における根源体験に見た。それは、A君が私に心を開いてくれるようになって語ってくれた次の言葉に象徴された。「ぼくは長い入院生活のとき、お母さんに会いたくて会いたくて、病院をハンマーで破壊してでも家に帰りたかったんだ」。ここからは、A君がかかえる身体の不自由さと母への強烈な思いが読み取れる。それゆえ、A君の場合、急いで登校を促すのではなく、この根源的洞察に立ち、母親と身体的制約とから徐々に自律をめざすことが第一の課題とされるべきであった。だが、現実は、教師の熱意のもとA君は泣き叫ぶなか教室に連れて行かれ、自身の存在がゆらぐ深刻な体験をし、不登校となったのである。

②A君へのひらがな教育の実践――イマジネーションからのアプローチ

A君による学びへの拒絶反応は、大好きなわれわれの施設（シュタイナーハウス・モモ）にとっても同様だった。初めてひらがなと算数を行なうことを知ると、モモに行くことを心待ちにしていたにもかかわらず、不安になり、過呼吸を起こしてしまうほどだった。そのため初めの三週間はA君にとって興味のある学習以外いっさいの教科学習を行なわず、環境に慣れることのみを課題とした。

そして、三週間後に環境にも十分慣れてきたので、ひらがなの学習をシュタイナー教育の方法で教えることにした。それは、文字という記号を憶えドリルする方法ではなく、文字を絵とお話を通して体で感じとるメソッドといえる。A君はこのやり方には共感してくれた。具体的には皇子が旅に出るお話で、ストーリーは、e-waldorf代表の石川華代さんのテキストを参照して、私とその子が大好きな蜂子の皇子と八咫烏（日本神話に登場するカラス）の話をモチーフに創作して進めていった。始まりは、「あ」で、皇子が美しい朝日を浴びて目覚め、「ああ朝日だ」とお日様に向かい手を広げた姿となっている（①、以下写真は一九一－一九六頁に掲載）。黒板に描いた絵と文字はノートに写し、仕上げに蜜蝋クレヨンや色鉛筆の粉でぼかしを入れて美しく仕上げていく（②－④）。この作業も彼の楽しみの一つである。この授業を終えた後、A君は、「これが勉強ならとっても楽しい」って言ってくれた。自宅でも母親が、「今日モモで何が楽しかった？」と聞くと、「勉強が楽しかった！」と答えてくれたようだ。母親はそのことにとても驚き感動され、「こんなにも成長するものなのですね！」と語ってくれた。このようにして、私はA君と「あ」から「ん」まで数か月かけて学んで行った。

③Ａ君へのひらがな教育の実践――無意識への注目と身体活動からのアプローチ

Ａ君は高い記憶力や理解力をもち、シュタイナーのメソッドによって読みや計算ができるようになったが、文字だけは何度手を取って形を示しても上手に書くことができなかった。そこでわれわれはもう一度彼の成育歴から考え直すことにした。沈思した結果、われわれは、Ａ君が身体の基盤形成の時期に当たる乳幼児期に心臓の病のため長期入院し、胸や腕の周りの筋肉を十全に動かせないことに原因があると考えるに至った。つまり、乳幼児期の身体運動の不十分さゆえに、頭でのイメージが神経を通して肩や胸や腕の筋肉に連動していないのではないかと考えた。

そこで、この課題を克服するため、シュタイナー教育で行なわれる、ⓐ「エクストラ・レッスン」(身体の原初体験を回復する練習)、ⓑ「フォルメン」(イマジネーションと身体の動きを結びつける形態・線描活動)と、ⓒ「オイリュトミー」(音を可視的に表現する身体運動)が有効ではないかと考えた。

まず、ⓐの「エクストラ・レッスン」から説明しよう。この練習では、幼少期に本来形成されるべきであった身体の動きを回復させることをめざす。保護者の多くは、子育ての容易さから、乳幼児をバウンサーに寝かせたり、歩行器で歩かせたり、すぐに抱っこしたりする傾向にある。しかし、シュタイナー教育では子どもが自分の力で重力に逆らい徐々に、「寝返り」「腹ばい」「四ばい」「つかまり立ち」を経て「立ち上っていく」プロセスそのものを重視する。重力に逆らって大地に垂直に背骨を立てるまでの苦労は乳幼児にとって並大抵のものではない。そして、その過程を経て立ち上がるときに見せる幼児の笑顔に、シュタイナー派は「自我の輝き」を見て取るのである。

以上のことをふまえるとき、乳児期に心臓を患い病床に長く伏していたＡ君にとって、このプロセスを可能な限り体験させることが必要であった。その様子を紹介してみよう。

ⓐエクストラ・レッスン：身体の原初体験を行なう

エクストラ・レッスンでは、成長過程で欠落した基礎運動（這うなど）（⑤-⑦）を取り戻すことに焦点を当てる。さらに、自立的な身体の発達を促すために、左右（左から右）・前後（前から後ろ）・上下（上から下）の動きに加え、回転運動（右回転）を行なう。四肢を十分に動かし、バランス運動（⑧-⑪）を行なうことは、「言語の発達」や「空間認識の発達」を促すことにもつながると考える。

ⓑフォルメン（形態・線描体験）

この活動では、子どもたちの心身の発達に合わせた形態体験を行なう。古代から、図形が人間に力と意味をもたらすことは知られていた。いまもわれわれの周りに、文化として引き継がれた様々な紋様を周囲に見出すことができる。シュタイナー教育では、教育にこうした形態体験を取り入れ、心身のバランスを整えていく。そこでは単に手で線を描くだけではなく、目や体を動かし、線を心身全体で感じとり、表現することに意義を見る。活動の写真を通してその様子を紹介していこう。

小さな子は「模倣」によって学ぶ。ここでは線は「上から下に」、円は「右回りに」描くことを動きによって例示する（⑫-⑬、MacAllen 2013, p. 6）。小学生には、発達に合わせて必要な線描体験をしていく。

右回りの渦巻き（⑭-⑮）やレムニスケート（⑯-⑰）は身体運動もあわせてよく取り組むフォルメンである。線に沿って目と腕を大きく動かしたあとに、線描体験を行なう。五芒星や六芒星は古代から力をもつ図形として文化的にも理解されてきた。六芒星は、円周を六等分した点を起点に描いていく（⑱）。線対称の図形は、描く

①

②

③

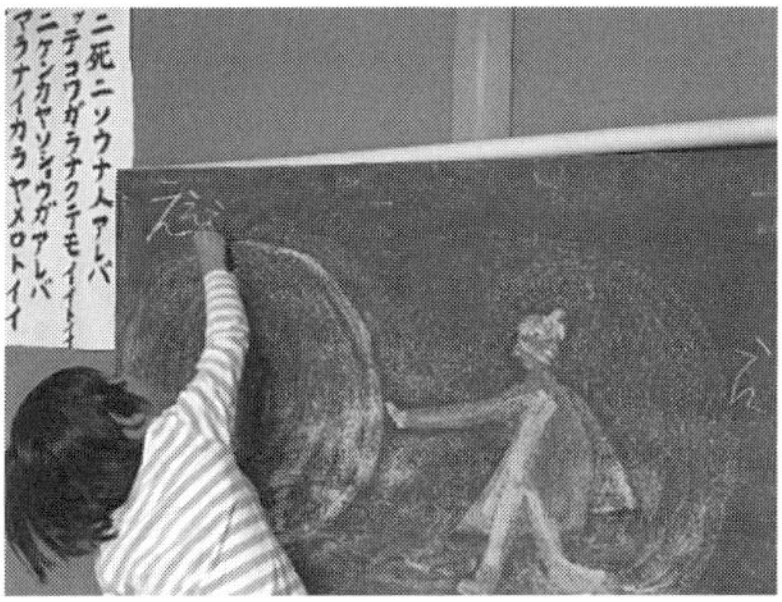

④

⑤

⑥

⑦

⑧

⑨

⑩

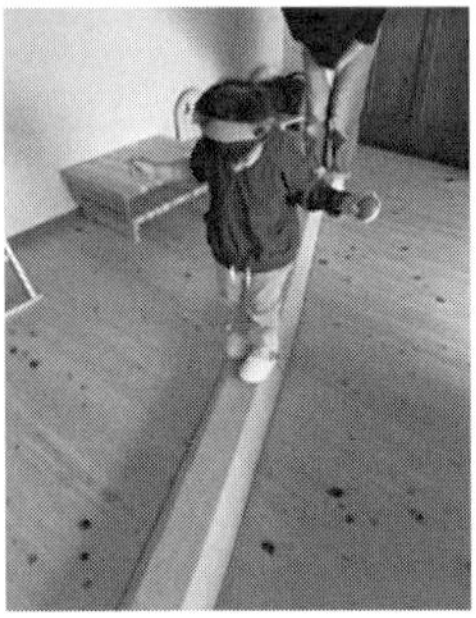

⑪

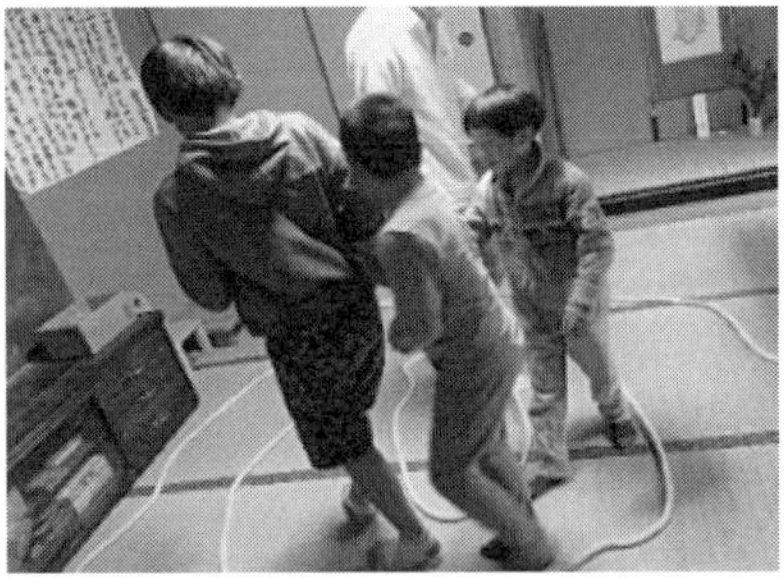

⑫

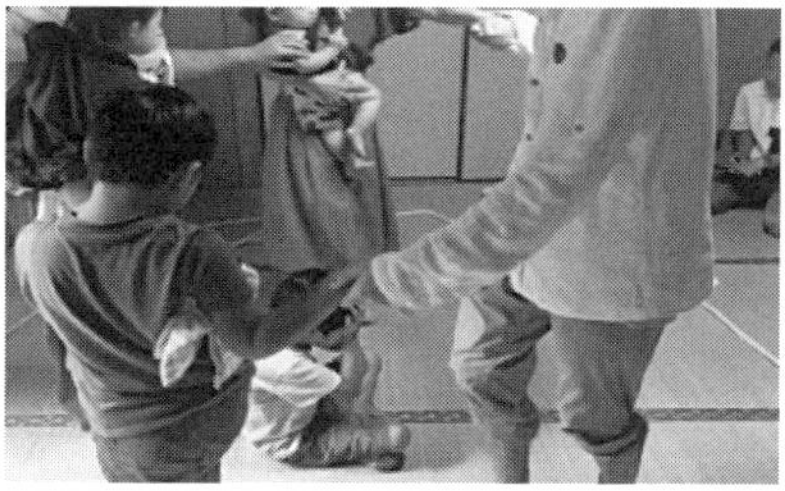

⑬

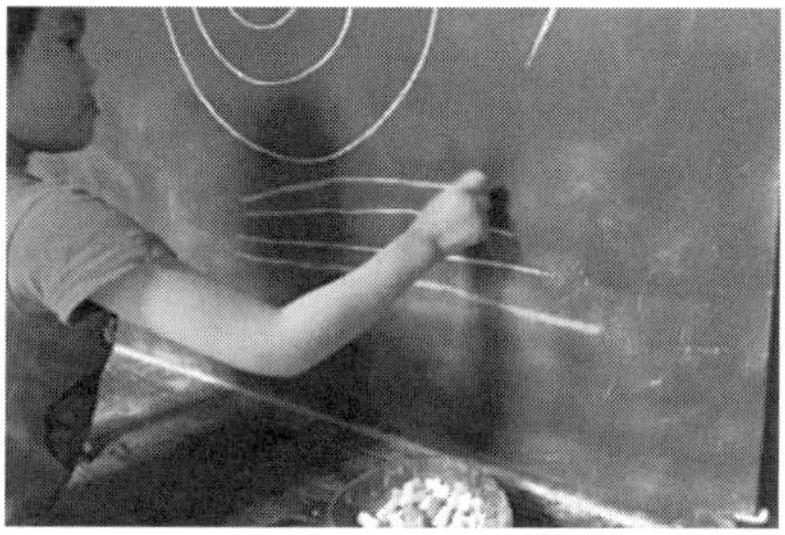

⑭

⑮

⑯

⑰

⑱

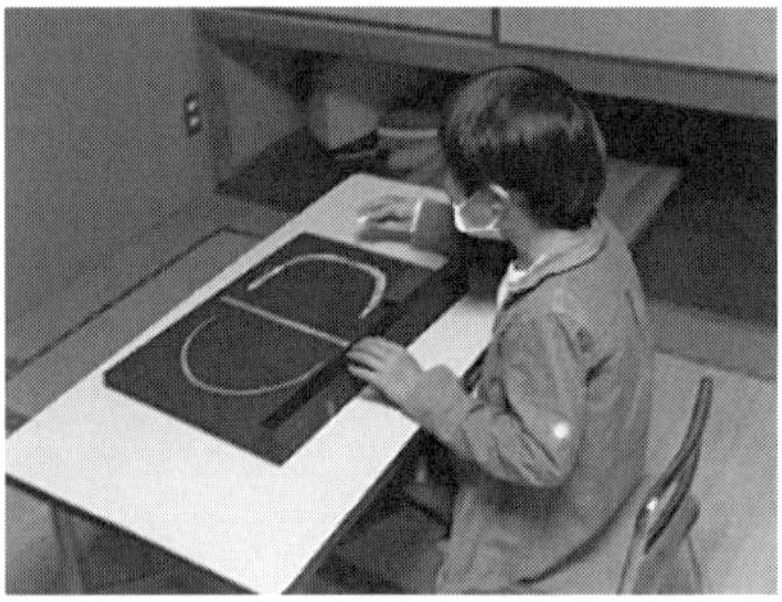

⑲

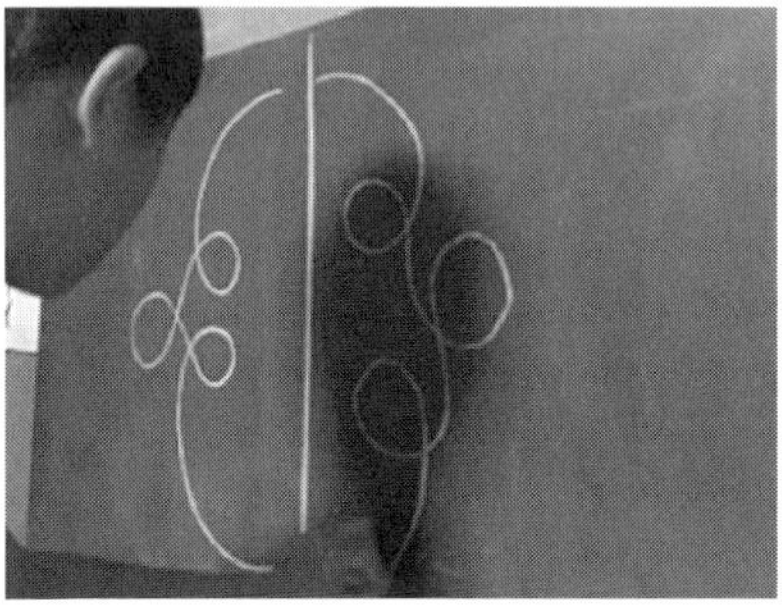

⑳

㉑

㉒

㉓

㉔

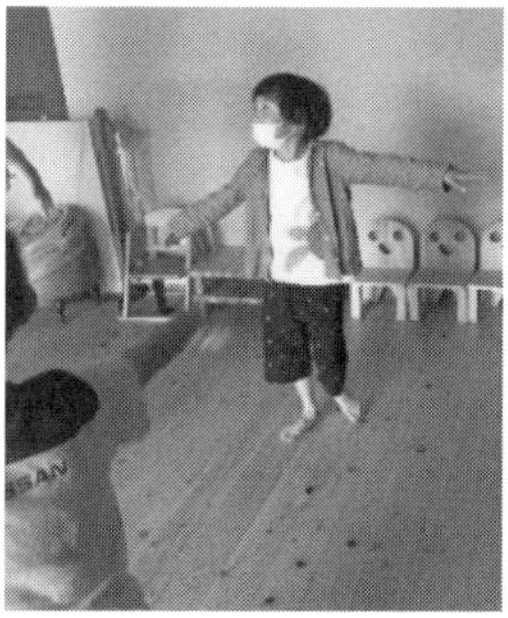

㉕

㉖

㉗

㉘

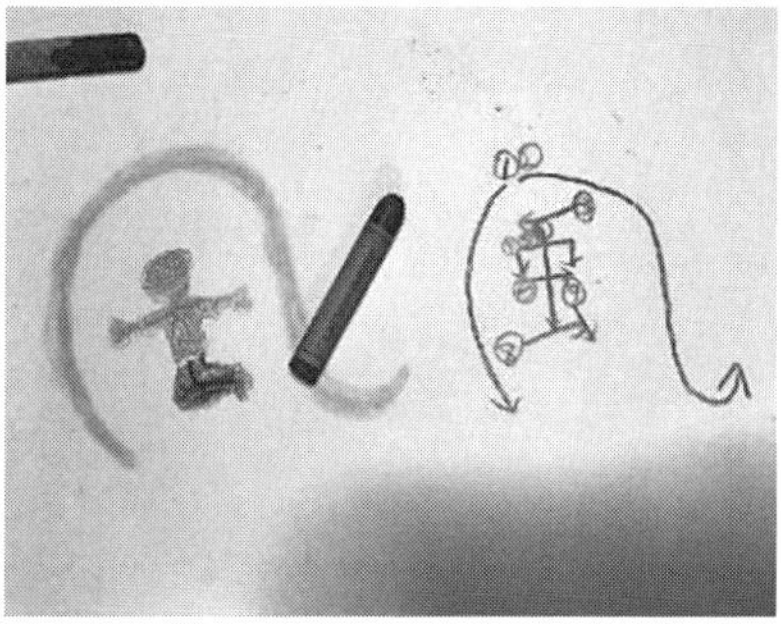

㉙

㉚

㉛

㉜

㉝

ことで内的な調和をもたせていく（⑲–㉑）。小さな子どもは、線で遊ぶ感覚を大切にして取り組む。初めは水につけた手のひらで黒板に描き、つぎに水を含ませた筆で描いていく（㉒）。描いた形に色を塗ったり、色そのものを体験したりする（㉓–㉔）。

ⓒオイリュトミーを行なう

オイリュトミーとは、音が持つ力を言語と身体によって表現する身体芸術で、シュタイナーとその妻マリー・シュタイナーによって作られた身体芸術である。われわれは、基礎運動として毎日、母音の力（あ・い・う・え・お）を声と身体で表現することを行なっている（㉕–㉖）。

ⓓ文字が書けた

A君が文字のイメージを身体化できるように、われわれは、ⓐ身体の原初体験、ⓑフォルメン、ⓒオイリュトミーを行ない、すばらしい文章（谷川俊太郎など）を声に出して読むことを毎日実践していった。すると、実践開始から二週間後に驚くべき変化が起こった。いつも使う黄色の砂文字版に「何か書いてみる？」と尋ねると、「書いてみたい」と応え、大きな文字で「おとうさん」と書いてくれた㉗。これまでは「お」は空間のバランスが適切にとれず、「ん」は鋭角部分を書くことができなかったが、書かれた「おとうさん」はみごとな形とバランスである。それも、大好きな「おとうさん」の文字。私もつい、「すばらしい！　書けたね！　お父さん喜ぶだろうね」と驚いて伝えると、本人も「本当！　書けるようになった！」と誇らしげに満面の笑みを返してくれた。

種が必要な栄養分をとりつづけることで、エネルギーを満たし、その力で芽が出、花が咲き、実がつくように、A君のうちに必要な「栄養」が心身に満ちて、「文字という果実」が結実したように思う。A君はその日から、目を見張るほどの早さで、これまで書けなかった文字を書けるようになり、数週間ですべてのひらがなとカタカナをマスターした。今日支配的な「認知に比重を置く教育」においてはA君がこの結果に至ることはむずかしく、シュタイナー的な人間洞察とそのメソッドの有効性が明らかになった。

漢字もイメージを形にして学んでいく（「天」「地」「風」など。㉘-㉛）。指先の触覚を通して文字の形を感じ取れるよう、モンテッソーリ教育で用いる砂文字板も利用した㉜。そして、文字が書けるようになった今、A君は本を読み、大好きなフレーズを抜き出したり、友達に手紙を書いたりできるようになった㉝。このように学んでいくことと、ただ漢字ドリルを行なうこととは、子どもの学びの構えと知の血肉化の内実に大きな違いがありそうである。

3　シュタイナー教育の基盤としての「教師の自己教育」

ここでは、われわれが教育の真諦（エッセンスとなる究極の真理）とする「教師自身の自己教育」について解説してみたい。

われわれが教育にあたる際、「色眼鏡」をかけた（とらわれのこころをもった）ままでは基本的に異質な存在である子どもについて理解できないし、また自分のことを子どもに理解してもらえない。とりわけ発達に課題をもつ子どもたちは、繊細な感覚で、出会った瞬間にその教師の心の構えを感じとり、心に何らかのとらわれがあると自らの心を閉ざしてしまう。しかし、われわれが自己の不完全さを知り、謙虚に内省に努め、とらわれを去り、純粋に観、聴き、感じ、考えることができる程度に応じて、子どもたちはわれわれに心を開いてくれるようになる。それゆえ、教育活動に際して、まずもって、とらわれの心を去り、純粋なまなざしを身につけるため、「教師自身の自己教育」が日々不可欠な課題となる。われわれの実践もこの理念を最も根幹に据えている。では、その「とらわれのない心やまなざし」はいかに獲得できるのだろうか。

われわれはその方法をシュタイナーが示す自己教育法に依拠している。その具体的な見方や方法を以下に述べてみよう。

シュタイナーは著作において、認識を通した自己形成の道を示している。それは、「自己の偏見を去ること」を究極の課題としている。とらわれを去り自分を空にするためには、自分が経験によって身につけた狭い偏った判断や批判を表に出さず、いったん口を閉ざし沈黙する必要があるという。さらに、心の純化は表に出た部分の統制によるだけでは不十分で、無意識下にも働きかける必要があると考えている。これに関しては、最近の心理学研究でも、われわれの不健康が、自分の意志とは無関係に表に出てくる無意識下の抑圧に根ざした雑念と関係があることが指摘される（病気や苦悩の原因が不意に浮かぶ侵入思考 intrusive thought としての雑念にあることが明らかにされている）。

それゆえ、シュタイナーによる自己教育では、「とらわれの自分を消し去り、対象の本質が外から自己の内に立ち現われるような取り組み」や、「自己意識が内奥のゆがめられた雑念に支配されず、自らの意識の力でイメージを内側からコントロールできるような工夫」がなされている。これらの自己教育を通してはじめて、人は物事の本質を洞察でき、その本質に即した生き方ができるものと考える。具体的に、われわれはシュタイナーが自己教育のトレーニング法としてあげるものを参照して、各自、内省に取り組んでいる（シュタイナーの「認識の小道」や子安美智子氏の『幸福の法則』海竜社、一九九四年等を参照）。

シュタイナーによる自己教育は、仏教の八正道に由来するところが大きい。八正道とは、正見（人の苦悩の原因と解脱に向けた変容の本質を知る智慧）・正思（とらわれのない思考）・正語（熟慮された意味のある言葉）・正業（熟慮された意味のある行為）・正命（熟慮された意味のある生活）・正精進（熟慮された意味のある努力）・正念（熟慮された意味のある記憶や想念）・正定（禅定に代表されるメディテーションや内観に基づく心の平安）をさす。では、われわれが重視し、個々の課題とする自己教育の視点をあげてみたい。

①意識の力でイメージを生み出し行動する

日常生活に何の関連ももたない、単純な一つの行為を、一日一回決まった時刻に意識的に行なうこと。また、自分が意識的に選び取ったものについて数分間、思考をめぐらすこと。これを通じ、不健全さと直結している侵入思考を防ぎ、内奥の深みと自らがつながる準備ができる。

②私自身について主観を排除して冷静に客観的に考える

自らに沸き起こる快不快・喜怒哀楽・共感反感の感情や偏見から独立して、自分を外から俯瞰して見るようにしっかり観察すること。これによって魂の向上を促進する深遠な哲学原理「汝自身を知れ」の体験が始まる。また、夜寝る前に今日一日のできごとを最後から遡ってできるだけ詳細にイメージをもって振り返ること。この体験を通じて、自己を客観視できるとともに、侵入思考に左右されない強靱な想念（記憶）の力が形成される。

③本質的なことと非本質的なこととを区別する

できごとの枝葉ではなく、本当に大切なことに焦点を当てて生きること。その習慣化によって、自然の摂理や本質に沿った生き方や対応が可能となる。問題が指摘される子どもについても、その表われた事実にとらわれ速断し対処することでは課題の解決に至らない。シュタイナー的な「認識の道」を歩む者はその子の苦悩の背後にある本質的な原因について自己内省を通じて限りなく近づこうと、「祈り」のように思念を凝縮させることが必要である。具体的には、課題をその子の今の悪い事実のみに向けるのではなく、問題探究のベクトルをわれわれ自身に向け、「私は何ができなかったのか」「問題はどこにあり、それにどう関わることができるのか」と内省し、課題の原因と背景を無意識の層にまで踏み込み、精神科学的に考察していく。純粋に利他的な思いで思索を続ければ必ず何らかの示唆がイマジネーションとして立ち現われてくる。そこでその理念に従った取り組みを試みていく。モモの活動が、すべての保護者に共感をもって支持され、多様な課題を抱える子どもたちの幸せに若干なりとも貢献できていることは、この内省的思考の結果と考えられる。

④私が印象をつかみとるのではなく、印象が私に向かってくるように心を空にして待つ

新しい出会いに際し、先入観をもたず、自分の心の声を沈黙させて人の言葉を聞くこと。速断は自らの偏見や尺度を固定し自己の向上発展の可能性を閉ざす。自分のなかをまったくの空にして、そこへ他人を迎え入れるイメージで相手の話を聞くこと。そうすれば、それまで見えなかったできごとの本質や課題が自己の内に立ち現われてくる。

⑤必要なことだけ語り、よけいなことは言わない

相手に対する言葉をよく吟味しながら一語一語意識して語ること。シュタイナーによれば、われわれの速断の九割くらいは本来必要ではなく、それらを控えることで判断の質が向上していくとされる。

⑥上昇と下降、成長と衰弱、いのちのなかの二つの相を知覚する

生命の法則は、ゲーテの植物観察と同様に、とらわれのない観察と内観を通してのみ見出すことができる。そうすることで、生命への精細な感覚が開かれ、それを通じて現象の生成と変容のダイナミズムをとらえることができる。自他の体調への気づきから生物の盛衰のリズム、さらには自然の摂理に照らした自然環境の在り方に至るまでホリスティックな次元で生命本来のあるべき姿が理解される。

⑦すべての行為に自分の意志を働かせる

これまで見てきた「思考の行」や「感情の行」とならび、これは「意志の行」と呼ばれる。シュタイナーの理論では、意志はわれわれの心の最奥に位置づき、本能、衝動、欲望、希望、決心、決意へと高まっていくと考えられる。それは、自然的反応がまとう無意識的な利己性を脱ぎ去る形で高進し、最終的には利他的献身的な決意へと至り、そこにおいて高次の人格が実現する。意志は、意志の哲学や仏教では種子と称され、内奥で善の種を宿し、われわれの努力によって、「とらわれ」をとる程度に応じてリアリティ（真実在）としての善を体現していくと考えられる。つまり、意志とつながりをもつ善はわれわれに内在しており、意志の高次化に伴い究極の真実在としての善へと変容していくとみられるのである。それゆえ、われわれがとらわれのない「無私の心」で意志を働かせるとき、普遍へと通じ、自他の幸福に寄与することができることになる。しかし、逆に、意志が制約されゆがめられる状況が続くと、人格の発達にゆがみが生じ、苦悩をもたらす結果となる。とりわけ、教育においては意志や意欲の尊重は重要で、教師の主体的な関わりや、子どもの個性や興味に応じた学びの保障が不可欠となる。

以上見てきた教師自身の「自己教育」を通して、われわれは、子ども一人ひとりの「らしさ（個性）」を引き出すことを目標としてきた。「らしさ」というのは、その子の心の一番奥底から出てくる「こうしたい」「こうなりたい」という「意志」に由来する。

そうした心の声を聞くためには、まず教師自身の「謙虚さ」が必要となる。偏った見方をしたり、自分の小さな経験が絶対だと思い込み強制したりする大人に対して、子どもは表面上従うことがあっても、真に心を開くことはない。教師は、「自分の不完全さ」を理解したうえで、つねに謙虚に内省に努める必要がある。そう努めるなかで、一人ひとりが取り組むべき課題やその子にふさわしい教育方法が見えてくるように思える。

また、頭に偏りすぎた今日の教育に対して、われわれの施設シュタイナーハウス・モモでは、心（思考・感情・意志）と体の全体がともに働く教育を進めている。それによって、身体で感じ、身体を通して考えることが可能となり、頭と心の分断によって苦悩する子どもたちを救うことができる。しかも、この活動は自然の営みを自分の生と結びつけて感じとれる仕組みとなっていて、環境から分離・孤立しがちな子どもたちが、この地にしっかりと自分の足で立ち、関わることができるよう促している。

さまざまな苦悩や困難を抱えてモモに来た子どもたちが、シュタイナーハウス・モモでの生活を通して、みな快活さや「自分らしさ」を取り戻していっているのは、スタッフがこの教育方針を受け入れ、日々、自己修養に努めてくれているお陰だと思っている。

われわれは、今後も、シュタイナーが教育の根本態度とする「敬うこと」「感動すること」「尽くすこと」をモットーに、教育活動を通して自己の課題と向き合い、子どもとともに成長していきたいと願っている。

最後に、教育の真諦（最も大切な真理）が、子どもに向けられた教師の「愛に貫かれた深いまなざし（a look deepened by love）」や「気づき（an awakening）」にあることを示唆するシュタイナーの言葉を挙げてみたい。

われわれは、教師として、自らの内に息づく人間本性に目覚めることが必要である。目覚めとは、精神を介して子どもとの関係を築けたとき隠れていた子どもの全体像を新たに体験するような気づきを意味する（McAllen 2013, p. 19）。

▒引用・参照文献

衛藤吉則（二〇一八）『シュタイナー教育思想の再構築――その学問としての妥当性を問う』ナカニシヤ出版。

衛藤吉則（二〇一九）「新たなるWissenschaft（科学・学問・知識）論に基づく「術としての教育」の構造と可能性」『教育哲学研究』一二〇号、一－一九頁。

McAllen, Audrey E.（2013）*The Extra Lesson*, Rudolf Steiner College Press.

【付記】本稿は、竹田敏彦監修／竹田敏彦・衛藤吉則編（二〇二一）『グローバル化に対応した新教職論――児童生徒にふさわしい教師・学校とは』ナカニシヤ出版、のために書き下ろした論文を加筆修正したものである。

第3部　和解と平和についての理論

第11章　責任のための／責任としての記憶
——戦後世代の戦争責任——

後藤弘志

1　集合的責任としての戦争責任
——有責責任か負担責任か？——

「あの戦争」について、私に突き付けられていると感じる問いが二つある。ひとつは、自分があの戦争のさなかにいたら、恥ずべき行為に手を染めないでいられただろうかという問い、もうひとつは、現在の私が「あの戦争」に対して何らかの責任を引き受けるべきだとしたら、それはどのような責任か、そしてその根拠は何か、という問いである。本稿では、〈記憶〉をキータームとして、後者の問いについて考えてみたい。ただし、この二つの観点が結びつく可能性については後述する。ここで「あの戦争」と呼んだのは、一九三一年九月十八日の満州事変開始から日中戦争を経て、広くアジア・太平洋で戦われ、一九四五年八月十五日に敗戦を迎えた戦争を指す。(1)「あの戦争」という表現を用いた理由は、「日中戦争」「太平洋戦争」「十五年戦争」「大東亜戦争」などの表現にはそれを用いる人のそれぞれの立場やとらえ方が反映されているからである（木坂 一九九三、山口 一九九四、二四二頁以下）。

通常、責任は、だれかが自由に行なった（あるいは自由意志によって選択した）行為および行為の結果に対して、その行為者が引き受けるべき義務・不利益・制裁を意味すると考えられている。責任についてのこうした考え方を典型的に表現しているのが、イギリスの啓蒙思想家ジョン・ロック（一六三二－一七〇四年）の〈人格 person〉という概念である。すなわち、人格とは、理性と自己意識を持ち、「私は私である」という自己意識（なかでも過去についての記憶）によって他者から自己を区別し、自己同一性を保っている人間個人である。これによれば、すべての人間が、すべての時点においてこの要件を満たしているわけではなく、この要件を満たした人間個人のみが、自分が行なったという本人の記憶に基づいて、その行為に対する責任を持つ（J. Locke [2]1694, 2.27.10）。それゆえロックの人格（および人格同一性）論は、〈一人称記憶説〉と呼ばれることが多い。

この立場に対しては次のような批判が投げかけられる。記憶は誤りやすい、記憶と単なる空想との明確な線引きは難しい、本人の記憶があいまいな場合は第三者の記憶に頼るしかない、等々である。しかし、ここで確認しておきたいのは、「自己の行為に対する個人責任」という、ロックに代表される考え方が、近代において成立したものだということである。

自ら行なった行為への個人責任という近代的原則が、連座といったような、近代以前の集合的責任実践を駆逐するという歴史社会的意義を持っていたことは疑いない。他方で、現代日本を代表する法学者の一人である瀧川裕英は、この原則からは逸脱する責任実践が現在も一定の社会的機能を担っているという事実を踏まえて、集合的行為責任、さらには行為者本人から切り離しても成立する責任実践を改めて理論的に位置づけようと試みている。この観点は、戦争という集合的行為への責任、とりわけ戦後世代の戦争責任を考えるうえで重要である。そこで本稿では、瀧川の分析を手掛かりにし、様々な論者の意見を参照しながら、「あの戦争」に対する私、あるいは〈わたしたち〉の責任のあり方について考えてみたい。ただし集合的な・意志・行為および責任の成立条件という、哲学・倫理学の本来の活動領域については言及しない[2]。

戦後まもなく、集合的罪の観点と結びつけてドイツの戦争責任を論じたのは、カール・ヤスパース（一八八三－一九六九年）の『罪責論』（一九四六年）である。同書は一九五〇年には早くも邦訳出版され、戦後日本における戦争責任論争において少なからぬ論者がこの文献に言及している[3]。

ヤスパースは同書で、責任を問われる根拠となる罪概念を以下の四つに分類している。

①刊法上の罪
②政治上の罪
③道徳上の罪
④形而上的な罪

刑法上の罪は、法律への違反行為から生じる（審判者は裁判所）。政治上の罪は、国家ないし為政者の行為から生ずる結果に対してすべての国家公民が責めを負うことを意味する（審判者は戦勝国）。道徳上の罪は、個人がなす行為に対し、自己自身の良心を審判者として自らに帰す罪である。形而上的な罪は、他者の殺害を阻止する見込みがない場合にも、それを怠ったことへの責任を問われる点で、道徳的な罪の範囲を越えた次元を指している。審判者は個人の良心ではなく、神である（Jaspers 1967, S. 19ff. 邦訳五三－五六頁）[4]。

ヤスパースはこのうち、個人を越える集団に責任を問うことができるのは、政治上の罪だけだと述べている[5]。

そして、先の戦争に対する政治的責任の帰属先として、〈民族〉という集団を挙げている（ibid., S. 28 邦訳七一頁）。ただし、ヤスパースは〈民族〉の虚偽の実体化（ibid.）・虚構性、少なくともその可変性を自覚しており（ibid., S. 67 邦訳一五三頁）、より正確には、民族というよりドイツ国民、それも、「そのような政権〔＝ナチス政権〕がわれわれの国に成立したことを忍従した」主権者としての全ドイツ国民を責任主体として想定している。なぜなら、近代国家においては、（棄権という仕方も含めて）選挙権を行使して誰もが政治的に行動しているからである（ibid., S. 46 邦訳一〇五頁以下）。ヤスパースがここでドイツ「国籍」（ibid., S. 79 邦訳一七九頁）を有する者すべてに課した集合的政治責任が、政権選択という仕方でナチス政権の成立と存続に関与したことに基づくことは明らかである。戦後まもない時期の論考であることを考えれば、この直接的な責任帰属はもっともと言える。[6]

ヤスパースがドイツの戦争責任を負うべき主体として想定しているのは、〈何らかの仕方で実際に戦争に関与する行為の主体だった人たち〉という意味での【戦争世代】である。したがって、【戦後世代】を、〈戦争に関与する行為の主体であったことがない人たち〉と定義する限り、彼らの戦争責任は考察の外に置かれている。また、ヤスパースは集合的責任を政治的主体としての国民に対してのみ認めている。では、戦後世代には戦争責任を問うことができないのか。それが可能だとした場合、それは集合的責任であり得るか。さらに、集合的責任は政治的文脈で（のみ）可能か、あるいは道徳的次元も関わっているだろうか。

先に挙げた瀧川は、自ら行なった行為への個人責任という近代的責任概念には収まり切らず、たとえば家族・学校・会社・近隣関係・国家・民族・人種・性・出生地などによる結びつきに基づく集合的責任を、「個人には有責責任がないにも拘わらず、ある集合体に属するという理由で、個人が負う負担責任」と定義している（瀧川二〇〇三、四二頁）。ここで〈有責責任〉とは、規範に違反する行為が行なわれたという過去の事実に基づいて、行為者本人に対する非難を可能にする責任である。この責任は加害者と被害者との間に成立するという意味で、

「関係的」責任である。これに対して〈負担責任〉は、そのような過去の行為の有無とは切り離して、誰かが負うべき負担・不利益が現時点で「実体的」に存在することに着目する（同前、三三―三五頁および一一九頁）。

負担責任という観点に立って整理すると、次の二つの責任のタイプが区別できる。①過去における規範違反行為の結果として発生する場合と、②過去の違反行為の結果ではないが何らかの果たされるべき現在または将来の課題が存在していることから引き出される場合とである（同前、三五頁）。後者の場合、例えば、何らかの属性に基づいて誰かが責任を負うことが求められる。子の養育に関する親の責任、将来世代に対する責務としての環境保護などがその例である（同前、一八頁）。瀧川は、ファインバーグ（一九六八年）に依拠しながら、前者の、過去の違反行為に基づく負担責任をさらに、①―（1）その行為に対して有責責任を有する者が負担することによって初めて意味を持ち、第三者に転嫁不可能な負担責任と、①―（2）第三者に転嫁可能な負担責任に分類している。前者の例は非難や謝罪である（同前、四四―四五頁）。後者の例としては、過去の違反行為への有責責任を有する行為者が、にもかかわらず負担責任を免れるケースがある。例えば年少者に対して刑罰や損害賠償責任が免除される場合である。その反対に、違反行為への有責責任を持たない第三者が負担責任を引き受けるケースもある。このケースの例として瀧川が挙げているのが、たとえば保険会社による自動車事故の損害補償、国家による被害者の救済、戦争犯罪に対して有責責任を持たない戦後世代の補償責任である（瀧川 一九九九および瀧川 二〇〇三、三九頁、四五頁）。

では、瀧川は排除したが、戦後世代の戦争責任を①―（1）や②に分類する可能性はどうか。②は、負担能力があればだれでも引き受けることが可能なものとして戦後世代の戦争責任を理解する立場である。国家という枠にとらわれない世界市民という観点がこの立場に最も適合する。私自身は基本的には世界市民主義に与するが、あの戦争に対する戦後世代の責任については、後述するように、この観点だけでは不十分であるように思う。

次に、①‐（1）の可能性は、戦争世代と戦後世代が、（たとえば〈日本民族〉として）人格同一性を持つという仕方でつながっていると想定した場合に成立する。その最も強いバージョンでは、戦後世代も加害者としての集合的記憶に基づき、他者に転嫁不可能な集合的有責責任を負うことになる。瀧川は、様々な集合的責任帰属を、近代の責任原則には収まりきらないながらも、これと調和し得るものとして位置づけようとしているため、集団帰属の任意性を集合的責任帰属の条件に組み込んでいる。それゆえ、（現実には困難にせよ）国籍離脱の自由を持つことが、戦後世代に戦争責任を問うための前提条件をなしており、集団からの離脱の可能性がない〈日本民族〉のような集団への責任帰属は認めていない。[7] まさにこのような集団的責任帰属を求める立場として瀧川が名指しで批判したのが著名な歴史家家永三郎である。家永は戦後世代が戦争世代の「遺した」戦争責任に対して「連帯責任」を負うべき根拠として、「法人として」「連続性」を持つ日本国の国民としての政治的責任にとどまらず、「民族としての日本人」への帰属を挙げ、これに「日本人としての恥ずかしさ」という道徳的次元を結びつけている（家永 一九八五、三〇九‐三一一頁）[8]。

家永と類似した論法は、加藤典洋にも見られる。主権国家の間では解決済みとみなされた賠償問題が、冷戦終結の影響を受けて、アジア諸国の被害者個人からの補償要求へとシフトする。[9] 加藤の『敗戦後論』（一九九五年発表）は、こうした時代背景の下、戦後世代が戦争世代と自らを切り離すことによって「人格的に分裂」しているという事態を直視する。そして、「汚れている」戦争世代を弔うという行為を通じてこの分裂を克服し、「日本国民」という「一個の人格」を回復して、「他国に謝罪」する責任主体を確立しなければならないと訴えた（加藤 一九九五、五四‐五九頁、六二一‐六三頁）。加藤はその際、戦後世代が担うことのできない罪ではなく、恥の感覚に責任を基づけようとしたハーバーマスとの類似性を認めている。[10]

2 経済的および文化的相続論
――厳密な人格同一性と第三者との間に――

〈日本民族としての戦争責任〉あるいは〈同一人格としての日本人による謝罪〉という強いバージョン以外にも、戦争世代と戦後世代のなんらかのつながりに依拠して、後者の戦争責任を引き出そうとする試みがある。このつながりを同一人格に近いものとして想定した場合、戦後世代の責任は①－（1）の負担責任に、第三者に近いものとして把握すれば、①－（2）の負担責任に接近する。いわばこの中間に戦後世代の戦争責任を位置づけようという試みである。

世代間のつながりに依拠する理論の代表例が相続論である。[11] それは大きく二つの観点に分けられる。親による養育や遺産相続、社会インフラの継承という形での経済的恩恵、および政治文化等の文化的遺産（あるいは心性）の継承である。実は家永も、子孫として出生したことによる血の同一性以外に、出生後の肉体的・精神的成長が、戦争世代の形成した社会の「肉体的・精神的諸条件」のなかで行なわれたことを論拠として挙げている。たとえ戦後の状況が激変し、また戦後世代が自らの「創造的努力」によってこの条件を改変し新たに獲得した要素がどれほど大きくとも、戦後世代の「心身」は戦争世代の「生理的・社会的遺産」の「相続」に基づいて形成されたというわけである。家永がここで生理的・社会的遺産を重視するのは、通常の意味での遺産相続と異なり、これらを放棄することが不可能であるという理由による（家永 一九八五、三〇九頁）。ここには、相続論が戦争責任継承の根拠として想定する主な項目、およびそれが含む問題点が未整理ながら提示されている。

経済的恩恵（裏返せば、被害者の子孫が受けてきた経済的不利益）は、一見すると、文化的遺産より数値化しやすいため、戦争責任の相続の根拠として有力である。[12] にもかかわらず、補償量を確定するためには、時間経過を勘案した「系統的・因果的・反実仮想的知識」を駆使した複雑な計算が必要となる（Sher 1980）。また、不利益が利益を上回っている場合は、論拠として成り立たない。[13] これに加えて、家永が軽視した創造的努力も無視できない。すなわち、現在の経済的利益（ないし不利益）のどこまでが戦争世代の不正義の結果で、どこからが戦後世代の自由選択の結果かは決めがたく（川瀬 二〇一一、二五頁）、時間が経過するほど自由選択部分の控除割合が増加するという問題がある。[14] 戦後七十九年を経た現在、この問題は切実である。こうした問題を孕むため、現代の責任論において、過去の加害行為に対する有責責任の追及から、現にある不利益の是正を重視した負担責任への重点移行が起こるのも納得できる（同前、三頁以下および二七頁以下）。

これに対して政治文化については、数値化が一層困難であるという難点はあるが、自動的に目減りしてしまわない継承の可能性があるため、こちらを重視する論者がいる。川瀬（二〇一一、一五頁以下）はこの点に関連して、被害者の子孫への賠償の根拠を、親による経済的恩恵ではなく、社会集団への同一化や愛着を重視したHerstein（2008）の主張を紹介している。[15] 他方、戦後世代の集合的責任の根拠を文化の継承に求めた例としては、ハーバーマスにおける「政治的・知的伝統」などによって先代の生活形式と結びついた「我々の生活形式」への言及を挙げることができる（Habermas 1986, S. 247 邦訳二〇〇頁以下）。ハーバーマスはこのつながりに基づきながら、しかも宿命論に陥ることなく、戦後世代の政治的責任を、「民族全体の良心の痛み」（Habermas 1953, S. 72 邦訳九八頁以下）という形で表出される道徳的次元と結びつけている（三島 一九九四、一三六頁以下参照）。これは、転嫁不可能な個人の罪と集合的責任とを明確に区分したアーレント（Arendt 1964 邦訳三七頁以下、Arendt 1968 邦訳一九五頁以下）と対照的である。興味深いのは、同じく理論上は罪と責任とを区別したヤスパースが、あくまでも心理上の結びつけではあれ、ハーバーマスと似た仕方で、「ドイツ民族」の「精神的な条件」という「伝統の繋がり」と、それに基づく「罪の分担」意識、「胸の痛む思い」という道徳的次元に言及していることである(Jaspers 1967, S. 60 邦訳一三八頁以下)。

日本の戦争責任論争においても、文化的連続性に依拠する論者がいる。たとえば、伊東は、「自分がもし戦前に生まれていたら間違いなく戦争をしていただろうという思い」から、戦後世代としての〈当事者〉意識を引き出している(伊東 二〇一〇、二七五頁)。もちろんこのような当事者意識を持ち得るのは、戦争世代の子孫には限らない。そこで伊東はさらに、「無責任の体系」が、「戦後日本の社会構造やメンタリティにも深く巣食って」おり、その意味で、戦争世代と戦後世代は、「ほとんど同一人物」であるとして、ここに戦後世代の集合的な政治的戦争責任を基づけている(同前、二七七頁)。また、大沼は、「脱亜入欧」に基づく「無限上昇志向」という近代日本を貫通する「基本姿勢」・「思考・行動様式」が今もなお日本人の間に強固に存在すること、かつての武力とは異なる手段によるにせよ、われわれが依然として他民族の人間性に対する侵害者であり続けていることへの気づきから、戦後責任を引き出そうとしている(大沼 一九九七、一二四頁以下)。これらは、アーレントが批判した「道徳的な共犯関係」(Arendt 1964 邦訳三八頁)、すなわち戦争およびそれを支えた文化についての一人称複数の記憶、そしてその記憶との否定的な評価的同一化を論拠とする立場と呼ぶことができる。

私の見る限り、経済的恩恵であれ、文化の継承であれ、相続の事実に依拠するこれらの戦後責任論は、しかしながら二つの問題を抱えている。一つは、政治的責任の集合的主体である国民と、その根拠として持ち出される相続人とのずれである。国民の税金で補償を行なう限り、随意によって日本国民に組み込まれたとは限らないアイヌの人々、沖縄の人々、さらには戦後日本国籍を取得したかつての被支配国の人たち(さらには新たな事情と状況によるニューカマー)も等しく負担を求められる一方で、相続人でありながら国籍離脱した人たちにはこの負担は生じない。しかもこのことは、かつて日本人としてBC級戦犯となった被支配国の人たちが、その後の国籍剝《はく》奪《だつ》により、補償を求める政治的権利を持たないことと表裏の関係にある（石田 二〇〇四、三〇頁、伊東 二〇一〇、一九頁以下）。また、文化継承という観点では、戦争世代の子孫でありかつ日本国籍を有しながらも、負の文化の継承とそれに基づく負担を拒む人たち、あるいはまた、あの戦争を支えた政治文化と肯定的に自己同一化するがゆえに、政治的責任を拒否する人たちもいるだろう。[16] ここにおいて文化相続論は、国民個々に〈正しい相続〉への自覚を促すという規範性を帯びることになる。

もう一つの問題が、とくに文化相続論に関して、相続人のうちの誰に負担を求め、だれを免除するかを議論する中で露呈する。自覚的であれ無自覚的であれ、またトーンはさまざまであるにせよ、〈国民〉とは区別される何らかの〈ナショナルなもの〉への志向である（斎藤 一九九九、八二頁以下）。これは、戦後責任論においては「裏返しになった全体主義国家の責任論」（青山 一九九九、七三頁）という形をとることがあった。さらには被害国民との自己同一化という迂回路を経ることもある（伊東 二〇一〇、七七頁以下）。この結果、論者が互いをナショナリストとして批判しあうという奇妙な事態が生まれる（別所 一九九九、一一八頁）。民族としての人格同一性の復権を戦後世代の政治的責任の出発点としながらも、「ナショナルな国民」から「開かれた国民」への移行を目指した加藤典洋に対して（加藤 一九九五、五八頁）、高橋哲哉が痛烈な批判を浴びせて、「血の同一性」や「日本文化」の継承ではなくあくまでも国籍保有者に定位しようとする一方で（高橋 一九九九、四五頁）、「日本国民の圧倒的多数派を占めてきた「日本民族」系の人々（エスニック・ジャパニーズ）」にこそ政治的責任の負担を求めたために（同前、四九頁）、同じくナショナリストとの批判を浴びることになったのはその一例だろう。[17]

もちろん、われわれがウェストファリア条約によって形成された近代主権国家とその国家人格間の交際という枠組みを踏襲する限りで、さらには、近代国家の多くが nation state を範型として成立したことを考慮すれば、民族や文化共同体を戦争責任の継承のための（少なくとも）出発点に定めることは理解可能である。これに対して、あの戦争を支えた政治文化との否定的な同一化を通じて世界市民主義への移行を訴えることは、理念としては容易である。しかし、在日朝鮮人二世である李順愛が代表して述べるように、彼らが突きつけているのは個人ではなく「日本人としての全体責任」である。そもそも、朝鮮人の民族意識の形成を促したのは、先に民族国家を成立させた日本だったのであり、「他の民族意識を刺激しておいて、問題は未解決のまま」、「日本人であること」「日本国民であること」を単なる「想像の共同体」だとして「知的・観念的に否定」するのは許せないと言う（李順愛 一九九八、二五頁）[18]。むしろ、彼らの訴えに誠実に〈応答 response〉して、「われわれのナショナリズム」を「反省的なもの、他者に対して開かれたもの」（別所 一九九九、一二六頁）にしてゆく必要がある。もちろん、過去の政治文化との一人称的自己同一化とは異なり、第三者による同一化は、前近代的な集団責任実践を想起させる。それにもかかわらず、斎藤が指摘するように、この〈日本人〉という「名指し」の「暴力」を拒めば、他者はますます〈日本人〉という括りを強化するだけだろう（斎藤 一九九九、八八頁）[19]。

実は、レヴィナスを援用しながら、戦後世代の集合的責任を〈応答可能性 response-ability〉として基礎づけようとしたのは、加藤の〈ナショナリズム〉を批判した高橋である（高橋 一九九九、三〇頁以下）。そこで最後に、この〈応答としての責任〉という観点を、〈負担としての責任〉という枠組みと改めて突き合わせることによって、戦後世代の責任の取り方について考えてみたい。

3　応答可能性としての戦後世代の戦争責任
——重層的な〈被害／加害〉の集合的記憶を紡ぐ——

不正や加害行為の有無とは切り離して、〈実体的に〉現存する不利益・不公平の是正を目指す負担責任と、加害に対する被害者からの訴えといった人間関係に基づく〈関係的〉応答責任との間には、責任についての考え方の質的な相違がある。上で言及したように、実際の補償額の算定の困難さという問題に直面して、加害行為への責任から結果の是正責任へと責任のあり方についての考え方がシフトしつつある。このことは、近代的主体がAI・ネットワークシステム全体の中に取り込まれ、埋没する現代社会の状況にもマッチしており、責任についてのわれわれの理解に大きな変容をもたらす可能性がある。負担責任として責任を捉えた場合、責任帰属の実践が、抑止・予防・教育・救済などの未来志向的な目的に傾斜した実践として理解されるようになるという利点がある。他方で瀧川が指摘するように、こうした目的が優先された結果、責任を問う者・問われる者に対する態度が、（極端な場合、自分の子どもを殺害した犯人は殺したいほど憎いというような）「反応的態度」から「客観的態度」へと変容し、責任実践のうち問責・弁明・謝罪などが付随的意義しか持たなくなるかもしれない（瀧川 二〇〇三、一一九頁以下）。このような責任理解が、被害者やその子孫を十分に満足させるものであるとは言いにくい。是正責任のよい例は自動車保険である。あるいは、あの戦争が戦われていた時代の日本やドイツに戦争保険という制度があったことをご存じだろうか。[20] 現在もテロ保険という商品がある（杉山 二〇一五）。その一方で、自動車事故の加害者の代わりに被害者に謝罪するという保険商品は、少なくとも現時点では存在しない。これについて瀧川は、非難・謝罪・反省は、罪を犯した加害者がなしてこそ意味を持つ転嫁不可能な責任実践であり、赤の他人による謝罪はむしろ被害者への侮辱となることすらあると指摘している（瀧川 一九九九および二〇〇三、四五頁）。

瀧川はこのように述べた後で、有責責任を持たない戦後世代を謝罪主体から除外している。赤の他人である戦後世代から謝罪されても、被害者やその子孫は侮辱を感じるだけだろうというわけである。しかしこの点に関して、私は瀧川とは異なる選択肢があると考える。上で述べたような日本民族といった強い自己同一性を前提する立場に立てば、戦後世代に対して、補償という政治的責任を越えて、謝罪を要求することは理論的に可能である

（Miller 2007, p. 158 邦訳一九二頁）。また、完全な同一化（本人）と完全な差異化（第三者）との中間領域で、一定程度の文化的連続性を自認する人が、謝罪主体として自らを規定する可能性もある。川瀬（二〇一一、二八頁）は、加害者の子孫が物質的賠償にとどまらず、謝罪や和解という形で〈象徴的〉賠償を行なうことの意義を認め、戦後世代による謝罪の成功条件についてのD・ミラーの次のような見解に言及している。それによれば、子孫が祖先とまったく異なる信念や価値観を有している場合、子孫の謝罪は空虚に響く。子孫の謝罪が意義を持つためには、もし加害者の立場にあったら、自分たちも不正に手を染めたかもしれないという意識に基づく祖先との「同一化」が必要である。しかし他方で、謝罪は祖先の不正に対する否定的評価、すなわち「非同一化」を前提しており、祖先との自己同一化が強すぎれば謝罪そのものが不可能になる（Miller 2007, p. 157ff. 邦訳一九一頁以下）。[21]

被害者およびその子孫が、戦争世代との強い自己同一性に基づく〈本人〉としての謝罪を戦後世代に求めているとしたなら、戦後世代による謝罪を単に象徴的なものとみなすこの立場は、戦後世代を第三者とみなし、謝罪主体としての措定を拒否する立場と同程度の反発を招くかもしれない。[22]かくして、〈本人〉としての謝罪を求める訴えは限りなく続くことになる。応答責任という責任概念には、とくに戦後世代に対する前近代的集団責任の危険とともに、この終わりなき責任の危惧が付きまとう。その際、加害国の後続世代としての私にできることは、被爆体験証言者として生涯を核廃絶にささげ、二〇二一年四月十日に逝去された故岡田恵美子さんに倣い、[23]〈被害と加害の重層性〉を意識し続けることだろう。[24]「誰もが罪に関与しているとすれば、結局のところ誰もが裁かれえない」とアーレントは語っている（Arendt 1945, p. 126 邦訳一七二頁）。〈みんな被害者だし、みんな加害者だった〉という「ニヒリスティックな相対主義」と、その帰結である全面的無責任に陥ることなく（青山 一九九九、六九頁）、アジアの被害者およびその後継世代とともに、〈重層的な被害／加害〉の集合的記憶を紡ぐことこそ、戦争責任の継承と未来志向的な平和構築の構成条件であり、それゆえ、それ自体がこの責任の一部をなしているのだと思う。

（1） 八月十五日＝終戦とする集合的記憶がいかにして作り出されたのかについてのメディア学の観点からの考察として、佐藤（二〇一四）を参照。

（2） 近年は、近代以前の責任実践よりもさらにさかのぼって、能動態か受動態かという対立図式以前の中動態に着目し、〈主体〉や〈行為〉という概念の発生を探る興味深い言語・哲学的研究も行なわれているが、ここでは割愛する。例えば、中動態に着目して、明確に自由か否か、一〇〇％責任ありか否かを決することができないという事態を理論的に位置づけることを試みた國分功一郎（二〇一七）『中動態の世界――意志と責任の考古学』医学書院、を参照されたい。

（3） 荒井は、一九五〇年代後半の戦争責任論争において、多くの論者がヤスパースの『責罪論』を引照していると指摘し、その理由を、被害者意識が先行していた日本国民が、ちょうどこの時代に自己を政治主体として確立する方法として選んだ「内発的な戦争責任論」が、ヤスパースの形而上的罪概念と共鳴したことに求めている（荒井 一九九五、二〇〇頁以下）。戦後日本における戦争責任論の流れについては同書および石田雄（二〇〇〇）、戦後日本における戦争観の変遷については吉田裕（一九九五）、また、ドイツと日本の戦争責任論の比較については粟屋憲太郎ほか（一九九四）を参照。

（4） ヤスパースは同じ箇所で、道徳的罪の審判者として、自己の良心と並んで「友人や身近な人との、すなわち愛情を持ち私の魂に関心を抱く同じ人間との精神的な交流」を挙げて、個人の責任領域である道徳的次元に隣人の視点を持ち込んでいる。このことは、カント倫理学では不可能であると同時に、カントとは異なってヤスパースが道徳的次元にとどまらず形而上的次元を必要とした理由ともなっているように思われる。

（5） ヤスパース自身は厳密には集団的罪には分類していないが、あの戦争における集団的刑事犯罪を論じている箇所がある。ヤスパースは、必ずしもすべてのドイツ人が刑事犯罪のゆえをもって処罰されなければならないわけではなく、ナチズム的な活動をした罪の贖いをしなければならないのはむしろ少数のドイツ人だと述べている（Jaspers 1967, S. 55f. 邦訳一二七頁）。そして、ニュルンベルク国際軍事裁判で平和に対する犯罪・戦争犯罪・人道に対する犯罪への責任を問われたのは、これら犯罪の共同計画または謀議の立案または遂行に関与した首謀者、組織、教唆者および参加者であり、彼らは、彼らのうちの誰かが犯したすべての行為に対して、その関与度による相違はあれ、この犯罪集団に帰属しているというだけで共同の責任があるとしている（Jaspers 1967, p. 26f. sowie 37 邦訳六七頁以下および八八頁）。しかしここではこの問題にこれ以上踏み込まない。

（6）ヤスパースは、「虚構を用いてものごとを考える集団的な考え方に反対する。すべて現実的な変化は個人個人を通して行なわれ、個人のうちに、多数の個人のうちに現われる」と述べて、最終的にはその実存主義者としての立場を堅持している（Jaspers 1967, S. 78 邦訳一七五頁）。

（7）この点は、任意でない集団帰属によって政治的責任を基礎づけようとするアーレントと対照的である。ただしアーレントは、特定の政治共同体からの離脱を否定しているわけではない。アーレントが、だれ一人として政治的責任を逃れることはできないと述べるときに否定しているのは、難民などを除き、かならずいずれかの国家に属するしかないという意味での国際的政治システムからの離脱の可能性である（Arendt 1968, p. 149f. 邦訳一九七頁以下）。

（8）家永の戦争責任論は、ただし、戦争責任論争の歴史において重要な意味を持っていた。石田によれば、戦後、東京裁判などを通じて占領軍によって制度的に作られ、そして、日本人の多くが加害責任を一部の人々に押し付けて自らは被害者として位置付けてきた時期の戦争責任意識を見直し、自らの戦争責任を反省するという一九五〇年代後半の動きを背景としていた（石田 二〇〇四、一七五頁以下）。つまり、家永の戦争責任論は、ヤスパースの戦争責任論への共感を生み出したのと同じ時代背景を持っていたのである。

（9）石田によれば、冷戦終結とともに、アメリカが反共権威主義政権を支援する必要がなくなったことによってアジア諸国の民主化が進み、日本の経済援助に配慮して黙していた声が表面化した（石田 二〇〇四、一九八頁以下）。

（10）加藤（一九九八）三六頁以下を参照。ただし、加藤が自らとの類似性を見て取っているのは、より正確には、ハーバーマスがアウシュヴィッツに対する恥ではなく、アウシュヴィッツ以後になって、アウシュヴィッツという悪とそれによる自己破砕を通じてしか、世界普遍的な原理を持つ戦後憲法を手に入れることができなかったという「ねじれ」に対する恥の自覚に、戦後世代の責任根拠を求めている点である。

（11）以下、相続論に関する本稿の叙述は、その多くを川瀬（二〇一一）による詳細な論説に依拠している。

（12）戦後世代の補償責任の根拠を揺るがす論点として、被害者の後続世代の「非同一性問題」がある。子どもがこの世に生を受ける前に親が受けた過去の不正が行なわれなければ、その子どもが生まれ出ることもなかったかもしれない。その場合、今とは違ったどのような境遇にあったかを語ることに意味がなくなる。子どもは過去の不正から不利益を被っておらず、それどころか、生まれたことは生まれなかったことより善であるから、それを是正する権限がない、あるいは少なくとも軽減されるという論点である。Sher（1980）はこれに対して、親が被った不正が是正されなかったことによって、子どもが新たな不利益を被っているという「不正の連鎖」論によって、過去の不正との間接的つながりを保持しながら、非同一性問題を回避しようと試みている。

（13）瀧川（一九九九）参照。Cohen（2009）は、「不正の連鎖」論が成り立つための条件として、子どもの養育という親の自然的義務を挙げている。その一方で、子どもの福祉が、この義務にかなう水準を越えている場合には、請求権が消滅する可能性を認めている。

（14）Sher（2005）は、本人の努力による状況改善という側面だけでなく、本人の不作為による結果という側面にも言及している。そして、権利という概念を用いて、回復されるべき権利を、不利益を生み出した行為がなかった場合に獲得できたかもしれないすべての権利ではなく、これらの権利を得るための基本的な機会に対する権利へと限定している。さらに、世代を経るごとに、移転可能な権利がさらに低減していくと論じている。

また、Levin（1984）は、財に替えて能力に着目した上で、能力形成プロセスの複雑さと人格のアイデンティティとの強い結びつきから、過去の不正がなければ獲得できていたかもしれない能力、さらにはその能力によって獲得できたかもしれないものの算定の困難さを指摘している。

（15）Herstein（2008）は、不正による不利益の遅延および連鎖の中断というケースでは「不正の連鎖」論が有効でなくなること、過去の歴史的不正とのつながりを単に間接的なものとしている限り、歴史的不正（を行なった人）に対して、後続世代は謝罪、象徴的ジェスチャー、和解、真実を語ることといった形での救済策を要求できないという点で「不正の連鎖」論が直感に反していることを指摘している。そのうえで、歴史的正義の主張が、ほとんどの場合、不当な扱いを受けた集団や個人の子孫である集団のメンバーによって行なわれるという事実を踏まえて、後続世代が歴史的不正の是正を直接要求する根拠として、集団の持続的同一性、すなわち先祖である被害者とその後続世代との共同体的絆を挙げている。さらには、歴史的不正がこのような共同体的アイデンティティを形成する働きも持つと指摘している。また、この共同体的アイデンティティという視座は、個人レベルでの非同一性問題を集団レベルで回避できる、あるいは、個人レベルではむしろ利益を得ている場合にも集団としては不利益の是正を要求できるという利点も持つ。被害者の後続世代のアイデンティティと加害者の後続世代のアイデンティティとの連関については、後述する。

(16) これとは反対に、個人は共同体の過去に「誇り」を持っている場合に限って責任を負うとする「誇り論」とそれに対する批判については、瀧川(一九九九)を参照。

(17) このすぐあとで言及する李順愛(一九九八)が紹介している、高澤秀次「「歴史主体」論争をめぐる対話」(『発言者』四四、一九九七-十二、五八-六二頁)による高橋批判がその例である。なお、加藤の『敗戦後論』に発する一連の戦後責任論争の秀逸な分析として、伊東(二〇一〇)を参照。

(18) 酒井直樹はその著『死産される日本語・日本人』(講談社学術文庫、二〇一五年)において、近代国家・国民・国語が成立する過程において、いわば玉突き原理によって〈日本国〉〈日本国民〉〈日本語〉が同時発生的に生じたと論じている。ただしこの観点を、先行する欧米の近代化、あるいは歴史的必然性への責任転嫁として受け止めるべきではなかろう。

(19) こうしたよいナショナリズムと悪いナショナリズムへの二分法が、「東」「西」のナショナリズムという区別と重ね合わされた場合の問題点について、塩川は、いずれのナショナリズムも普遍主義的要素と特殊主義的要素を含んでおり、程度の差ではあれ危険な要素(およびそれほど危険でない要素)を内包していると指摘している(塩川 二〇〇八、一八二頁以下)。本稿の趣旨は、よいナショナリズムに安易な期待を懐くことではなく、少なくとも現時点ではナショナリズムという現実を出発点に格闘するしかないという点にある。

(20) 船舶戦争損害保険の歴史、免責要件等の変遷についてはVicente(1995)を参照。「戦争保険」(物損)および「戦争死亡傷害保険」(人損)を二つの柱として導入され、戦況の悪化と敗戦とによるインフレの激化のために、瞬く間に灰燼に帰してしまった日本の戦争保険をめぐる顚末については、社団法人生命保険協会編集・発行(一九七一)『昭和生命保険史料第四巻　戦争期(二)』を参照。

(21) もちろん、象徴的謝罪がまさに象徴としての意味を持つのは、たとえば一九九五年八月に村山富市総理大臣が〈戦後五〇周年の終戦記念日にあたって〉と題する声明を、閣議決定をへたうえで発表した、いわゆる村山談話のようなケースである。

（22） Herstein（2008）は、「不正の連鎖」論では、被害者の後続世代は歴史的不正とは間接的関係しか持たないため、加害者の後続世代は、歴史的不正そのものへの謝罪ではなく、その不正の結果である不利益を是正しなかったことに対する謝罪しかできないことになり、そのような謝罪は空虚に響くだろうと述べている。戦争世代との部分的自己同一性に基づく謝罪も、その間接性ゆえに、被害者の子孫、加害者の子孫双方にもどかしさがぬぐえない。

（23） 岡田恵美子さんは、二〇一七年に核兵器廃絶国際キャンペーン（ＩＣＡＮ）がノーベル平和賞を受賞した際、その授賞式に被爆者代表として招かれた被爆証言者である。広島大学文学部では、一年生を対象に、毎年岡田さんによる被爆体験講話を行なっていただいていた。

（24） 荒井によれば、日本の戦争における〈被害と加害の重層性〉を問うという構図、すなわち日本の原爆被害に対してパール・ハーバーやアジアにおける加害の事実を対置するというパターンは、原爆投下直後から主張されていた。一九七〇年代の後半以降、反核運動の世界的高揚の中で核兵器の抑止力としての妥当性に疑いが向けられた際、原爆投下によって救われた人命数を誇張して示して対抗する議論があった。さらに、スミソニアン航空宇宙博物館の原爆投下に関する展示計画においても、原爆による日本側の被害が強調されすぎているとの不満が沸き上がり、博物館側も南京虐殺事件や日本軍の捕虜虐待などについても展示に加えることを検討していたが、一九九五年に中止に追い込まれるに至った（荒井 一九九五、二一五頁以下）。

このように政治的に利用された〈被害と加害の重層性〉とは異なる展開として、石田は、被害者意識から脱して戦争責任の主体としての自覚が芽生えた一九五〇年代後半に続く一九六〇年代半ばから一九七〇年代前半までに、ベトナム戦争において日本の基地が利用されるという形で、自らが加害者の立場にあることへの意識が芽生えたという背景を紹介している（石田 二〇〇四、一八二頁）。

引用・参照文献

青山治城（一九九九）「戦争と責任」安彦一恵・魚住洋一・中岡成文編『戦争責任と「われわれ」――「「歴史主体」論争」をめぐって』ナカニシヤ出版。

安彦一恵・魚住洋一・中岡成文編（一九九九）『戦争責任と「われわれ」――「「歴史主体」論争」をめぐって』ナカニシヤ出

版。

荒井信一（一九九五）『戦争責任論――現代史からの問い』岩波書店。

粟屋憲太郎・田中宏・三嶋憲一・広渡清吾・望田幸男・山口定（一九九四）『戦争責任・戦後責任――日本とドイツはどう違うか』朝日新聞社（朝日選書）。

家永三郎（一九八五）『戦争責任』岩波書店。

石田雄（二〇〇〇）『記憶と忘却の政治学――同化政策・戦争責任・集合的記憶』明石書店。

李順愛（一九九八）『戦後世代の戦争責任論――「敗戦後論」をめぐって』岩波ブックレット。

伊東祐吏（二〇一〇）『戦後論――日本人に戦争をした「当事者意識」はあるのか』平凡社。

大沼保昭（一九九七）『東京裁判から戦後責任の思想へ』東信堂。

加藤典洋（一九九五）『敗戦後論』筑摩書房（ちくま学芸文庫、二〇一五年）。

加藤典洋（一九九八）『戦後的思考』講談社（講談社文芸文庫、二〇一六年）。

川瀬貴之（二〇一一）「〈論説〉国民国家の集団的責任と過去の不正義の補償」『千葉大学法学論集』二六（三）。

木坂順一郎（一九九三）「アジア・太平洋戦争の呼称と性格」『竜谷法学』二五（四）、三八六－四三四頁。

國分功一郎（二〇一七）『中動態の世界――意志と責任の考古学』医学書院。

斎藤純一（一九九九）「政治的責任の二つの位相」安彦一恵・魚住洋一・中岡成文編『戦争責任と「われわれ」――「「歴史主体」論争」をめぐって』ナカニシヤ出版。

酒井直樹（二〇一五）『死産される日本語・日本人』講談社学術文庫。

佐藤卓己（二〇一四）『増補　八月十五日の神話――終戦記念日のメディア学』ちくま学芸文庫。

塩川伸明（二〇〇八）『民族とネイション――ナショナリズムという難問』岩波新書。

社団法人生命保険協会編集・発行（一九七一）『昭和生命保険史料　第四巻　戦争期（二）』

杉山優紀（二〇一五）「米国テロリズム保険制度の動向――ＳＯＭＰＯ未来研究所」『損保ジャパン日本興亜総研レポート』六六、二－二〇頁。

高橋哲哉（一九九九）『戦後責任論』講談社。

瀧川裕英（一九九九）「個人自己責任の原則と集合的責任」井上・嶋津・松浦編『法の臨界Ⅲ　法実践への提言』東京大学出版会。
瀧川裕英（二〇〇三）『責任の意味と制度——負担から応答へ』勁草書房。
別所良美（一九九九）「「日本人として」謝罪する論理」安彦一恵・魚住洋一・中岡成文編『戦争責任と「われわれ」——「「歴史主体」論争」をめぐって』ナカニシヤ出版。
三嶋憲一（一九九四）「ドイツ知識人の果たした役割」粟屋憲太郎・田中宏・三嶋憲一・広渡清吾・望田幸男・山口定『戦争責任・戦後責任——日本とドイツはどう違うか』朝日新聞社（朝日選書）。
山口定（一九九四）「二つの現代史——歴史の新たな転換点に立って」粟屋憲太郎・田中宏・三嶋憲一・広渡清吾・望田幸男・山口定『戦争責任・戦後責任——日本とドイツはどう違うか』朝日新聞社（朝日選書）。
吉田裕（一九九五）『日本人の戦争観——戦後史のなかの変容』岩波書店。
Arendt, Hannah（1945）"Organized Guilt and Universal Responsibility," in Jerome Kohn（ed.）, *Essays in Understanding: 1930–1954*, 1994, pp. 121–132.（初出：*Jewish Frontier*, No. 12, 1945, Original Title = German Guilt)（ハンナ・アレント（二〇〇二）「組織的な罪と普遍的な責任」斎藤ほか訳『アーレント政治思想集成１　組織的な罪と政治的な責任』みすず書房）
Arendt, Hannah（1964）"Personal Responsibility Under Dictatorship," in Jerome Kohn（ed.）, *Responsibility and Judgement*, New York：Schocken Books, 2003, pp. 17–48.（ハンナ・アレント（二〇〇七）「独裁体制のもとでの個人の責任」『責任と判断』ジェローム・コーン編・中山元訳、筑摩書房）
Arendt, Hannah（1968）"Collective Responsibility," in Jerome Kohn（ed.）, *Responsibility and Judgement*, New York：Schocken Books, 2003, pp. 147–158.（ハンナ・アレント（二〇〇七）「集団責任」『責任と判断』ジェローム・コーン編・中山元訳、筑摩書房、二〇〇七年）
Cohen, Andrew（2009）"Compensation for Historic Injustices-Completing the Boxill and Sher Argument," in *Philosophy & Public Affairs*, 37（1）, Winter 2009, pp. 81–102.
Feinberg, Joel（1968）"Collective Responsibility," in *The Journal of Philosophy*, 65（21）, pp. 674–688.
Habermas, Jürgen（1953）"Mit Heidegger gegen Heidegger denken：Zur Veröffentlichung von Vorlesungen aus dem Jahre

1935," in《Frankfurt Allgemeine Zeitung》, 25.7.1953. Jetzt in Jürgen Habermas（^{3}1981, 1971）*Philosophisch-politische Profile*, Frankfurt a. M.: Suhrkamp, 1971, ^{3}1981, pp. 65–72.（J・ハーバーマス（一九八四）『哲学的・政治的プロフィール――現代ヨーロッパの哲学者たち（上）』小牧治・村上隆夫訳、未來社）

Habermas, Jürgen（1986）Vom öffentlichen Gebrauch der Historie, in «ZEIT» Nr. 46/7. November 1986. Jetzt in: Rudolf Augstein, Karl Dietrich Bracher und Martin Broszat（1987）*Historikerstreit: Die Dokumentation der Kontroverse um die Einzigartigkeit der nationalsozialistischen Judenvernichtung*, Piper, 1987.（J・ハーバーマス［ほか］（徳永恂［ほか］訳）『過ぎ去ろうとしない過去――ナチズムとドイツ歴史家論争』人文書院、一九九五年）

Herstein, Ori（2008）"Historic Justice and the Non-Identity Problem: The Limitations of the Subsequent-Wrong Solution and Toward a New Solution," in *Law and Philosophy*, 27, pp. 1–24.

Jaspers, Karl（1967）*Die Schuldfrage. Von der politischen Haftung Deutschlands*, München, 3. Aufl. 2019.（カール・ヤスパース（二〇一五）『われわれの戦争責任について』橋本文夫訳、筑摩書房）

Levin, Michael E.（1980）"Reverse Discrimination, Shackled Runners, and Personal Identity," in *Philosophical Studies: An International Journal For Philosophy in the Analytic Tradition.*, 37–2, pp. 139–149.

Locke, John（^{2}1694）*An Essay concerning Human Understanding*, in *The Works of John Locke, in Nine Volumes*, vol. I, London, printed for T. Longman and Others, 1794.

Miller, David（2007）*National Responsibility and Global Justice*, 2007, Oxford UP.（デイヴィッド・ミラー（二〇一一）『国際正義とは何か――グローバル化とネーションとしての責任』富沢克ほか訳、風行社）

Sher, George（1981）"Ancient Wrongs and Modern Rights," in *Philosophy & Public Affairs*, 10, p. 3–17.

Vicente, Carmen（1995）"War Risk Insurance," in *Revue Juridique NEPTUNUS*, 1.4., Winter/hiver, pp. 1–19.

【付記】本研究はＪＳＰＳ科研費 JP22K00013 の助成を受けたものです。

第12章　和解に向けた信頼の可能性

奥田秀巳

1　不和、和解、信頼

和解には、当事者の間（二者間）に〈不和〉の状況が前提とされる。一般に不和とは、互いが相手に対して疑いを持ち、相手のことを信頼することができない状況、つまり相互不信の状況のことを言う。これに対して和解とは、不和に陥った状況から相互に相手のことを信頼することができるようになった状況のことを言う。不和と和解をこのように考えるのであれば、相互に相手を信頼できる状況が継続的に期待できる場合、われわれはそうした関係のことを信頼関係と呼ぶことができるだろう。

しかし、ここで言う〈信頼〉とはどのような現象なのだろうか。またこの〈信頼〉は、〈不和〉や〈和解〉、そして〈信頼関係〉とどのような関係にあるのだろうか。本論は、信頼を考えることを通して、信頼が不和や和解、そしてその延長線上にある信頼関係といかなる関係にあるのかについて考察する。また、不和が和解へと変化し、その継続的関係である信頼関係に至るために必要となる〈和解に向けた信頼〉の可能性について考察する。

2　ルーマンの信頼論

信頼という言葉は多義的な言葉であるが、ここではまず不和や和解といった状況に直接妥当する信頼および信頼関係について考察するために、相互関係における信頼および信頼関係に状況を限定して考えることにしよう。しかし、相互関係における信頼および信頼関係について考えるといっても、信頼とは一般にいかなる態度であるのか、まずこれが明らかにされなければならない。そもそも信頼とはいかなる態度であるのか、これが明らかにならなければ、相互関係における信頼および信頼関係を考えることはできないだろう。

これまでに信頼を考える際にもっとも言及されてきたテキストは、ニクラス・ルーマンの『信頼』であろう。本稿も、まずこの『信頼』を手がかりにして話を進めることにする。ルーマンは、信頼を「複雑性の縮減（Reduktion von Komplexität）」という言葉で説明している。簡潔に言えば、ここで言う複雑性とは、世界における膨大な可能性のことである。さらに縮減とは、こうした膨大な可能性を、一部を除いて考慮に入れないことを意味している。つまりルーマンの言う信頼とは、世界に存在する膨大な可能性のうち、特定の可能性以外の可能性を考慮に入れない態度のことを意味している。

しかしながら、ここで言う〈特定の可能性以外の可能性を考慮に入れない態度〉とは具体的にはどのような態度なのだろうか。ルーマンは信頼を次のように説明している。

信頼（Vertrauen）は常に、ある際どい選択肢にかかわるのであり、この際どい選択肢においては、信頼を実際に示して得られる利益よりも、信頼が期待はずれに終わったときの損失のほうが大きいのである。従って

信頼する者は、過大な損失の可能性を前にして、他者の行為の選択性を自覚し、そのうえで他者に向かい合うのである。(1)

ここでルーマンが述べているのは、信頼とはあくまでわれわれの選択的なレベルにおいて成立する態度であるということである。ルーマンはこの選択的なレベルでの信頼を説明するために、ベビー・シッターの例を挙げている。ベビー・シッターを雇う母親は、彼女の子どもに対してベビー・シッターが優しく接してくれるであろうことを期待し、ベビー・シッターのことを信頼する。ルーマンの言う信頼とは、その際ベビー・シッターが自分の子どもに対して優しく接しないという不利益の可能性を考慮したうえで、ベビー・シッターに子どもの世話を任せるような態度を意味している。

このようにルーマンは信頼という概念を主体の行為の意図のもとで生じるものとみなし、それを行為（Handlung）の構造のうちに位置付ける。ただし、ルーマンが信頼を選択的なレベルに位置付けたとはいっても、ルーマンにおける信頼が合理的な損得勘定に基づいた態度であるとみなされてはならない。ルーマンの言う信頼とはわれわれが合理的な推論に時間を割けないからこそとられる戦略なのであり、賭けの要素を多く含んだ態度である。上述のベビー・シッターの例においても、ルーマンは、ベビー・シッターのことを詳細に調べたうえで（さらにはベビー・シッターを派遣する会社のことを調べたうえで）ベビー・シッターに子どもを任せるといった状況を想定しているわけではない。ルーマンは、長期的な戦略ではなく、ベビー・シッターについての情報が十分でなくでも、自分がこれから向かわなくてはならない仕事を優先して子どもを任せるような状況を想定している。(2)

こうした未確証な情報のもとで行為の選択を行なう信頼は、将来に対して、過去の情報をもとにした情報の拡張を行なうことによって成立している。このような信頼の特徴を、ルーマンは情報の過剰利用（überziehen）と呼んでいる。つまり、将来起こることは明確にはわからないのだが、これまでに得た過去の情報をもとにして（これまでに子どもを任せたベビー・シッターは問題を起こさなかった）或る特定の将来を期待する（だから今回のベビー・シッターも大丈夫だろう）ことが、ルーマンの言う信頼である。

3　信頼と慣れ親しみ

しかし、こうしたルーマンの言う選択レベルでの信頼が、われわれが検討する相互関係における信頼に常に当てはまるかというとそうではないだろう。われわれは他者と向かい合うとき、ほとんどの場面で非意識的に他者に対して一定の信頼を置いているし、さらに親しい友人や家族に対しては、われわれは信頼する、信頼しないといった意識的な選択を経ることなしに、また相手に裏切られる可能性を考慮することなしに、相手を信頼しているのである。

たとえば不和の状況に、ここまでに考察してきたルーマンによる信頼の概念を当てはめて考えてみるとどうだろうか。われわれは何も不和に陥る可能性を事前に意識したうえで選択的に相手と関係を結ぶわけではない。むしろわれわれは往々にして相手のことを信頼していることすら意識していないような、相手に対する確信に近い信頼が疑わしいものとして表面化することによって、不和の状況に至るのである。そして、こうしたこれまで疑ってもいなかった関係が問題として表面化した場合にこそ、和解は困難なものになる。なぜなら、そうした自明視された関係においては、致命的な不和が起こる以前に、代替となる可能性を想定していない、あるいは、代替となる可能性を想定できない、他に選択肢のない関係であるからである。

こうした不和の特徴を踏まえて相互関係における信頼を考えるのであれば、ルーマンが想定したような選択的レベルでの信頼だけではなく、そうした選択的な信頼を成立させる存在論的な前提についても考察することが必要であろう。つまり、われわれが疑いを差し挟むことのないような、〈日常的な前提を形作る信頼〉についての考察を踏まえた形で、相互関係における信頼が検討されなければならない。

ルーマンは『信頼』において、上述した選択的な信頼を可能にするための信頼についても論じている。ルーマンはこうした選択的な信頼を可能にする信頼を「慣れ親しみ（Vertrautheit）」という概念で説明している。ルーマンによれば、信頼と慣れ親しみは主題とする時間によって区別される。前述したように信頼は将来を主題にしている。未確定の将来に向けて、これまでに得た情報をもとにして複雑性の縮減を図る態度が信頼である。これに対して、慣れ親しみは過去を主題にしている。これまでに得られた情報をもとにして、世界のあり方を自明視する態度が慣れ親しみである。

この慣れ親しみという概念は、ルーマンの『信頼』以前にすでにマルティン・ハイデガーの『存在と時間』のうちにみられる。ハイデガーはわれわれの存在（何かが〈ある〉ということ）を自明視するあり方を慣れ親しみと呼ぶ。ルーマンの慣れ親しみという概念は、このハイデガーの慣れ親しみ概念に類似したものである。ルーマンは、ハイデガーとは異なり、存在を主題にして論じているわけではないが、慣れ親しみをわれわれの世界のあり方を自明視する態度を表わす概念として示している点は類似している。したがってルーマンは、信頼が行為の構造のうちにあるのに対して、慣れ親しみは実存（Existenz）の構造のうちにあるとしている。

たとえば慣れ親しみを具体的に説明するなら、あなたが今そこに座ってこの原稿を見ていること、このことがすでに慣れ親しみという態度を示していると言えるだろう。あなたがどこかの部屋でこの原稿を読んでいるとして、今座っている部屋が突如として崩壊するといった可能性について考えたりはしていないだろうし、突然誰かが部屋に入ってきてあなたに飛びかかってくる（！）といった可能性を考えてはいないだろう。こうしたわれわれの世界のあり方を自明視した態度をルーマンは慣れ親しみと呼ぶ。

4　人間関係における信頼

こうした自明視された相互関係から生じる致命的な不和の状況を考えるためには、ルーマンによる行為レベルでの信頼に関する考察だけではなく、行為レベルでの信頼を可能にし、われわれの自明視された世界を構成する、ルーマンの慣れ親しみに関する考察も踏まえたうえで信頼について考えるべきだろう。また、ルーマンの信頼論はそもそも人格的信頼（人間関係における信頼）のみを対象にして考察されたものではなく、社会システムに対する信頼についての考察を念頭に置いたものである。こうした理由からも、ルーマンの信頼論は信頼という態度一般について考える際にはわれわれに十分な手がかりを与えてくれるが、相互関係における信頼を考えるためにはさらなる手がかりが必要となる。相互関係における信頼を考察するためには、あくまで信頼する対象として他者の存在を前提とした態度が考察されねばならないのである。

さて、先ほど〈自明視された人間関係〉と述べたが、われわれは何も親しい関係にある人だけではなく、見ず知らずの人に対しても、一定の態度が取られることを自明視して生活している。もしわれわれが見ず知らずの他人に対して何の信頼も抱きえないならば、われわれの日常生活はあらゆる場面で困難に直面することになるだろう。

信頼がこうしたわれわれの日常生活の基盤であることを主張した人物として、和辻哲郎が挙げられる。和辻は『倫理学』において「人間の行為は一般にこのような信頼の上に立っている」と主張する。

このような信頼がいかに普通に行われているかを知るには、ただ日常生活を見回しさえすればよい。家族や友人というごとき密接な共同態においては言うまでもないことであるが、最も連関の希薄な街上の生活においてさえもそうである。人々は何ら防衛の心構えなしに人込みの中を歩いている。この見ず知らずの人々が自分と同じく他に対して何らの害意をも持っていないということを信頼していればこそ、彼らは安んじて、隙だらけの態度をもって歩くことができるのである。(3)

和辻のこうした信頼についての見解が、彼の〈間柄的存在としての人間〉という見方に基づいて示されていることは明らかである。つまり和辻にとって、人間の行為は常に他者との関係性の中で考えられねばならないのであり、したがって、他者との人間関係を可能にする信頼は、人間の行為の基礎であるということになる。こうして和辻は信頼を「人間存在の根本理法」であると主張する。

和辻の信頼論がルーマンのそれと異なるのは、和辻が信頼を「相手」とみなしうる人間との関係の中で起こるものだと考えている点である。和辻にとって信頼はあくまで人間関係の諸相を表わす事態であり、信頼に応答することができない〈人間〉以外の動物や、機械などの無生物は、信頼関係を結ぶ「相手」からは除外される。したがって和辻の言う信頼とは、信頼を呼びかけることができ、そしてその呼びかけに対して〈応える〉、〈応えない〉を判断することができる人間同士の間で成立する。

周知の通り、こうした「人間存在の根本理法」である信頼を、和辻は自らの倫理思想の核に据えた。和辻によれば、善とは、人間存在の「まこと」を生じることである。ここで言う「まこと」とは、「信頼関係においてその信頼に応え、またその信頼に値するように行為すること(4)」を意味している。

しかしこうした和辻の信頼論は、大きな問題をはらんでいる。というのも、信頼に応えることが善ではないような場面が容易に想像されるからである。たとえば銀行強盗の仲間同士の麗しい（？）信頼関係は善であると言えるだろうか。こう考えると、確かに信頼に応えることによって、善が生じる場合もあるが、いついかなる状況でも信頼に応えることが善であるというわけではないだろう。

ただし、和辻はこうした問題点を十分に自覚していた（上述した銀行強盗の例は『倫理学』において和辻自身によって挙げられているものである）。したがって和辻は、「まこと」のあり方は他者との関係性によって異なるとした。

このことはしかし人間存在の真相がそれぞれの信頼関係に応じて特殊的な起こり方をすることを意味するのであって、「まこと」がどこでも同じ形態を持つというのではない。（……）たとえば街上の通りがかりの関係においては、家族の間とか親友の間とかのごとき信頼関係は存せぬ。だからある人が通りがかりの未知の人に対して相手の打ち明けもせぬ苦しみに参与し、そのために献身的に努力しようと働きかけたとしても、それは「まこと」を尽くすことにはならない。相手はかかる人を気味悪く感じ、かかる行為を狂気とみるであろう。[5]

このように和辻は「まこと」が他者との関係性によって異なる生じ方をすることを指摘したうえで、様々な関係性における「まこと」のあり方を考察していく（『倫理学』第三章）。こうした和辻倫理学における信頼概念は、ルーマンのような〈特定の可能性を期待する態度〉を意味するのではなく、〈各々が果たすべき役割を果たすだろうという期待〉および〈その役割期待に応えるだろうという期待〉を意味している。[6]

この和辻が示した様々な関係性における「まこと」の内容の妥当性はここではひとまず置いておくとして、少なくとも和辻の信頼論からわれわれが手がかりにできるのは、相互関係における信頼は、信頼に対して自由意思により応える、応えないという反応を示すことができる「相手」との関係においてなされる態度であるということである。こうした自由意思により応える、応えないといった反応を示すことができる「相手」との相互関係における信頼には、ルーマンが論じた信頼と何か異なる特徴があるのだろうか。

5　信頼とその存在論的前提

さて、和辻の信頼論を考察することを通して、相互関係における信頼が応える、応えないをなすことができる「相手」との間で生じる態度であるということを確認した。こうした相手の応答を前提とした相互関係における信頼は、信頼する相手に対して何らかの要求をしていると言える。デンマークの神学者であるK・E・レグストルプは、一九五八年に著わした『倫理的要求』において、信頼の相手に対して〈要求する〉という特徴について考察している。

人間生活の土台である信頼と自己の明け渡し〔self-surrender〕は、信頼が乱用されたときにのみ発見されるというわけではない。(……)ここでの奇妙な点は、〔個人間の〕対立が純粋に個人的な期待〔expectation〕が他者によって実現されないということを原因としているものだとしても——たとえ他者のふるまいに対する道徳的非難がまったく要点と無関係であり、つまり、非難それ自体が明らかに非合理的だとしても——それは道徳的告発の形式をとるということである。これはなぜなのか。(……)はっきりと表現されたものであるのか、それとも沈黙によるものであるのか、その〔期待を表現する〕形式が何であれ、期待はそれ自体他者が期待を実現するということを前提としている。これはつまり、期待を明らかにすることは、ある人〔期待する人〉はすでに他者に対してその人自身を明け渡している――たとえあらゆる期待が実現されることが確かであったとしても――ということなのである。[7]（〔 〕は引用者による）

レグストルプは、信頼を相手に対して特定の道徳的な態度を期待することであると考える。そしてこうした信頼に含まれている期待には、「自己の明け渡し」という特徴があると指摘する。つまり、ここでレグストルプが述べているのは、信頼とは他者に対して信頼に応えることを暗黙的に責任を伴った形で要求する態度であるということである。この意味で信頼とは他者に自らに対する倫理的な対応を要求する態度である。

こうしたレグストルプによる考察を踏まえれば、相互関係における信頼とは、信頼によって期待するものが得られるかどうかを相手の自由意思にゆだねることによって相手に暗黙的に責任を与え、信頼に応えるという形で、倫理的な対応を要求することなのだと言える。

こうした暗黙的な責任の付与は、ルーマンの信頼論における「信頼」「慣れ親しみ」のどちらにも内包されていると言えるだろう。たとえば、あなたがどこかのレストランで食事をしているとき、あなたは近くに座っている見知らぬ人に、自らの食事を邪魔されることなく、同じ空間で食事の時間を過ごすことを暗黙裡に要求しているのだと言えよう。換言すれば、あなたはその空間を共有できる可能性を、その場を共有している他者にゆだねているのである。

しかしながら、こうした要求がいつも叶えられるとは限らない。相互関係における信頼を考えるうえで重要なのは、信頼する対象が自由意思を持った他者である点である。したがって相互関係における信頼は、他者の自由意思による裏切りの可能性を常に内包している。こうした相互関係における信頼を確保しているのは、他者の未確証の〈応答可能性〉である。つまり、相互関係における信頼とは、相手の未確証の応答可能性に依存した、裏切りの可能性を含んだ〈賭け〉なのである。しかし、なぜわれわれはこのような賭けを、その背景にある裏切りのリスクを勘案することなく行なうことができているのだろうか[8]。

こうした賭けをわれわれが日常的に行なうことができる理由を考えるためには、ルーマンの「慣れ親しみ」の概念を存在論的に考察する必要がある。たとえばアンソニー・ギデンズは、ルーマンの言う信頼や慣れ親しみを可能にする存在論的前提を「存在論的安心〔ontological security〕」という概念で説明している。この存在論的安心という概念は、すでにギデンズ以前に心理学者のR・D・レインが用いており、レインは精神分析の領域に実存思想の枠組みを援用し、統合失調症について分析した人物として知られている[9]。ギデンズは、このレインによる考察や、エリク・エリクソンの基本的信頼〔basic trust〕の概念、あるいは現象学的社会学の成果に言及しつつ、存在論的安心について説明している。

実践的意識は、すべての文化における広範囲な人間の活動を特徴づける、存在論的安心という感覚の認知面や情緒面での支えである。存在論的安心という概念は実践的意識の暗黙的な特徴、あるいは現象学的には、日常生活での「自然的態度〔natural attitude〕」によって前提にされている「括弧入れ〔bracketing〕」に密接に結びついている。日々の行為や言説のほんのちょっとしたことにみえるものの裏側には、混沌が潜んでいる。しかも、この混沌は単なる無秩序ではない。事物や他者についての現実感そのものの喪失である[10]。

つまりギデンズの言う存在論的安心とは、世界一般に対する安心感であり、自らが存在するということについての安心感のことである。こうした存在論的安心は、幼児期の養育者との関係において生成され、日常生活における（ルーマンの言う信頼および慣れ親しみを含んだ広義の）信頼の成就によって再帰的に維持・強化されると考えられる。この基礎的な安心感が、われわれの他者の応答可能性という未確証なものに対する信頼を基礎づけているのである。

6　和解に向けた信頼

これまでにわれわれは、信頼という態度と、人間関係における信頼、そしてそうした相互関係における信頼を基礎づける安心感について考察してきた。こうした相互関係における信頼についての考察は、当事者の間（二者間）における不和と和解にどのように関係するのだろうか。

すでに述べたように、不和とは一般に、互いに相手に対して不信を抱いている状態を意味する。こうした相互不信の状況を考えるうえでは、もう一度ルーマンの信頼論に立ち返って考えてみることが必要である。なぜなら、ルーマンは信頼の「機能的等価物（ein funktionales Äquivalent）」として不信についても考察しているからである。つまりルーマンは信頼と同様に不信についても、「複雑性の縮減」という言葉で説明している。

このように、不信〔Mißtrauen〕もまた生活態度を単純化しているのであり、それが劇的な単純化をもたらすこともしばしばである。不信を抱く者は、多くの情報を必要としているが、同時に自分があえて依拠しようとする情報を狭めてもいる。この者は、より少ない情報により強く依存するのである。その結果、不信を抱いている者を欺く可能性が、再び予測可能性を増してくる。このことは特に不信が、自分にとって不利な行為が行なわれるに違いないというポジティブな期待の形をとって現れる場合にあてはまる。ところが不信は、ほとんど必然的にポジティブに規定されるものなのである。ネガティブな期待は、不信にとってあまり

にも複雑である。なぜなら、他の可能性を排除する程度が低いからである。(11)

ここでルーマンが言う「ポジティブな期待」とは、自分が予測する不信の方向に出来事が進んでいくだろうという期待のことを意味している。つまりルーマンはここで、不信の態度を取る者は、将来の出来事に対してさらに不信の傾向を取るようになるということを指摘しているのである。たとえばある食品会社が賞味期限を偽装していたことが発覚した場合、われわれはこの会社に対して、この会社が製造するほかの商品についても買わないようにするといった不信の態度で臨むだろう。こうして不信もまた、将来の考慮する可能性を単純化することによって、われわれの取る態度を限定している。

こうしたルーマンによる不信の分析には説得力がある。しかし和解を考えるためには、こうした不信による複雑性の縮減とは異なる、信頼独自の意味が見出されなければならない。そして、相互不信の状況である不和を和解の方向へと変化させるような〈和解に向けた信頼〉の態度を取る可能性が見出されなければならない。ここでは具体的な形で和解のあり方を示すことはできないが、信頼の意味を明らかにすることを通して、不和から和解への可能性を探る。

信頼が不信と異なるのは、第一に信頼の存在論的な意味である。つまり存在論的安心を考察する際に言及した、信頼による存在論的安心の再帰的な維持と強化の可能性がそれである。信頼は、存在論的安心を維持・強化し、さらなる信頼の可能性を開く意味を持っている。こうした信頼の存在論的意味を考えれば、ルーマンが信頼の対義語に不信を置いているのは正しいとは言えない。つまり、不信の戦略は確かに一定の存在論的安心の基礎のもとでは取ることができるが、不信の戦略にはわれわれの選択可能性を閉ざしていく傾向が付随しているがゆえに限度がある。もし不信の戦略を取り続けるならば、われわれは選択可能性を失い、信頼の存在論的な対義語である〈不安〉の状態に陥る。われわれが不安に陥った場合、世界に対する信頼や自らの存在に対する信頼、つまり存在論的安心は失われ、自らの生存可能性を期待することができなくなり、不信の態度を取ることすら不可能になるだろう。

もう一つの信頼特有の意味は、信頼の倫理的意味である。信頼が相手に対して信頼に応えることを要求する態度であることはすでに確認したが、この要求は相手を信頼に応えることのできる者であるとみなす意味も持っている。つまり信頼することは、相手に対して信頼に応える機会を与えることであり、この信頼に応えることによって、信頼に応える者は信頼に値する者としての評価を受け取ることができるのである。こうして信頼に応える者は、信頼に応えることのできる者として、当事者同士の他の行為の可能性や、他の者と信頼関係の構築する可能性を開くことができる。そして、信頼に応える者は、自らも信頼する可能性を得て、当事者との新たな関係性の可能性や、その他の者との新たな信頼関係の構築の可能性を得ることができるのである。

和解に向けた信頼の可能性は、こうした信頼の存在論的な意味と、倫理的な意味を理解することによって見出すことができよう。確かに、信頼が常に裏切りの可能性を含んだ賭けである以上、信頼という態度を取ることは常にリスクが付きまとう。しかしながら、もし信頼という賭けに出なければ、和解への道もまた閉ざされたままなのである。(12)

（1） Niklas Luhmann (1968) *Vertrauen*, Stuttgart, S. 28–29.（ニクラス・ルーマン（一九九〇）『信頼』大庭健・正村俊之訳、勁草書房、四〇頁）

（2） ルーマンはのちに『社会システム論』において、信頼を「にもかかわらず（trotzdem）」の戦略であると述べている。つまりここでは、ある行為の先に特定のリスクが想定されるにもかかわらず、その行為を選択することが信頼であるとされている。これについては、Niklas Luhmann, (1984) *Soziale Systeme*, Frankfurt a.M., S. 180.（ニクラス・ルーマン（一九九三）『社会システム論・上』佐藤勉監訳、勁草書房、一九九三年、一九九頁）を参照。

（3） 和辻哲郎（一九六二）『倫理学・上』岩波書店、二八〇－二八一頁。

（4） 同前、二九一頁。

（5） 同前、二九一－一九二頁。

（6） たとえば飯嶋裕治は、和辻の信頼論の〈役割期待に応えること〉を、「資格」概念に注目して説明している。飯嶋裕治（二〇一二）「和辻哲郎の解釈学的行為論に見る「個人」的存在の可能性――「資格」と「徳」を手がかりに」『思想』一〇六一、岩波書店。

（7） Knud Eiler Løgstrup (2007) Stanley Hauerwas and Alasdair MacIntyre (eds.), *The Ethical Demand*, Notre Dame and London, pp. 9–10.

（8） ここで言う〈応答可能性〉という言葉は、他者の〈善意〉という言葉で表現することも可能であろう。たとえばアネット・ベイヤーは、他者の自由裁量の力（discretionary power）および善意（good will）に頼るという、信頼の傷つきやすさ（vulnerability）を指摘している。これについてはAnnette Baier (1995) *Moral Prejudices*, Cambridge 所収 "Trust and Anti-trust" を参照。

（9） cf. R. D. Laing (1960) *The Divided Self*, London.（R・D・レイン（一九七一）『ひき裂かれた自己――分裂病と分裂病質の実存的研究』阪本健二他訳、みすず書房）

（10） Giddens, Anthony (1991) *Modernity and Self-Identity*, California, p. 36.（アンソニー・ギデンズ（二〇〇五）『モダニティと自己アイデンティティ』秋吉美都他訳、ハーベスト社、三九頁）

（11） Niklas Luhmann (1968) Vertrauen, Stuttgart, S. 93–94.（ニクラス・ルーマン（一九九〇）『信頼』大庭健・正村俊之訳、勁草書房、一三二－一三三頁）

（12） 本稿はことさら、和解を実現するために必要となる「信頼すること」の存在論的、倫理学的意義について論じている。ただし、和解を実現し、信頼関係を形成していくあり方を明らかにするためには、「信頼すること」に関して論じるだけでなく、「信頼されること」についても論じる必要があるように思われる。特に、ルーマンが指摘していたように、信頼が

「より少ない情報により強く依存する」態度であるとすれば、信頼することにおいて、信頼される者が十分に信頼に足る人物であるか（信頼する者にとって信頼される者についての情報が「信頼に足る」と判断できるものであるか）ということは、実際に信頼関係を形成する上で、特に重要な問題であるだろう。この問題について考えるためには、信頼される者の「信頼性」について考える必要がある。本稿はこの「信頼性」に関する問題に注目して論じるものではないが、この問題については別のところで論じる必要があるだろう。

【付記】本稿は広島大学応用倫理学プロジェクトセンター発行『ぷらくしす』第一七号（二〇一六年三月）に掲載された原稿「和解としての信頼」に、加筆、修正を行なったものである。

第13章　倫理的課題としての歴史和解
――ドイツ人「避難・追放」問題をめぐる一九六〇年代初頭の議論を手がかりに――

桐原隆弘

1　はじめに

個人間または集団・国家間の対立を克服するためにその対立をもたらした原因に遡ってこれを相互に反省的にとらえ、謝罪と許しのプロセスも経ながら、未来に向けてこの対立の根そのものの実効性をなくしていくことを「和解」と称するとすれば[1]、この「和解」は不幸にして対立に陥った隣人どうしないし隣国どうしの共存のために不可欠な「争いの根の克服」というすぐれて政治的なプロセスであると同時に、互いに「水に流し」「許し合う」というすぐれて心理的なプロセスでもある。過去のわだかまりを心底忘れ去るのは当人ら自身にとっては難しく、その分、和解は第三者によって安全保障や損失補塡などの制度の形を借りて客観的な形態をとる場合もしばしばである（そのことによって心理的なわだかまりが――おもに忘却によって――一部解消されていく場合もある）。

表題の「歴史和解」は、とくに歴史認識をめぐる根深い対立の克服に向けての努力として理解しておきたい。

現実の隣国どうしの対立の根が、当の対立状況をもたらした歴史的経緯をめぐる相互の見解の相違にあることは極めて多く、殊に、各々が相手を「加害者」と見なしている場合には一層、和解に向けての争いの根の克服は困難さを増す。和解一般についても言えることであるが、各々の当事者の「立場」を第三者を交えて討議によって相対化し、互いの言い分の是非について相互に納得していく作業が倫理的態度として求められるのは言うまでもない。

第二次世界大戦後のドイツ人の「避難・追放」には、ドイツ人自身の隣国民、自国民に対する加害行為への反動ないし復讐の動きとして生じた面がある。避難し、追放された人びとは「故郷権」を主張して不当な追放を国際法違反だと糾弾し、いわゆる「オーデル・ナイセ線」以東の旧ドイツ領の返還ならびに旧居住地への帰還を求めたのに対し、新たにその地での居住を始めたポーランド国民はドイツ人被追放者のこの要求を、自国の加害行為を棚上げした復讐主義だと非難した。東西冷戦下、領土問題は最大の懸案事項であったが、一九六〇年代に入り、東西緊張緩和の機運の中、新ポーランド領でのポーランド国民の居住という現実の持つ比重が、大規模なドイツ人追放という過去の事実の重大さに徐々に匹敵しやがてこれを凌駕するようになる。

一九七〇年の「新東方政策」は、当時のドイツ民主共和国（東ドイツ）がすでに一九五〇年の段階で承認していた「オーデル・ナイセ線」の（東）ドイツ・ポーランド国境としての意味づけを、ドイツ連邦共和国（西ドイツ）としても承認したというのがさしあたっての政治的意味である。この承認の倫理的根拠の基本的な方向性は、一九六〇年代初頭、哲学者カール・ヤスパース（Karl Jaspers, 1883–1969）と福音主義神学者ヘルベルト・ギルゲンゾーン（Herbert Girgensohn, 1887–1963）が示していた。そこには、ここで言う「歴史和解」の基本的方向性が示されている。本稿では、「避難・追放」の前史と戦後復興のなかの「故郷権」の議論の位置づけを概観したうえで、ヤスパース、ギルゲンゾーン両者の歴史和解をめぐる議論を検討し、近年ようやく開館にこぎつけたベルリン市内の歴史和解に向けての展示施設「避難・追放・和解」を中心に、現代から将来にかけての展望も概観する。

2　「避難・追放」の前史と戦後復興のなかの「故郷権」

第二次世界大戦末期（一九四五年）、ドイツがソビエト連邦軍に対して劣勢に立たされて以降、ドイツ敗戦を経て戦後初期（一九五〇年ごろまで）に至るまでの時期、ドイツの東部領土および東欧の占領地域からのドイツ人の大規模な避難・追放が生じた。避難民、被追放民は、数にして一二〇〇万人以上、そのうち二〇〇万人以上が命を落としたとも言われる。

「避難・追放（Flucht und Vertreibung）」のうち、避難（Flucht）の方は、一時的な立ち退き・疎開（Evakuierung）をはじめとして、戦時のドイツ政府の命令によるものから、独ソ開戦（一九四一年）以降、戦争末期にかけて激化したソビエト連邦軍による攻撃の回避に至るまでの動向を示す。これに対し、追放（Vertreibung）の方は、ドイツの領土喪失と多民族混在状態を解消する方針によって生じた、いわゆる民族浄化である。これは、ドイツ降伏（一九四五年五月八日）後のポツダム協定（Potsdam Agreement 一九四五年八月一日）により、「オーデル・ナイセ線」がポーランドの西側国境として暫定的に承認され、それにともなって「オーデル・ナイセ線」以東のドイツ人に対してすでに行なわれていた無統制な追放を事実上承認したうえで、これを「秩序ある人道的な仕方（an orderly and humane manner）」によって遂行することが要求されたことによる。

避難・追放には前史があった。(2) それは、十九世紀以降の国民国家形成の機運であり、これを極度に純化した形で、かつ残忍な手法によって実現しようとしたのがナチス・ドイツの民族政策である。アーリア人至上主義に基づいて、スラブ系諸民族、ユダヤ人等とドイツ人との混在状態を解消し、「帝国への帰還」（Heim ins Reich）と称するドイツ人のドイツ国境内への集住、ドイツ系住民が多数を占める地域（シュレージェン等）の併合、およびユダヤ人をはじめとするドイツ民族以外の住民の「追放」を進めた。ドイツ国内のユダヤ人の財産・国籍剥奪に始まり、支配全域でのいわゆる「最終解決（Endlösung）」（すなわちガス室でのホロコースト）にまで行き着くユダヤ人強制移住政策、オーストリア併合・チェコ併合（一九三八年）、そしてポーランド侵攻・ポーランド分割が代表的な前史である。

このように、ドイツ人自身が近隣諸国民・諸民族に対して行なった事実上の「追放」から「最終解決」「ホロコースト」へと至る前史があるために、敗戦後のドイツ東部領土の奪取ならびにドイツ人の追放を国際法の観点から、あるいは倫理的観点から非難する声は、ドイツへの世界的な断罪・非難の声によってかき消された。ドイツ人の「被害者（Opfer）」としての側面を指摘する動きに対しては、とりわけ被害の大きかったポーランド人とユダヤ人からの反発が強く、かつ東西冷戦への移行の中で、（ドイツによって二〇〇〇万人以上の犠牲を強いられた）ソビエト連邦の強い影響下、ドイツ民主共和国（東ドイツ）においては「オーデル・ナイセ線」を疑問視する声が封殺されたこともあり、ドイツ人追放を告発する立場はドイツ連邦共和国（西ドイツ）内の被追放者団体（とりわけ被追放者連盟 Bund der Vertriebenen：BdV）およびそれを支持する保守政党（とりわけキリスト教民主・社会同盟）に狭く限られていたと言ってよい。

一七九五年のロシア、オーストリア、プロイセンによる「ポーランド分割」終了以後、第一次世界大戦後のポーランド復活を経て、一九三九年九月の第二次世界大戦開始早々、ソビエト連邦とドイツによってまたもや分割・国家消滅を強いられ、戦後ふたたび国家再建の道筋を得たポーランドは、ソビエト連邦によってソ連・ポーランド国境を西側へ移動させられ、それに対応する形でドイツ東部領土をポーランド領として獲得した。この領土喪失およびそれに伴うドイツ人追放は西ドイツ側によって国際法違反であると非難され、「故郷権」の主張を生み出した。「故郷権（Recht auf die Heimat）」はもともと、一九三七年時点（翌年のオーストリア併合以後のナチス・ドイツの領土膨脹政策以前）の領土の四分の一を失ったドイツにおいて、「領土回復権・帰還権」として主張され始めた。一方、これをポーランド、チェコスロバキア、東ドイツ等は「復讐主義」と非難した。

領有権の主張は、建国（一九四九年）当時（アデナウアー首相在任時）の連邦共和国にとっては自明であった。これに対し、同時期に建国された民主共和国はただちにオーデル・ナイセ線をドイツ・ポーランド国境として承認、追放も「移住（Umsiedlung）」と言い換えられてこれを非難する声は抑圧された。

より注目を集めたのは、被追放民を連邦共和国内に「同化（assimilieren）」させ、対東側ブロック形成の一環として米国が提供したマーシャル・プランによる潤沢な資金もあって、稠密な人口分布を活かして工業製品の輸出大国としての地位を築いた「ドイツの経済奇跡」である。この「奇跡」に被追放者が大きな役割を果たしたことは疑いようもなく、この戦後ドイツの飛躍的成長もまた、皮肉なことに、避難・追放の歴史から直接の当事者以外の人々の目をそらさせることとなった。

そうしたなか、すでに一九四六年の講義において、法に基づき個人が負うべき「犯罪的罪責（kriminelle Schuld）」とは別次元の、戦勝者が敗者を裁く「政治的罪責（politische Schuld）」を説き、その主張が不評を買ってスイスに移住していたカール・ヤスパースが、一九六〇年、領土回復の前提と考えられていた東西ドイツ再統合を西側世界の自由のために断念すべきであり、それに対応して、領土回復そのものも断念すべきであると説いた。

3　ヤスパースにおける自由権と領有権の峻別

東西ドイツ分裂を象徴づけるベルリンの壁構築の前年、一九六〇年時点でのヤスパースの著作『自由と再統一』における認識は、「東西ドイツ再統一は不可能であるし、必要でもない」というものであった。不可能であるとの判断は、東西分裂が、一九三三年時点で自由の放棄を（結果的に）選択したドイツ国民と、そのドイツ国民に支持されたヒトラーの開始した戦争の結果だとの認識に基づく。[3] ヤスパースは一九四六年の悪名高い（それゆえにヤスパースにスイス移住を決意させた）『罪責論（*Die Schuldfrage*）』以来、四種類の罪責（戦争指導者による戦争犯罪、国家・国民の結果責任／賠償責任（politische Haftung）、個人としての隣人に対する道義的責任、神を前にしての人類全体に対する形而上学的責任）のうち、二番目の政治的結果責任に基づいて、戦争の結果もたらされた権力関係、領有関係の現状を受け入れるべきであるとする。この主張はやがて罪責論で最も注目された「集団的罪責」と並んで槍玉に挙げられたが、事実上、一九六二年のチュービンゲン覚書や一九六五年のＥＫＤ東方覚書の論調（後述）を先取りする役割を果たしたと言えるだろう。

東西ドイツ再統一が必要でもない、とする理由は、再統一への要求が「一つの民族、一つの帝国（ein Volk, ein Reich）」に続いて「一人の指導者〔総統〕（ein Führer）」を、というスローガンの再現につながるとの認識にある。[4] ヤスパースとしては、まずは一方で当時の「連邦共和国」の自由な体制を維持しつつ、他方で「民主共和国」についても、オーストリアのように独立し自由選挙制度を備えた体制となること、[5] および非武装中立の緩衝地帯となることを望んでいる。[6]

これに関連して、戦後西ドイツにおける旧東部領土返還請求について、ヤスパースはこれを明確に否認する。この議論の前提として、「領有権と自由権の峻別」がある。ヤスパースは次のように述べる。

「領有権（Territorialrecht）」が権力（Gewalt）によって生み出された状態に基づいているとすれば、自由権（Freiheitsrecht）は人間としての人間（Mensch als Mensch）に属する。領有権は道徳的要求によっても〔政治権力がこれを受け入れない限り〕変更することはできないが、自由権は変更不可能である。／自己決定（Selbstbestimmung）は領土の統一と国境設定に関しては他国の権力意志（Wille anderer Mächte）の諸条件に従属せざるを得ないが、内的状態に関して、また他者の支配を振り払う〔他者支配に抵抗する〕ことに関しては、自己決定は自然法によって根拠づけられている。(7)

この論点は、故郷権（das Recht auf die Heimat）の主唱者にとって、共同体における人格の発達が、特定の居住地・故郷において、家族、近親者、友人、同僚等々とともに平和な暮らしを継続することを必要とする以上、特定の故郷と特定の共同体とは密接不可分な関係にあると考えられていること(8)とは明白に対立する。ここでヤスパースは、基本的人権の中核にある自由権と個人の居住地への権利とを切り分けて考えているからである。ついでに言えば、この「領有権と自由権の区別」は、カントが「物件と人格の区別」に基づいて、土地所有権の労働による根拠づけを「物件の人格化（Sachen zu personificiren）」として却下していることに符合している。(9)

オーデル・ナイセ線のポーランド・〔東〕ドイツ国境としての位置づけについてはどうか。ヤスパースは次のように述べる。

（……）東ドイツ人の自由のために支払わねばならない代償とはどのようなものであろうか。〔再統一の断念、東ドイツの軍備の断念、オーストリア型の中立化とならんで〕オーデル・ナイセ線以東の〔旧東部〕領土の断念は、大きな代償としては唯一現実的なものである。これにわれわれは抵抗を覚えるが、〔歴史を遡るなら〕この地域は中世においてドイツ人が平和な建設作業によってというよりはむしろ征服によって獲得したものである。この地域はドイツの多くのメルヘンや伝説の発祥地であり、東プロイセンやシュレージェンはドイツの忘れがたい人倫世界と精神世界の地盤である。ケーニヒスベルクはカントの都市でもあった。〔……〕オーデル・ナイセ線を承認しないならば、ポーランドに対するあらゆる友好的な語りも無に等しい。この〔オーデル・ナイセ線以東地域という〕ロシアによってあてがわれた地域をポーランド人が返還することは、〔軍事侵攻など〕暴力（Gewalt）による他にはないということを理解するためには、ポーランド人の歴史と苦悩の道〔一七九五年のポーランド分割による国家消滅や一九三九年の独ソによる再消滅、ナチス・ドイツによる数百万人の国民の死、など〕を知らなければならない。ポーランドは領土を手にし、移り住んだポーランド人はそこで彼らの新たな故郷（ihre neue Heimat）を獲得した。たしかに、ロシアがこの領土をポーランドに併合させたのは、ロシアがポーランド東部から奪った領土の代償としてだけでなく、ポーランドと自由なドイツ〔連邦共和国〕との敵対状態を永続化させるためでもあった。〔しかしながら〕連邦共和国側からの、またいまだ存在しない将来の中立的東ドイツ国家の側からのオーデル・ナイセ線の〔国境としての〕承認によってのみ、ポーランドとの善隣関係は達成される。〔……〕[10]

こうした見解はドイツ・ポーランド間関係の現実と〔罪責論を中心とする〕ヤスパース自身の道義的見解とをふまえた論理的な結論と言えるが、当時以降ながらく異端扱いされたことも当然ではあった。

ヤスパースは「故郷権（das Recht auf Heimat）」についても一九六〇年時点で見解を表明している。彼は故郷権が国際法上の概念ではないことを認めつつも、これが人権（Menschenrecht）に含まれることを認める。居住者の意志に反して故郷を奪われないこと、移住を強いられないことの権利としてである。第一次世界大戦後のトルコ・ギリシアの住民交換、スターリンによる〔ヴォルガ・ドイツ人の〕追放、そしてヒトラーのユダヤ人迫害、併合した東欧諸国民の追放およびドイツ人自身に対する「帝国への帰還（Heim ins Reich）」による半強制的移住にも触れられている。そうした経緯のなかで起こった「チャーチルが承認した」旧東部領土ドイツ人の追放は、「残虐（grauenhaft）」なものではあったが、いったん生じてしまったからには不可逆で解消不能（sich nicht rückgängig machen lassen）と見なさざるを得ないという。「原状回復は新たな不正によってしか可能とならない」ためであるという[11]。

ただしヤスパースは、東ドイツが中立化され、ポーランドとの友好関係が確立され、ポーランドにおいて諸民族に対等に開かれた市民権が可能となれば、被追放者が旧来の居住地に帰還することも不可能ではないとしている。ただこれはあくまでもわずかな可能性の範疇に属する問題であって、実現の見通しおよび実現のための手順についてヤスパースは何も語っていない[12]。事実上、ヤスパースは被追放者の西ドイツへの定着（「第二の故郷」eine zweite Heimat）と復興・経済発展への貢献を前提に、故郷権を放棄することを要求しているとみてよい。それは一九四六年の『罪責論』の次の文章からも読み取れる。

（a）自然法と人権とを根本的に棄損した国家、〔ナチスが政権獲得した〕当初から終始自国において、またその後戦争において対外的に人権と国際法を破壊した国家は、その国家自身が承認したことのないものについて、自身のためにこれを承認することを要求することはできない[13]。

先に述べたようにヤスパースは、強制移住を禁止する故郷権が人権に含まれるということを認めている。この人権をみずから否定した国家は、みずからの権利を要求する資格がない、あるいはそれをみずから放棄している。このような論理となろう。これは「国際法上の権利を享受することの前提としての国際法の厳格な遵守義務」と定式化できそうだが、ここでは実態としては、ナチスの人権蹂躙を背景とする、戦後ドイツの領有権の自律的確定権の剥奪、および戦勝者によって設定された国境の現状追認となる。ヤスパースの罪責論ではこれはまさに政治的な「結果責任・賠償責任（Haftung）」の一環となる。当然ながらここには刑罰の意味も、道徳的罪責の意味もなく、したがってまた被追放者個々人の責任を追及するという意図もない。ドイツ国民として、ナチス政権がドイツの名のもとに行なったことからもたらされた結果を甘受し、被害者に対して可能な範囲で原状回復を図る、とりわけ周辺国に二度と侵攻せず、永久的な友好関係を築く責任を負う、という範疇にとどまる。

だが、その際大きな問題は、現状追認、原状回復の負担が特定の国民層に、ここでは旧東部領土の被追放者にあまりにも重くのしかかっているのではないか、ということである。ヤスパース自身、「〔故郷追放という〕災厄はヒトラーのドイツがもたらした結果であるにもかかわらず、その災厄はすべてのドイツ人に等しくではなく、被追放者に〔のみ〕ふりかかっている。これは不公平（ungerecht）だ」という見解をとりあげ、その正当性を認めている。[14]と同時に彼は、さらなる災厄を招く「誤った期待（falsche Hoffnungen）」を抱かせ続けるのではなく、先に触れた、東ドイツの中立国家化、ポーランドとの善隣外交を前提とする帰還移住容認という、より穏当な選択肢を推奨する。

ここでヤスパースは、故郷権という法・社会哲学上の重要概念に一瞥を加えつつも、その実現可能性条件としての政治状況、さらには国際関係における規範（国際法）遵守義務というより高次の道義的理念に目を向けていると言える。『罪責論』において、先に引用した「国際法上の権利を享受することの前提としての国際法の厳格な遵守義務」と並んでヤスパースは次のような二つの命題を掲げ、権利と政治権力との一体性を強調している。

（b）人が権利（Recht）を現実的に有するのは、人が同時に権利を得ようと戦うための権力（Macht）を有する場合である。まったくの無権力の場合、精神的な次元で理想的な権利に訴える可能性があるだけである。

（c）自然法と人権が承認されるのは、権力ある者たち、勝者たちの自由な意志行為によってのみである。この意志行為は、勝者たちの洞察と理想に由来する行為であり、敗者に対して権利を保護するという形をとる恩寵の一つである。[15]

先述の「国際法の厳格な遵守義務」とともに挙げられたこれらの原則は、『罪責論』では無条件降伏を宣言した国家の責任を問う場（想定される、当時まだ開始されていなかった国際軍事法廷など）において、「被告」が自然法、人権に訴えて自己を弁護する際の制約条件として掲げられている。したがって、「a」の国際法遵守義務以外の「b」「c」の苛烈さは、あくまでも想定される国際軍事法廷を念頭においてはじめて有効となるもので、文脈を度外視して権利要求の一般的な制約条件と理解することはできない。それでもなお、ヤスパースが国際法遵守義務と並んで、その国際法が権利行使の主体としての政治権力を前提とするということをある程度原理として理解しているとはいえるだろう。

ヤスパースが故郷権よりも重視する別の原理的な次元は、先に触れた自由権と領有権との峻別である。ここで彼が、領有権と切り離した形で居住権・市民権を想定していることは注目に値する。十九世紀の国民国家が民族構成の境界線と国境とを可能な限り一致させることを目指し、これを極度に純化した形で実現しようとしたのがナチス・ドイツであったとも言えよう。この点、ヤスパースはドイツ民族が複数の国家に散在するという十九世紀まで（ビスマルク以前）の状態を是認し、この状態を否定することを「ビスマルク国家（Bismarckstaat）の再来」と否定的に評価している。[16]現在においても連邦共和国、オーストリア、スイスと、ドイツ語話者が主要な国民である国家が複数存在するが、多民族国家ならぬ「他国家民族」としてのかつてのドイツ人像は、ヤスパースが普遍的人権としては認めた故郷権の要求にもかかわらず、とりわけ旧東部領土を含む東欧諸国においては実際には再現していない。

4　ギルゲンゾーンにおける隣人関係中心の故郷権概念

ヤスパースの『自由と再統一』の同年（一九六〇年）、ルター派教会の機関誌に掲載された論考「故郷権（Das Recht auf Heimat）」において、福音主義教会神学者の立場からドイツ人追放問題にいかに向き合うかを述べたのはヘルベルト・ギルゲンゾーンであった。ギルゲンゾーンはラトビア出身のバルト・ドイツ人で、一九三九年の独ソ不可侵条約の秘密議定書に基づきバルト三国がソビエト連邦領となったことに伴い、ラトビアからポーランド・ポズナン（ドイツ語名ポーゼン）へ移住、さらに一九四五年初頭には、西ドイツ・リューベックへ避難した避難者の一人であり、戦後はドイツ福音主義協会（ＥＫＤ）に設置された避難者・被追放者信徒の代表組織、東方教会委員会の議長（一九五一年まで）を務めるなどして、避難者・被追放者の救済に尽力した。

ギルゲンゾーンはまず、避難者・被追放者の連邦共和国における経済生活への組み入れが順調に進むなか、「仕事と住居を調達することはあらゆる種類のさらなる健全化の実在的基盤となるものの、それによって〔ドイツ人の〕追放が投げかけている大問題が解決されたと考えるとすれば、それは〔非難・否定すべき〕唯物論的態度であることとなる」と、議論の前提として反・唯物論の神学的立場を打ち出す。そのうえで、国際的緊張緩和の動向のなか、被追放者が故郷権（Recht auf Heimat）を主張することは現状に満足せず、新たな戦争の火種となり得る復讐主義の温床となるとの見解が取り上げられる。[17]「状況の真の克服（eine echte Bewältigung der Situation）」[18]のためには何が必要か。こうした問いからギルゲンゾーンは、「故郷権を求める声は、現在の境遇をめぐって人間が神と争い、神に対して別の境遇、すなわち失ったものを回復することを要求するものであってはならない」[19]と主張する。この主張の神学的根拠としては、神への信仰における謙虚さが主に挙げられるが[20]、これと並んで（隣人愛の教えに基づいて）近隣国民との間の友好関係に基づいて領有権を確定することの必要性も挙げられている。この観点からは敵対関係において領有権確定は困難であるかまたは不可能であるという結論となろう。ややあいまいだがこのことを次の文章が示している。

故郷は実際には、人間の人間としての存在（Menschsein des Menschen）に属している。それは人間がそのなかに置かれ、人間を支えかつその生活を可能にする環境要素の集合体である。それは客観的に与えられた諸要素ではあるが、人間にとってそれが故郷となるのはなによりまず、その諸要素のなかでまたその諸要素を通じて生活を送っていく人間自身の活動によってである。故郷とは静的なものではなく動的なものであり、人間の共同作業（Mitwirkung des Menschen）を通じて成り立つ世界であり、人間の共同参加（Mitbeteiligung des Menschen）によって人間自身の世界となる。[21]

この故郷概念は、特定の土地を特定の集団・個人の所与の居住地としてア・プリオリに画定するのではなく、人間集団の働きかけを第一義的な要件としている。その意味で、ギルゲンゾーンのこの故郷概念は、カント所有権論において人格相互の同意・承認を所有権確定の最重要要件とし、一方的な意志表明や労働投下を所有権成立の十分条件とは見なしていないことにやや類似している。[22]

こうした人間中心、隣人関係中心の故郷権の観点からは、（これもギルゲンゾーンにおいて明確に述べられているわけではないものの）生存権に従属する形で、あるいは生存権実現の手段として故郷（「拡張された生 erweitertes Leben」、「個人生活の周辺領域 Umkreis um das individuelle Einzelleben」）が捉えられ、故郷剥奪が生存権剥奪につながるという論点が強調されるのは当然のことである。[23]

そしてこのことからさらに、故郷権をめぐる外交関係が主権国家の相互関係として捉えられていることも重要である。ギルゲンゾーンは以下にように述べる。

〔ドイツ人の〕追放の不正について具体的に述べる場合には、罪責への問い（Frage nach der Schuld）を投げかけないわけにはいかない。（……）所与の状況のもとでドイツの側から追放の罪責について述べる場合には、同時にドイツ国民にとっての罪責への問いを立てないわけにはいかない。追放はそれだけで孤立して生じたものではない。それには前史がある。ドイツは戦争の開始者であり、今次戦争においてはドイツの側から、全民族、全民族集団の死滅につながりかねない残忍な行為が始められたのだということを看過するわけにはいかない。だがこれ〔ドイツの戦争犯罪〕もまたそれだけを孤立させて見てはならない。故郷からの追放に際しての罪責問題について議論を展開していく場合には、全範囲にわたって、あらゆる民族・人間集団間のなす歯車の絡み合いの中に置かれた忌まわしい全体の動きを見ていかなければならない。とりわけ看過することが許されないのは、ポーランド東部領土の〔ソ連による〕併合とその地のポーランド国民の故郷追放との関連性である。[24]

引用文最後の論点、ポーランド東部領土の併合・同地住民の追放を考慮に入れることは、善隣外交への道筋として想定されていると言えよう。その際、国家間の友好関係の前提として、「罪の〔相互〕認識および罪の〔相互〕告白（die Erkenntnis und das Bekenntnis der Schuld）」が挙げられている。[25]

隣国関係の現実的な新たな出発は、真のパートナーシップにおいてのみ成り立つ。そこでは〔両国〕相互の罪の絡まり合い（gegenseitige Schuldverstrickung）という現実もまた視野に収めねばならず、したがってこのパートナーシップは復讐や暴力といった一方的な行為に基づくものではない。すなわちここではいずれの側も他方に対する裁判官とはならない。われわれの想定される立場は、より高い次元の正義のもとにある(26)。

ここにも先に触れた人間中心、隣人関係中心の、生存権を基盤に置いた故郷権の概念が脈打っている。この観点からは、（ギルゲンゾーンは名指ししないもののポツダム協定のように）「国際法の措置によって暗黙に是認された追放」は無効となる(27)。このようにギルゲンゾーンは一方において、ヤスパースも認めていた故郷権の普遍的人権としての側面に深く切り込み、その結果、ヤスパースが政治状況に鑑みて曖昧化していた、追放禁止の論理を明確に打ち出している。他方、ギルゲンゾーンの人間中心、隣人関係中心の観点は実質的には、特定の居住地がア・プリオリに特定個人、特定集団の故郷として認められ、その返還請求の権利が成り立つという結論を排除している（だからギルゲンゾーンは特定の土地への帰還権を意味する Recht auf „die" Heimat ではなく、一般的な故郷権 Recht auf Heimat を論じているのである）。特定の土地と特定の人間とのア・プリオリな結びつきではなく、複数の人間、人間集団間の友好関係と同意によってはじめて、相互の生命・財産を尊重することを目的に、その手段として所有権が、そして領有権が導き出される、というカント的構想が、ギルゲンゾーンの主眼であると言えよう。

5　将来への展望

ヤスパースとギルゲンゾーンの主張は直接的または間接的にドイツ国内の有力な知識人に影響を及ぼす。最も重要であるのは、東欧諸国との和解につながる「積極外交（aktive Außenpolitik）」を唱え、核武装計画の放棄とともに旧東部領土放棄をも主張した「チュービンゲン覚書（Tübinger Memorandum）」（一九六二年）であり、またドイツ福音教会（ＥＫＤ）の『被追放者の状況ならびにドイツ国民の東方の隣人との関係（『東方覚書』：Die Lage der Vertriebenen und das Verhältnis des deutschen Volks zu seinem östlichen Nachbarn）』（一九六五年）である。このうち後は、指導的立場にあったギルゲンゾーン没後（死去は一九六三年）のＥＫＤの東部領土問題をめぐる議論の主流を反映しており、宗教的理由を持ち出して領有権放棄を要求し、かつ戦後二十年という時を経て彼の地（オーデル・ナイセ線以東地域）でのポーランド国民に新たに発生した「故郷権」にも言及している。

こうした知識層の動きに連動する形で、やがて連邦共和国はドイツ人追放を国際法違反としながらも、故郷権を政府として是認・要求せず、「オーデル・ナイセ線」を国境として承認し、東欧諸国との歴史和解を推進する方向へと舵を切った。一九七〇年のヴィリー・ブラント率いる社会民主党・自由民主党連立政権によるいわゆる「新東方政策（Neue Ostpolitik）」がその端緒となる。

一方、東西ドイツ再統一（一九九〇年）の際、キリスト教民主・社会同盟中心の保守連立政権（自由民主党はここにも入閣）を率いていたのはヘルムート・コール首相であった。彼は、戦前のドイツの正統な後継国家の首相としてようやく周辺国との平和条約締結に臨み、それにともない新東方政策以来実質的に承認されていたオーデル・ナイセ線をポーランド・ドイツ国境として最終確定する当事者となったが、その一方で、故郷権の要求にも一定の理解を示している。

このことの背景には、領有権主張が困難もしくは不可能となるなか、財産権をはじめとする私権の要求、冷戦終結後の自由な移動（故郷訪問）／移住（実質的な帰還）への権利要求、避難・追放の歴史の風化への抵抗、といった被追放者を中心とする強い働きかけがあった。新東方政策以降も故郷権の議論は途絶えたわけではなく、直接の領土返還請求としてではないとしても、民族自決権と少数民族保護といった戦前から戦後にかけての国際法の展開のなかでこれを具体化する法概念として故郷権を位置づけようと試みる動きがあった。

避難・追放の体験の記憶の扱いについては、新東方政策が打ち出した和解への動きに含まれる問題状況が現在に至るまで残存していることをうかがわせる。二〇二一年になってようやく、避難・追放をめぐる歴史展示・交流施設である「避難・追放・和解（Flucht, Vertreibung, Versöhnung）」がオープンした。二〇〇〇年前後から開始されたプロジェクトがようやく日の目を見た形である。その背景には、展示の趣旨や内容というよりはおもにメンバー選定や手続きの面での意見対立があった。当初の構想以来、避難・追放を歴史のなかに位置づけ、ドイツ人以外に対する追放の歴史も記録・記念することが目指されていたが、当初は諮問委員会メンバーに被追放者連盟の幹部が入っており、このことがポーランドやチェコなどの反発を招いた。被追放者連盟が関与しない体制とされた後も、所長が展示方針について諮問委員の同意を得ずに一方的に決定するなど手続上の瑕疵があり、初代所長は解任された。次の所長に推挙された人物も就任を断わるなど難航。結局、直接には避難・追放問題を専門としない女性現代史家（Dr. Gundula Bavendamm）を所長に迎えて二〇二一年正式に開館した。

展示内容は現在、建物の構造と誘導路の関係で、ナチスの歴史を前史として認識した上でなければ避難・追放の歴史に進んでいくことができない仕組みとなっているという。くわえて、避難・追放の前提としての国民国家の歴史、民族政策、等が、ヨーロッパ全体の歴史として位置づけられているという。

6 おわりに

避難・追放の歴史に関して言えば、歴史和解はその歴史における権利侵害の事実を踏まえ、侵害された権利を回復するという要求から、再度の権利侵害を招来しないための善隣外交関係の確立に向けて、歴史の経緯を総体的に把握し、かつ、その歴史経緯をめぐる相互理解を促進するという意向から課題として浮上した。避難・追放の歴史展示はもともと「反追放センター（Zentrum gegen Vertreibung）」として、「避難・追放」という「犠牲者としてのドイツ人」像に重点を置いて設置されることが当初案であった経緯からすると、施設名称に「和解」が追加されたのは大きな方針転換であった。

むろん、避難・追放問題一つをとっても歴史和解は完全には果たされたわけではない。これはむしろ将来的な課題、とりわけ政治的というよりは倫理的な課題である。ここで「倫理的」課題であるということの意味は、政治的罪責は結果責任として現状追認・原状回復を強いるとするヤスパースの考えを、故郷権（追放禁止、居住環境の確保）の本来的な意味は特定の集団・個人と特定の土地とのア・プリオリな結びつき（カントの言う「物件の人格化」）にあるのではなく、生存権の確保と善隣外交の確立にあるとするギルゲンゾーンの考えによって補足ないし修正するという点に見出すことができるかもしれない。

（1）こうした「和解」の捉え方はハンナ・アーレントの「許し（verzeihen）」と「約束（versprechen）」の規定にヒントを得ている。「（……）為されたことを取り消す（rückgängig machen）ことができないことに直面してこれを癒す手段は、（……）許すという人間の能力（menschliche Fähigkeit, zu verzeihen）にある。そして、予見不可能性（Unabsehbarkeit）

および未来のあらゆる出来事の不確実性に直面してこれを癒す手段は、約束をしこれを守る能力にある。（……）一方〔許し〕は過去の出来事を取り消し、（……）他方〔約束〕は目の前の現実を未来への道しるべのようにして打ち立てる。（……）われわれが許し合うことができなければ、つまりわれわれの行為の帰結から相互に解き放たれることがなければ、われわれの行為の能力は相当程度、〔過去の〕ただ一つの行為に制約され、その行為の帰結が文字通り人生の終わりまでつきまとうこととなるであろう」。Hannah Arendt（2002）*Vita activa oder Vom tätigen Leben*, Piper［Original Ausgabe；The Human Condition, 1958］, S. 301f.

（2）本節の以下の記述に際しては Matthias Beer（2011）*Flucht und Vertreibung der Deutschen. Voraussetzungen, Verlauf, Folgen*, Verlag C. H. Beck を参照した。

（3）「結果責任・賠償責任（Haftung）の承認は、ドイツ分裂およびドイツ国民の分裂を受け入れることを結果としてもたらす」。Karl Jaspers（1990）*Freiheit und Wiedervereinigung*, Piper（2. Auflage［1. Auflage 1960］）, S. 26.

（4）Ebd., S. 22.

（5）Ebd., S. 111.

（6）Ebd., S. 34.

（7）Ebd., S. 27.

（8）この点の最も包括的・体系的な議論はオットー・キミニッヒの一九八九年の著作に見られる。Otto Kimminich（1989）*Das Recht auf die Heimat, Kulturstiftung der deutschen Vertriebenen*, A. Heimat und menschliches Schicksal, S. 11–64. 詳細は以下の拙論を参照。桐原隆弘（二〇一七）「故郷権から普遍的人権へ――国際法学者オットー・キミニッヒの所論の検討」広島大学応用倫理学プロジェクト研究センター編『ぷらくしす 二〇一六年度号』。

（9）Kant（1969）, Akademieausgabe von Immanuel Kants Gesammelten Werken Bd. VI［*Metaphysik der Sitten*］, S. 269.

（10）Jaspers（1990）*Freiheit und Wiedervereinigung*, S. 35.

（11）Ebd., S. 42f.

（12）Ebd., S. 43.

（13）Karl Jaspers（2012）*Die Schuldfrage. Von der politischen Haftung Deutschlands*, Piper, S. 30.

（14） Jaspers（1990）*Freiheit und Wiedervereinigung*, S. 43.
（15） Jaspers（2012）*Die Schuldfrage*, S. 30f.
（16） Jaspers（1990）*Freiheit und Wiedervereinigung*, S. 110.
（17） Herbert Girgensohn（1960）"Das Recht aud Heimat," in *Informationsblatt für die Gemeinden in den niederdeutschen lutherischen Landeskirchen*, Nr. 9 12. Mai 1960［Sonderdruck］, S. 3f.
（18） Ebd., S. 4.
（19） Ebd.
（20） Ebd., S. 5.
（21） Ebd., S. 6.
（22）「物件（Sachenrecht）の実在定義（Realdefinition）は以下のようになる。物件における権利とは、他のすべての人びととともに置かれている（根源的または設立された）総体占有（Gesamtbesitz）のもとにある物件を私的に利用する権利のことである。（……）一方的な選択意志によっては、いかなる他の人をも物件の使用を行わないよう義務づけることはできない。（……）つまり、総体占有におけるすべての人びとの統合された選択意志（vereinigte Willkür Aller in einem Gesamtbesitz）によってのみ〔物件使用を控える義務は生じる〕」。Kant, AA VI, S. 260f.
（23） Girgensohn（1960）"Recht auf Hemiat," S. 7f.
（24） Ebd., S. 8.
（25） Ebd., S. 9f.
（26） Ebd., S. 10.
（27） Ebd.

【付記】本稿は広島大学応用倫理学プロジェクト研究センター研究成果報告書『ぷらくしす』二五巻（二〇二四年）に掲載された。再掲にあたり、同センターより許可を得ている。

第14章　「傷つきやすさ」をめぐって

村若　修

英語のvulnerabilityは「傷つきやすさ」「可傷性」「脆弱性」などと翻訳されている。思想史的に見れば、今日「傷つきやすさ」は、男性性と女性性、自律と依存、正義とケアといった対概念の間で、さしあたりは女性性、依存、ケアを特徴づけるものとして示されながら、対立の弁証法的な総合のための重要な役割を担っているように見える。しかし、哲学者たちはそれぞれ独特にこの言葉を意味づけ、思想の中に位置づけていて、それはそれで興味深い。ここに描いたのは、数名の哲学者たちの「傷つきやすさ」のパッチワークである(1)。

1　「傷つきやすさ」とは何か

最初にテン・ハヴの分類によって見取り図を示しておきたい。テン・ハヴ『傷つきやすさ――バイオエシックスへの挑戦』の説明によると、vulnerabilityはラテン語の動詞vulnerare（傷つける）及び名詞vulnus（傷）に由来する。オクスフォード英語辞典（二〇一二年）によれば、形容詞vulnerableには「傷を負いやすいsusceptible of receiving injuries」「攻撃や損害を受けやすいopen to attack or damage」「身体的または情緒的に傷つけられうる

capable of physically or emotionally wounded」という三つの用法がある。三つの用法のうち、前二者は医学的・軍事的解釈に対応するような記述的・分析的な用法であるが、最後の用法は単に記述的・分析的なものではなく、介入や行為へと関係づけられるような用法であり、「倫理的議論におけるその語の役割を例証するような、規範的な含意を引き出す」語法である。テン・ハヴはこの用法の事例として、高齢者、ホームレス、研究対象者、国の傷つきやすさを挙げている。(2) しかしここでは、傷つきやすさの規範的な含意を確認するために、ヨーロッパ型の生命倫理原則の一つである「脆弱性原理」を挙げ、理解の助けとしたい。

脆弱性 vulnerability とは、有形無形の力によって傷つきそこなわれやすいことを意味する概念である。脆弱性原則とは、生命ある存在の脆弱性を認識し、とくに弱い立場におかれている存在には特別な配慮をすべきだという考え方である。人間の身体も精神も、大きな力を加えられればすぐに傷つき、簡単にそこなわれてしまう。私たちは、お互いをそのような「弱い存在」として認識し合うことで、人間らしい倫理をなりたたせている。たとえば、他者をいつくしみ、苦しんでいる人には手をさしのべようとする。（宮坂他 二〇一八、三三頁）(3)

ヨーロッパでは、アメリカとは異なる生命倫理の四原則、自律性原則（自律性の回復を支援せよ）、尊厳性原則（尊厳を守れ）、不可侵性原則（生命の核心部分に介入・改変するな）、そしてこの脆弱性原則が提唱されている。この原則は、生命倫理に限らず、種々の応用倫理学において適用できるものである。宮坂は、「生命ある存在の脆弱性」を人間の条件として認識することから始め、そこから「とくに弱い立場におかれている存在には特別な配慮をすべきだ」との規範を導いている。確かに、このような原則は生命倫理だけでなく、応用倫理学の他の領域にも適用可能であろう。
もっとも、哲学において、傷つきやすさは人間の本質ないし条件として提示されており、即座に規範的な意味と結びつけられるわけではない。次に、人間の条件ないし本質としての傷つきやすさについて整理をしておきたい。

2　人間の条件としての傷つきやすさ

人間はどのような意味で「傷つきやすい」のか。テン・ハヴは傷つきやすさを六つに分類している。すなわち、「本性的な不完全性としての傷つきやすさ」「肉体的堕落としての傷つきやすさ」「経験としての傷つきやすさ」「関係性としての傷つきやすさ」「依存性としての傷つきやすさ」「人質であることとしての傷つきやすさ」である。以下、テン・ハヴの説明を要約する[4]。

本性的な不完全性としての傷つきやすさ：代表者はアルノルト・ゲーレンである。ゲーレンは『人間、その本性と世界における地位』において、人間を「欠陥ある存在者」と定義した。他の動物と異なり、人間は適応力や本能に欠け、成人するまで保護とケアを必要とする。しかし、そのような欠陥のおかげで、「いま－ここ」を越えて思考し、環境を変えたり創造したりすることができるようになった。そして人間は、「第二の自然」としての文化を構築することができたのである。傷つきやすさは、最初は不完全性とみなされるが、究極的には自由、可塑性、開発力として、人間にとって積極的なものなのである。

身体的堕落としての傷つきやすさ：ユダヤ教、キリスト教の思想においては、身体は堕落の源であり、感情の座、理性の欠如を意味していた。デカルトの心身二元論においては、身体は機械論的に理解され、現代医療にもその考え方が受け継がれてきた。生命倫理おいても、自律的な主体が身体を所有するという考え方が主流であり、傷つきやすさは自律が損なわれたときに、主体について述定される。しかし、日常生活では身体を忘れることはできない。より基本的な意味で、傷つきやすさは身体そのもののレベルに位置づけられる。なぜなら、所有者や主人が十分に自律的であったとしても、身体は衰退、衰弱、損害を受けやすいからである。

経験としての傷つきやすさ：代表者はメルロ＝ポンティである。経験される身体は物質ではない。個人は自分自身を統一体としてしか経験しえない。私は身体を所有すると同時に身体である。この視点からの傷つきやすさは個人経験のレベルにある。傷つきやすさは起こりうる生物学的な崩壊を指すのではなく、「潜在的な実存的損傷」を指す。生きられた身体が傷つきやすさの在処である。すべての人間は、病や受苦を通じてそのような傷つきやすさに気づく。だからこそ、患者と医療者はそのような実存的経験を共有できるのである。

関係性としての傷つきやすさ：身体を通じて、人間は常に諸関係のうちにある。人間は世界内存在であり、常に互いに結びつき、ある状況に置かれている。サルトルは「実存することとある状況に置かれることはまったく同じことである」と述べている。共同体主義における「負荷なき自己」の否定も同じ事態を示していると言える。この視点からの傷つきやすさは積極的な現象である。確かに、関係性（relatedness、関係づけられていること）または社会性は、消極的な意味で人を傷つきやすいものとする。他者との相互関係は不確かで曖昧であり、傷つけられることもあるだろう。しかし、重要なのは、傷つきやすさが個人だけに収まるものではないという点である。このように、傷つきやすさは相互性によって特徴づけられる。

依存性としての傷つきやすさ：フェミニズムとケアの倫理が取り扱う概念で、中でもマーサ・ファインマン、ジュディス・バトラーが代表的である。傷つきやすさは普遍的で不可避であるものの、すべての人にとって同じではなく、程度差がある。人は皆、他人に依存しているが、その依存の程度が異なるからである。自律的で独立的な主体とは自由主義の作り出したフィクションであり、このフィクションを用いて社会は不平等と不公正な社会制度を放置してきた。ここでは、責任の再定義が必要となるであろう。

ファインマンやバトラーにとって、依存性は限界ではなく源泉である。ファインマンにとって、傷つきやすさは社会制度を再構築し、社会的不平等に挑戦する必要性に目を向けさせてくれるものである。またバトラーにとって、傷つきやすさは非暴力の倫理、新たなヒューマニズムを展開するプラットフォームとして役立つ。もう一人、アラスデア・マッキンタイアの議論も依存性を積極的に評価するものである。人間の傷つきやすさは依存性、合理性、動物性がいかに結びついているかを示す。われわれの動物的条件、依存性、傷つきやすさを再確認することが、人間の繁栄と合理的行為のために必要な、依存的で合理的な動物特有の諸徳を発見する助けとなる。

人質であることとしての傷つきやすさ：これは、エマニュエル・レヴィナスが示した、傷つきやすさに関する「最もラディカルな見解」である。傷つきやすさは他の倫理原理に先立つ原理であり、傷つきやすさの概念なしに人間の条件は理解できない。

レヴィナスによれば、他者との関係は、これまでの哲学の営みのなかには収まらない。つまり、人間同士の関係性は、知や思考、反省、決断による理性的な世界了解、あるいは自己を主体化し外界を対象化するような「全体性」の認識に先立って顕現する。レヴィナスはこれを「顔」の顕現と呼び、「顔」を存在論の前提となる「倫理」とも言い換えている。「顔」の意味は「汝殺すなかれ」であり、他者は「顔」を通じて、殺すことを誘うと同時に殺すことを禁じる。「顔」は、受肉した人間の傷つきやすさを象徴しており、傷つきやすい他者を前にして私のエゴイズムは崩れ、他者の苦しみに対する責任が生じる。

このように、自己の形成には他者が突きつける倫理的要求が不可欠である。しかも、他者との関係性の中では、私自身も暴露される傷つきやすい存在である。私が自己となる前にすでに私は他者のために（他者の代わりに）あるという点で、傷つきやすい他者との倫理関係は非対称である。他者の顔が責任ある自己を形成する。これは、私が望むか望まないかにかかわらず、私には責任があるということであり、その意味ですでに捕らわれの身、他者の人質であり、他者の身代わりである。「人質であることとしての傷つきやすさ」は、このような自己の状態を意味している。

ここまで、テン・ハヴの説明を要約して、哲学的概念としての傷つきやすさ、人間の条件としての傷つきやすさを整理してきた。テン・ハヴ自身は、ここを起点として、これまでバイオエシックスの前提となってきた患者の自己決定権、それを支える自律的人間観を批判していくことになるのだが、われわれは「傷つきやすさ」という日本語表記だけからは推し測れないような、多様な意味を理解したことで満足しておきたい。次節からは、本節の見取り図の中に挙げられた哲学者の中から数名を取り上げ、テキストに即してそれぞれの傷つきやすさについて理解を深めたい。

3　エマニュエル・レヴィナス

「人質であることとしての傷つきやすさ」は、『存在の彼方へ』（一九七四年）に代表される後期思想における捉え方である。『全体性と無限』（一九六一年）から『存在の彼方へ』に至る間に、レヴィナスの思想には転回があったとされるが、傷つきやすさも他者の弱さを示す概念から、自己の弱さを示す概念へと力点が移動しているように思われる。

『全体性と無限』では、傷つきやすさ（vulneravilité）は、他者の「弱さ」あるいは「柔らかさ」の特徴として、女性性との関連で登場している。

愛は〈他者〉を目ざし、〈他者〉の弱さを目ざしている。（……）属性があらわれるのに先立って、弱さとは他性それ自体を特徴づけるものなのである。愛するとは他者のために危惧をいだくことであり、他者の弱さに手をさし延べることである。あたかも曙光のようなこの弱さのなかで、〈愛される女性〉である〈愛される者〉が浮かび上がる。（……）〈愛される女性〉の権限は、柔らかさという〈愛される女性〉の体制とひとつのものになっている。柔らかさという様式は、極度の毀れやすさ、傷つきやすさのうちにある。（訳書下巻一六七－一六八頁）

この引用部分に始まる第四部B「〈エロス〉の現象学」において、理性的認識以前の他者の顕現の様式が、愛撫のイメージと重ねられていく。

柔らかさはある様式を、すなわち、中間地帯（no man's land）に、存在することといまだ存在しないこととのあいだに身を置く様式を示す。この様式は、意味作用としてじぶんを告げることすらもなく、どのようなしかたでも煌めくことなく消え去って、気を失う。それは、傷つきやすさとして、また死すべきものとして生起する〈愛される女性〉の、本質的な弱さなのである。（訳書下巻一七五頁）

愛において目指される他者の弱さが「傷つきやすさ」と呼ばれる。この概念は当初は「顔の彼方」に至る回路として、「肌」の接触のイメージを伴う概念であったが、後期思想においていっそう「顔」と深く結びつくことになる。

ジュディス・バトラーは、『生のあやうさ』の中で次のようなレヴィナスの言葉を引用している。「顔の傷つきやすさに私をさらすこと、それは私自身の存在に対する存在論的権利を疑問に付すことだ。倫理上、他者の生存権は自己のそれに優先する、それは倫理的な命令のなかに縮約された優越性である。汝殺すなかれ、あなたは他者の生命を危険に陥れてはならない」（訳書二一一頁）。注目したいのは、レヴィナスが「顔の傷つきやすさ」という表現を用いている点である。ここに示されている関係は、人格間の理性的な認識と自由意志に基づく倫理関係ではない。そのような認識と意志の手前で、自己が主体となる以前に、私が他者の傷つきやすさに曝されることにおいて、すでに私は他者と倫理的関係にあるということを示している。ただし、現実には「顔」を前にして、「顔」から眼をそらし、暴力を振るうこと、殺すことも可能である。

さて、『存在の彼方へ』において、レヴィナスの思想は大きく転回したと言われるが、傷つきやすさについても異なる考察がなされている。一つには、傷つきやすい他者のイメージの変化がある。『全体性と無限』では、愛撫が探しもとめる他者は、「見えないもの」「みずからのかたちから絶えず逃れて未来に向かうもの」であり、その「未来」とは、熊野純彦の言葉を借りれば、「子どもの、あるいは「息子」という未来」であった。これに対し、『存在の彼方へ』では、「痕跡」としての未来が他者の「死」へと変容し、他者は自己を「強迫」するようになる。(5)

しかしもう一つの変化として、「自己の傷つきやすさ」が主題化されたことが挙げられる。『存在の彼方へ』第三章「感受性と近さ」において、自己の「感受性」が「他者への暴露としての傷つきやすさ」（訳書一八〇頁）と言い換えられていることからも、それは明らかである。他者の暴露は、同時に自己の暴露でもある。ただしこれは、レヴィナスに即していえば、対称関係ではない。あくまで自己が他者の傷つきやすさに自らを暴露するとき、自己は自らを暴露することで傷つきやすいものとなり、痛みを覚えるのであって、他者の視点からの傷つきやすさは問題となっていない。しかもその痛みは、身籠った母のイメージと結びつけられる。

感受性は、接吻の両義性を一種の媒介として、把持することから把持されることに転じる。イメージを追い求める狩人の能動性から獲物の受動性へ、狙いから傷へ、統覚という知性的能作から、現出することなき他者による強迫としての危惧へと反転するのだ。（……）感受性は（……）迫害された者の動揺（……）である。迫害された者の動揺、それは自分がやがて孕むであろう者たちによって、自分がかつて孕んだ者たちによって傷つけられる「子宮の呻き」の一様態、母性の一様態にほかならないのではなかろうか。母性において、他者たちに対する責任は意味し、――他者たちの身代わりになることに至る。迫害の結果のみならず、迫害者自身が内包した迫害することとそれ自体にも苦しむに至る。母性――孕み、担うことの最たるもの――は、迫害者が迫害することに対する責任をも担っているのだ。本性であるよりむしろ、――本性であるよりも前に、直接性はこのような傷つきやすさであり、このような母性であり、感受性の源泉たる、この生誕以前ないし本性以前である。（訳書一八三―一八四頁、用語統一のため一部改訳）

母性の一様態としての傷つきやすさは、外部との接触における傷つきやすさであるだけでなく、自己の内部にある傷つきやすさでもある。「子宮の呻き」すなわち陣痛としての傷つきやすさは、他者の身代わりとなり、他者の責任を（自分に対する迫害者の責任までも）自ら負うという要求を含む。他者の「身代わり」となることは、「人質」となることと同義であり、テン・ハヴが用いた「人質であることとしての傷つきやすさ」という表現は、この事態を示している。

このような要求はレヴィナス哲学の核心であるが、その理解と承認を一般に求めることの困難さは彼自身もわかっていたに違いない。フィリップ・ネモとの対話『倫理と無限』の中で、ネモの「他者が自分たちのなすべきことをしないとしても、それは私のせいだ、ということでしょうか」という問いに、レヴィナスは「すでにどこかで言ったことがありますが、私は自分の被る迫害に対して責任があります――これはあまり引用したくない言葉で、別の考慮によって補足されなければなりません。しかし、それはもっぱら私に関することです！「私の近親者」や「私の民族」はもうすでに他者であって、彼らのために私は正義を要求するのです」と答えている。思わず、「そこまで行ってしまうのですか！」とネモは反応するが、レヴィナスはさらに説明を続ける。

主体性は、他者に対して責任を負うことを主体性に帰する運動そのものを通じて構成されるわけですから、他者のための身代わりにまで行きつくのです。主体性は人質の条件――あるいは無条件――を引き受けます。主体性そのものがそもそも人質であって、他者のために罪を贖うところまで責任を持つのです。（訳書一二七頁、一部改訳）

続けて、レヴィナスはこれを「ユートピア的な考え方」「自我にとって非人間的な考え方」とも述べている。たしかに、ポール・リクールが指摘するように贖罪を要求する侮辱者、迫害者としての他者を前面に出すことは「誇張」であろう。(6) しかし、この誇張された主張こそ『存在の彼方へ』の結論であった。

開口のこのような誇張、それは身代わりに行き着く、他人に対する責任であり、身代わりにおいては、他人への開示ないし顕出としての対他が責任としての「他人のために」（他人の代わりに）に一変する。つまるところ、これが本書の主張である。（訳書二七六頁）

『全体性と無限』では、傷つきやすさは「愛される女性」という他者の傷つきやすさとして「エロスの現象学」の中で登場した。しかし、『存在の彼方へ』では、それは母性を有する自己の傷つきやすさとして語られ、外部性としての他者は、いわば自己の内側から迫り、自己を人質にとり、身代わりとなることを要求すると考えられていた。同じ傷つきやすさであるにもかかわらず、そのイメージも論理構成上の役割も大きく異なっている。ただし、他者の顔の「汝殺すなかれ」という意味によって結ばれる無限なものとの関係が、すでに倫理的関係であるとする点では、二つの著作は一致している。

ここまで、レヴィナス固有の傷つきやすさの概念、「人質であることとしての傷つきやすさ」について理解に努めてきた。この傷つきやすさは、生物学的な脆さや心理学的な弱さを超えた、人間の根源的な条件を明らかにするための形而上学的な概念であると考えられる。この思想を引き受けるにせよ引き受けないにせよ、人間が「他者のために」あるいは「他者に代わって」生きる、あるいは生きなければならない理由について、哲学は考え続ける運命にある。後に扱うバトラーの諸論考は、この意味でレヴィナスの思想を政治的文脈で復活させたと言えるかもしれない。

4　キャロル・ギリガン、ネル・ノディングス

（1）キャロル・ギリガン

アメリカの心理学者キャロル・ギリガンの著書『もうひとつの声で』（一九八二年）はケアの倫理の原点とされている。この著書で、ギリガンはその後の倫理学に大きな論争を巻き起こすことになる倫理の区別を示した。「正義の倫理」と「ケアの倫理」である。

不平等性とつながり合いの経験は、親と子の関係から生まれ、その後、正義とケアの倫理を誕生させる。これらの倫理はすなわち、人間関係の理想である。一つには、自己と他者が同等の真価を有する存在として扱われ、力の違いに関わらず物事が公正に進むという理想像だ。もう一つは、すべての人が他人から応えてもらえ、受け入れられ、取り残されたり傷つけられる者は誰ひとり存在しないという理想像である。（訳書一七三－一七四頁）

「正義の倫理」は伝統的な倫理であり、自律した諸個人（人格）間の（権利や財に関する）平等・公平を探求する倫理である。これに対して、「ケアの倫理」は、依存し合う諸個人のケアしケアされる対面的な関係性を基本に据える倫理であり、「傷つけられる者は誰ひとり存在しない」という理想を掲げる。

ギリガンの「ケアの倫理」において、傷つきやすさは、男性優位の社会、家父長制的な社会の中で女性が声を上げることを妨げる、心理的な要因として用いられている。かつて、女性の善良さもしくは徳として「無私無欲

selflessness」が推奨され、自分の意見を表明することが「利己的 selfish」だと考えられていた中で、女子・女性が主体的に道徳的判断を表明することは難しかった。女性は、人を傷つけ、自分も傷つけられるという不安によって、声を上げることがいっそう困難だったのである。[7]

ギリガンの師で道徳性発達理論の権威であったコールバーグが開発したモラル・ジレンマの一つ、「ハインツのジレンマ」をめぐる論争はあまりにも有名である。ハインツという名の男が、金銭的に手の届かない薬を、妻の命を救うために盗むべきか否かを考えている、という場面について、コールバーグは二人の十一歳児の意見を取り上げ比較した。ジェイク（男子）は「薬を盗むべきだ」とはっきりと答え、根拠として所有の価値に対して生命の価値を優先すべきだと述べた。コールバーグ理論によれば、ジェイクの回答は道徳性発達段階としては、第三段階と第四段階の間に位置している。他方、エイミー（女子）の回答は次のようなものであった。

うーん。ハインツが盗むべきだとは思いません。盗む以外の方法もあるかもしれないと思います。たとえば、お金を人に借りるとか、ローンを組むとか。でも、とにかく本当に薬を盗むべきではないと思います。でも、ハインツの妻も死ぬべきだとは思いません。

もしハインツが薬を盗んだら、妻を助けることができるかもしれません。その時はそれでよいかもしれないけど、きっと盗んだら牢屋に行かなければならなくなるでしょう。そうしたら、妻はもっと病気が悪くなってしまうかもしれないけれど、ハインツはもう薬を持ってくることができないから、よくないと思います。だから、本当にただただよく話し合って、お金をつくる他の方法を見つけるべきです。（訳書一〇四頁）

コールバーグはエイミーの回答を、道徳性発達段階の第二段階から第三段階に散らばっていると評価するが、ギリガンの目から見れば、「もう一つの声」の内容が正しく評価されていないだけでなく、一般に女子がその声を上げることも許されない環境だったのである。

（……）エイミーの回答からは、この世の中において自分は無力であるという感覚が見える。そして、道徳性や法の概念を体系立てて思考する能力の欠如、権力に抗い、道徳的真理についての既存の考え方の根底にある論理を検証しようとする姿勢の欠如、さらに、命を助けるために直接的な行動を取ろうという考えや、もしそのような直接的な行動を取ったとすれば何かしらの効果を生むことができるかもしれないという発想の欠如さえ見てとれる。関係性に頼るエイミーの姿勢は、十一歳になってもなお続く依存性や傷つけられやすさを露わにしているように見える。だからこそ、モラル・ジレンマを解決するための方法としてエイミーがコミュニケーションに信頼を置いていることについても、浅はかで認知的に未成熟であるように見えてしまうのだ。（訳書一〇八頁）

以上のような解釈は、一方で道徳性の発達に関するコールバーグ理論の修正を迫るものであると同時に、男性優位の社会に対する批判を含むものとなっており、フェミニズムの原点とみなされるのである。「十一歳になってもなお続く依存性や傷つけられやすさ」とあるが、これは女性の道徳性発達の特徴であり、中絶経験のある女性たちに対するインタビューについて述べた次の引用には、その点が明確に表われている。

これらの声から浮かび上がってくるのは、傷つけられやすさの感覚である。女性たちはこの感覚から、自身の立場を明確化することを避ける。これはジョージ・エリオットが、他者から敵対的な意見を受けることに対する女子の「感受性」と呼んだものである。エリオットは、この多感さは、女子の非力さとそれに伴う「世の中でことをなす」能力の欠如に基づいていると記した。（……）これらの女性たちが判断したくないと思うのはむしろ、道徳的な意見を述べる権利を自分が有しているのかどうかという不安から生じている。あるいは、そうした判断をすることで必然的に払わなければならなくなるであろう代償を考えてのことである。（訳書一八一頁）

道徳的な意志決定の本質は、選択権の行使と、その選択に伴う責任を受け入れようとする姿勢にある。女性たちが自分には選択権がないと知覚している限り、意志決定に伴う責任から相応な分だけ逃げようとする。男性たちに依存する存在であり、それゆえに見放されることへの恐怖心が生じる。そういう意味での傷つけられやすさを有しているという点で、女性たちは子どものようになる。そして、ただ他者を喜ばせたいと願うのだと主張し、その一方で、自分たちが善である見返りに自分を愛し、世話してくれることを相手に期待する。（訳書一八三頁）

このように、ギリガンにおいて傷つきやすさは、男性優位の社会の中で女性が「主体」として生きることを承認されていないという意識と結びついている。「他の人々との関係やつながりのなかに自己を規定する」という女性のパーソナリティは、女性が歴史的に家庭や友人関係という私的領域に縛られ、家事労働や子育てに従事することが多かったという歴史的事実に起因しており、人を傷つけたくないというケアの倫理と、自分が傷つきたくないという傷つきやすさの意識は、表裏一体である。弱者のケアの倫理は、その自信のなさから、強者の正義の倫理に対して自己主張できない。正義の倫理とケアの倫理の対等性と相補性が現実社会で実現されるためには、まず女性が「世の中でことをなす」主体となりうる社会の実現が必要であろう。

ギリガンにおいて「傷つきやすさ」はまず精神的なものであり、それは人間一般の条件として考えられている。そのうえで、彼女が「傷つきやすさ」という語で指示したものは、男性優位の社会で女性が感じる劣等感に結びつくものであった。それは政治的に、ケアの倫理が私的領域に限定され、公的領域で正義の倫理と対等視されないことの結果であり、また原因でもあるだろう。「もう一つの声」は、一方で女性を政治参加へと促す起爆剤でもあったが、男女を問わず、人間には正義の倫理とケアの倫理の両方が必要であると説く点では、その声を曇らせる装置にもなりえたのである(8)。

(2) ネル・ノディングス

次に、ギリガンのケアの倫理を発展させたネル・ノディングスについて見てみよう。彼女は『ケアリング——倫理学と道徳教育への女性的アプローチ』(一九八四年)においてケアの倫理の理論的な基礎づけを試み、道徳教育の分野にその理論を導入した。母子関係に見られるようなケアを「自然なケアリング」と呼んで理想化し、通常の人間関係において目指されるケアを「倫理的ケアリング」と呼ぶ。すべてのケアが自然なケアリング(I want)になることは望めないため、倫理的ケアリングはいささか義務的なものとなる(I must)。ケアリングの特徴は二つある。「専心没頭」と、「動機の転移」である。専心没頭とは、他者が伝えようとしていることを誠心誠意聞き、見、感じることであり、動機の転移とは、他者の動機を自ら引き受け、その「倫理的理想」の実現を助けることである。

ケア倫理学は、普遍的な道徳原理を具体的なケースに適用するような種類の倫理学——社会契約論、義務倫理学、功利主義——と異なり、その都度のケアリング関係の中で、行為の正しさが判定される。つまり、ケアする者のケアに対して、ケアされる者からの何らかの応答があって初めてケアリングは完結する（応答のないケア、完結しないケアは一方的なケア・ギヴィングとなり、真のケアリングとは言えない）。相手により、状況により、必要とされるケアは異なるため、正しい行為は普遍化できない。この点では、ケア倫理学は後述する徳倫理学と似ているが、徳倫理学は「よい人」をそれぞれの共同体が評価するのに対し、ケア倫理学ではケアしケアされる関係が完結しているかどうかを、それぞれのケースで評価することになる。

ノディングスにおいて、「傷つきやすさ」は前面に出てくる概念ではないが、一定の役割を果たしている。ノディングスが「傷つきやすさ」という語を用いている箇所も多くはない。しかし、母子関係に見られるように、ケアされる者は傷つきやすさを有しているからこそ、共感やケアの対象となるのである。しかも、ケアする者が自律的、ケアされる者が依存的という単純な関係ではない。確かに、教師と生徒のように、ケアリングは基本的に非対称な関係ではある。しかし、教師のケアリングが生徒から十全な応答を得られなければ（完結しなければ）、教師は傷ついてしまう。その意味で、ケアリングは傷つきやすさを持つ者同士の間で成り立つのである。女神ケレスの伝説の中に、ケレスが娘のペルセポネを探して悲しみに暮れているとき、ケレウス親子が共に悲しんでくれ、親子の家に行く場面がある。ノディングスはこの場面を、ケアするケレスとケアされるケレウス親子の関係として捉え、「悲しみにうちひしがれているとき、自分をケアする女神として維持するためには、ケアされるひとの積極的な応答をケレスは必要とした」と解釈し、「ケアする人は傷つきやすいこと」の例証としている（訳書六四頁）。

親密な関係であれ、初対面であれ、ケアリングは相手の応答による完結を必要とするため、遠くの見知らぬ誰かにまで拡張することは困難である。自己を中心として、ケアリングが可能な同心円の範囲を拡張することには限界がある。ケアの倫理は正義の倫理より優れていると考えるノディングスにとっても、この点は長所であり短所でもある。短所というのは、フェミニズムの立場からは、ケアの倫理を私的領域に限定しかねないからである。

ギリガンとノディングスにおいて、傷つきやすさはそれぞれの理論の中で重要な位置を占めている。ギリガンの場合、女性が「主体」となるために、どのようにして傷つきやすさを克服できるかが問題となる。また、ノディングスの場合は、ケアする人が相手の応答を得てケアリングを完結することが必要なため、ケアの対象を拡大しにくいという問題に突き当たる。そして両者とも、その後の研究でこれらの問題を意識的に扱うことになる。(9)

5 ロバート・グディン、エヴァ・フェダー・キテイ

(1) ロバート・グディン

ロバート・グディンは功利主義者を標榜する政治学者であり、『傷つきやすい者を護る』(一九八五年)において、傷つきやすさに基づく新たな責任の概念を提示しようとした。定式化された原則は、従来の「任意の義務self-assumed obligation」に対して、「脆弱性モデル vulnerability model」と名づけられた。「任意の義務」は自発的に結んだ約束を守るという前提から始まるが、例えば「われわれは自分の子どもに対して特別な義務を負う」という直観を説明する道具としては、不適切である。これに対して「脆弱性モデル」によれば、子どもの傷つきやすさによって義務を基礎づけられる。子どもの窮状を誰が助けるかは社会的決定の問題であり、典型的には生物学的な親である。

しかし、誰が指名されるにしても、依然としてより基本的な点は、それらの特別な責任は、根本的に子ども

の特別な傷つきやすさから生じるということである。このことは次のより一般的な命題を指し示している。すなわち、あなたの特別な責任は、他の人々があなたに依存しており、あなたの行為や選択に対してとくに傷つきやすいという事実から導かれるという命題である。とりわけ子どもについて真であるように見えることは、また他の親族、隣人、同郷人、請負人についても真であるように見える。大小の差はあれ、ある範囲で、彼らはみな、彼らに何かをしてもらうために、特別にあなたに依存している。そして、彼ら各々に対するあなたのさまざまな責任は、彼らが一定の奉仕をしてもらうために、あなたに実際に依存する程度にほぼ比例しているように見える。（Goodin 1985, p. 33f.）

子どもを護る義務は、子どもがその状況で依存している者が負うのであり、典型的には両親であるが、誰であれ、その状況で結果として子どもを護ることのできる者がその義務を負うことになる。ここには功利主義的な結果主義が色濃く現われていると言えよう。グディンは「脆弱性モデル」の原則を命題化している。すなわち、「個人の責任についての第一原則」「集団の責任についての原則」個人の責任についての第二原則」の三つである。

個人の責任についての第一原則：
もしもAの利益が、Bの行動や選択に対して脆弱であるならば、BはAの利益を保護する特別な責任がある。この責任の度合いは、BがAの利益に影響を及ぼしうる程度に厳密に依存する。

集団の責任についての原則：
もしもAの利益が、ある集団の行動や選択に対して、選言的にでも連言的にでも脆弱であるならば、その集団は、自分たちの構成員が協調してとる行動のための計画を（a）立案（公的または非公式に）し、かつ（b）実行することで、その集団が他のさまざまな責任と矛盾せずに行える限りにおいて、Aの利益を保護しなければならない。

個人の責任についての第二原則：

もしもBが「集団の責任についての原則」によってAの利益を保護する責任を負う集団の構成員であるならば、Bには次のような特別な責任がある。

（a）その集団が他のさまざまな責任と矛盾せずに行える限りにおいて、Aの利益を保護するための集団的行動計画を立案することを、可能な限り監視すること。および、

（b）そうした計画が立案される可能性がある場合、またその計画が、何もなされない場合よりもAの利益を保護するものである場合には、その計画のもとで自分に割り当てられた責任を、自分が他のさまざまな道徳的責任と矛盾せずに行える限りにおいて、完全かつ効果的に果たすこと。（原書 chap. 5、宮坂 二〇二一、二〇四－二〇六頁）

これら原則について宮坂は、「専門的な職業に就いた瞬間に、その人が扱う技術に依存するすべての存在に対して、利益を保護する責任が生じる」（同前、一〇六頁）と解説し、さらに続ける。

もっと視野を広げれば、特別に弱い人たちの利益を保護する責任を、誰が負うべきかという議論を根拠づけることができる。責任の範囲は、他人の状況や利益に対するコントロール、および他人の利益が危機に瀕し

ている程度に比例するように、脆弱性の程度に応じて評価され、その責任は、弱者が弱者となった原因とは無関係に規定される。誰がその状況を引き起こしたかではなく、誰がその状況を改善する立場にあるかによる。日本風に言い換えれば、自己責任論は否定され、誰が悪いのかという犯人さがしも不要である。（同前、二〇七頁）

このように、グディンの脆弱性モデルは、脆弱性（傷つきやすさ）が生じた原因に関与しないような、新たな義務と責任の形を示していると言える。

（2）エヴァ・フェダー・キテイ

エヴァ・フェダー・キテイは、『愛の労働あるいは依存とケアの正義論』の中でグディンの脆弱性モデルを取り上げている。

> このモデルで気づかされるのは、権利やニーズあるいは利害と解釈されるような個人の持つものによってではなく、ニーズのある人とそのニーズを満たす位置にある人との関係性によって、道徳的要求が生じるということである。（……）脆弱性モデルが、依存者が依存労働者に向ける道徳的要求に直接的に言及していることが即座にわかるだろう。依存労働者とは、依存者のニーズを満たすのに最もふさわしい位置にある人、すなわち、彼女以外に依存者のニーズを満たす人がいないような立場にあるその人である。（訳書一一五－一一六頁）

しかし、キテイはこのモデルの限界も指摘する。一つは、例えば、遠くに住む人から求愛されたときに、あなたにはそれに応える義務が生じてしまうというように、「脆弱性モデルによってのみ義務づけられるとすれば、自分が何もしてあげられないような人にでも、求められれば義務を負うというおかしなことになるのは明らかだろう」(訳書一一六-一一七頁)。また逆に、われわれが血縁者に義務を要求しがちであることの説明もできない。これらの困難を解決するために、キテイは次の三点を指摘する。

まず、誰が誰に責任を持つのかは、判断に疑問の余地がないことが多く、程度問題であることは少ないことに気づく必要がある。第二に、特別な関係における責任は、さまざまなかたちで生じると認めることが必要である。第三に、義務は、どのように形作られるとしても、一連の文化的実践の中で生起することを認識することである。(訳書一一七頁)

現実社会において、道徳的義務がこのように認識され、実践されていることは確かであり、脆弱性モデルを無条件に社会に適用することは困難である。しかし、「遠くにいる求愛者と違って、被保護者は、依存労働者に義務を課しても正当とされる立場にある」(訳書一一八頁)。宮坂の指摘する通り、脆弱性モデルは、依存労働者の「職業倫理」としては実際に有効なのである。

キテイはこの職業倫理を認めたうえで、被保護者と同様に傷つきやすい依存労働者を護るために、正義を要求していくことになる。『愛の労働』は、ギリガンやノディングスのケアの倫理とともにその後のフェミニズムに大きな影響を与えた。翻訳者の一人、岡野八代はその新装版のあとがきで、次のように述べている。

> 本書ではすでにキテイが格闘しているように、論者によっては別個の、あるいは相いれない倫理として考えられがちであった正義とケアの関係は、現在のフェミニストによるケアの倫理研究においては、概ね以下のような理解で一致している。すなわち、ケア労働については望まれて引き受けられたりする場合もあるものの、他者のケアを生存のために必要とするひとが存在することは、人間社会における不変の事実であるかぎり、社会的協働において担われるべき負担として、分配的正義の原理に従わなければならない。すなわち、ケアの与え手と受け手双方にとって公正さが求められるのであり、その意味で、ケアがいかに供給されるかは正義が扱う社会的課題のひとつに他ならない。（訳書三五九頁）

フェミニストにとって、ケアの分配は正義の問題となりうるし、社会的課題として実践的に取り組む必要がある。しかし、理論的な問題として、ケアの倫理を正義の倫理へと還元できるか否かという問いには議論の余地がある[10]。次節では、正義論の側からのケアの倫理への接近を見ることにしよう。

6　アラスデア・マッキンタイア、マーサ・ヌスバウム

（1）アラスデア・マッキンタイア

一九八〇年代に、徳倫理学を復活させたのがアラスデア・マッキンタイアである。『美徳なき時代』は、人格の物語的同一性を核心に据え、人格が目標とする優れた実践と徳の基準は共同体によって異なるとして、徳倫理学によって共同体主義を基礎づけようとした。共同体主義は個人主義的なリベラリズムの限界を示した。マイケル・サンデルの言葉を借りれば、リベラリズムは「負荷なき自己 unencumbered self」（『リベラリズムと正義の限

界』）というフィクションに基づいているのである。しかし、共同体主義は道徳的相対主義であり、合理主義的・普遍主義的な倫理理論と対立し、さらにはナショナリズムと同一視されることで論争を巻き起こした。一方で、フェミニズムの立場からは、現実に共同体が示す諸徳は自律的な男性を基準としているとして批判された。

マッキンタイアはその後『依存的な理性的動物（*Dependent Rational Animals*）』（一九九八年）へと思想を展開し、さまざまな批判にも応えようとした。その際、徳を自律的な人間像から解放するために導入されたのが「傷つきやすさ」である。本書の副題は「ヒトにはなぜ徳が必要か」であり、マッキンタイアはヒトが動物として開花する（幸福になる）ための生物学的前提として「傷つきやすさ」を持ち出すのである。本書第一章冒頭から引用する。

私たちヒトは、多くの種類の苦しみに見舞われやすい傷つきやすい存在であり、私たちのほとんどがときに深刻な病に苦しんでいる。（……）私たちがからだの病気やけがが、栄養不良、精神の欠陥や変調、人間関係における攻撃やネグレクトなどに直面するとき、私たちが生き続け、いわんや開花しうるのは、ほとんどの場合、他者たちのおかげである。（訳書一頁）

マッキンタイアによれば、このような受苦、傷つきやすさ、依存を条件とする人間観に基づいて倫理学（道徳哲学）を構想した哲学者はほとんどいなかった（例外は近年のフェミニストの哲学者たちであり、前節で紹介したキティの名も挙がっている）。そこで彼は、「もしも私たちが、〈傷つきやすさ〉と受苦に関する諸事実と、それに関連した他者への依存に関する諸事実を、ヒトの条件にとって中心的なことがらとして扱うなら、道徳哲学にどのような変化が生じることになるだろうか」という問いを立てるのである（訳書四頁）。要を得た訳者解説を用いれば、傷つきやすさとは「ヒトがその人生のさまざまな場面でさまざまな能力の阻害に苦しめられがちなこと」であり、本書の目的は、「そのような本性をもつヒトがヒトとして開花するためにどのような徳が必要とされるかを理解すること」および「それらの諸徳を身につけ発揮しうるようになるうえで、参加する必要のあるコミュニティはどのようなものであるかを理解すること」にあった（訳書二四九頁）。共同体主義の立場を維持しながら、それを支える徳倫理学を再検討するのである。

前者の問いの答えは「承認された依存の諸徳 virtues of acknowledged dependence」と呼ばれ、従来の節制、勇気といった「自立の諸徳 virtues of independence」と対をなすものである。例えば、気前のよさという徳は「正義が要求する以上のものを与えることが、度量の大きい、つまり気前のよい人間のしるし」と解釈される。逆に（アリストテレスとは異なるが）気持ちよく「受け取る」徳も存在する。[11] このように、マッキンタイアの徳倫理学は、承認された依存の諸徳を補うことで、結果的にケア倫理学に近づいている。いわばケアされるための資質・能力を徳の一つとして位置づけているのである。

マッキンタイアと同じく古代ギリシャ哲学、アリストテレス研究から出発したマーサ・ヌスバウムも、「傷つきやすさ」という生物としての人間の条件を視野に入れた人間観に立っている。人間の尊厳について、ヌスバウムはカントの考え方を批判する。[12]

人格性と動物性のカント的な分裂は大きな問題を孕んでいる。（……）それはこの問題についてしっかりと考えている人には明白であるに違いない事実――つまり人間の尊厳はある一定の種類の動物の尊厳にすぎないという事実――を否定する。だが、人間の尊厳は、動物的な種類の尊厳である。まさにその種類の尊厳は、死ぬことも傷つくこともない存在者が持つことのできないものである。それはちょうど、桜の花の美しさをダイヤモンドが持ちえないのと同じである。（訳書一五三－一五四頁、一部改訳）

正義論は一見、ケア倫理学の対極にあり、傷つきやすさの入り込む余地はないようにも思われる。しかし、現代正義論には、分配的正義について、つまり何を誰にいかにして公平に分配するかについて、さまざまな理論があり、アマルティア・センやヌスバウムのケイパビリティ・アプローチもその一つなのである。

ロールズの『正義論』（一九七一年）は、思考実験として「無知のヴェール」を被った人々の間で合意される社会契約の内容として、正義の二原理、すなわち「格差原理」と「公正な機会均等の原理」を提案する。この二原理により、個人の自由と権利の尊重、および社会全体の福祉の増大というリベラリズムの視点が確立された。ロールズ以後、格差原理をめぐって、センとヌスバウムがケイパビリティ・アプローチを提案する。ロールズが社会的・経済的平等として「基本財」（権利、自由、機会および所得と富）の平等を目指すのに対して、センらは、基本財は個人的福利（自由）の手段でしかないと批判し、代わりに「ケイパビリティ」（潜在能力）の平等を持ち出す。ケイパビリティとは、ある人が何かを行なったり、何かになったりするための、実質的な自由のことであり、人により多種多様である。個人はケイパビリティに基づいて選択し、具体的な「機能」を獲得していく。例えば、社会のメンバー全員に同じ自転車（財）を与えたとしても、足の不自由な人はそれを用いて移動したりサイクリングをしたりすることはできない。ケイパビリティの平等を目指すには、個性に応じて基本財の不平等な分配が必要になる。ヌスバウムは『女性と人間開発』（二〇〇〇年）において、現在の「人間の中心的なケイパビリティ」として、十項目リストアップしている：（一）生命、（二）身体的健康、（三）身体的保全、（四）感覚・想像力・思考、（五）感情、（六）実践理性、（七）連帯、（八）自然との共生、（九）遊び、（十）環境のコントロール。[13]

ヌスバウムは、ケイパビリティ・アプローチを採ることで、ロールズの正義論に対する諸々の批判を回避できると考える。第一に、正義の及ぶ範囲が拡張されなければならない。カント主義者のロールズが想定している社会契約参加者は、理性的存在者すなわち自律的人格であり、無意識的にそれは成人男性である。その契約の及ぶ範囲も自律的人格であり、彼らのみが尊厳を有する。これに対して、ヌスバウムはアリストテレス主義者として、傷つきやすさを持つ社会的動物が尊厳を持つとし、生物としての人間全体にケイパビリティ・アプローチを適用するのである。

（……）動物性は合理性と対比させられる何かというよりは、私たちの尊厳のひとつの側面である。したがって、基礎的な政治原理の源泉となる人格の政治的構想の設計には、人間がニーズに満ちたはかない動物であり、新生児としてスタートし、多くの場合それとは異なる形態の依存で終わるということの承認が組み込まれる。私のケイパビリティ・アプローチは、こうした傷つきやすさの領域を注視し、合理性と社交性が一時的なものであり、また成長と成熟とそして（時間が許せば）衰退の時期をもあわせ持つと主張する。（……）人間は、生産的であることによって、他者からの尊重を勝ち取らなくてもよい。人間は、人間のニーズそれ自体の尊厳のなかに、支援に対する権利要求を有している。社会は幅広い愛着と気遣いによって結びついており、生産性に関係しているのはそのなかのほんの一部にすぎない。生産性は必要であり、また善いものでもあるけれども、社会生活の主要目的ではない。（訳書一八四－一八五頁、一部改訳）

ヌスバウムはこれを「新しいリベラリズム」と呼ぶ。

新しいリベラリズムの形式を生みだすことが求められており、それは古典的リベラリズムよりもはるかに徹底したやり方で封建制と階層性を拒絶し、家庭における男性と女性のあいだの階層性と、すべての社会における「正常」な市民たちと通常でない障害のある市民たちとのあいだの階層性とを、拒絶するものである。そのような説明は社会的協働の基礎を複雑かつ多元的なものとして理解し、有利性の探究に加えて愛、人間性の尊重、そして正義への情熱を含むものとする。その政治的な人格の構想においては、人間は傷つきやすい束の間の生き物であり、能力がありニーズにも満ちており、さまざまな仕方で障害をおっており、そして「生命活動の豊かな多元性を必要としている」。(訳書二五四頁、一部改訳)

ヌスバウムの『女性と人間開発』は、一九九六年に彼女が国連大学の世界開発経済研究所のアドバイザーに就任し、発展途上国の女性問題を研究したときの成果である。ヌスバウム自身が、一九九七年と翌年、インドを訪問して実態を調査しており、出会った個々の女性の物語を踏まえて研究している。また、『正義のフロンティア』第二章「障害と社会契約」で、ヌスバウムは、障害を持つ自分の甥アーサーや、キテイの娘セーシャの事例を取り上げるところから出発する。キテイもまた、二〇一〇年に来日した際のインタビューでは、正義論の主流派がケアの倫理の問題に関心を示さない中、ヌスバウムが自分の仕事に関心を寄せている点を評価している。(14) 人間一般を扱う正義論よりも、傷つきやすい人間を具体的に念頭においている点で、ヌスバウムのケイパビリティ・アプローチはケアの倫理に接近していると言えよう。

7　ジュディス・バトラー

ジュディス・バトラーは『生のあやうさ』（二〇〇四年）の序文において、こう述べている。

私たち自身が傷つきうる存在であること、他者も傷つきうること、われわれは誰かの意思のままに死にさらされる存在であること、そうしたことのすべてが恐怖と悲しみの原因となる。だがそれほど確かでないのは、傷つきやすさや喪失の体験を、軍事力に訴える暴力や報復にすぐ結びつけるべきか、という問いだろう。ほかに道はないのか？　もし私たちが暴力の連鎖を止め、暴力に訴えない成果を求めようとするなら、戦争による報復を叫ぶだけではなく、悲しみから何が生まれうるかを政治の問題として問うことは、疑いなく重要なことではないだろうか。（訳書四頁）

バトラーは、いわゆる「九・一一」、二〇〇一年同時多発テロ事件後のアメリカで、この問いをめぐって論考を重ねた。その後、その思考は『非暴力の力』へと展開している。誰もが身近に経験しうる、人間の傷つきやすさから生じる悲しみや恐怖だが、それでさえ社会的関係の中で成立している。傷つきやすさとは、「私たちが共有している、あるいは相互に依存している生の特徴」なのである。

私たちは、決して単純に傷つきやすいのではなく、常に状況、人、社会構造、すなわち、自らが依存する何か、自らが曝される何らかの対象に対して傷つきやすいのである。恐らく私たちは、自らの生を可能にしている環境や社会構造に対して傷つきやすいのであり、その構造が弱体化すると、私たちも弱体化する。（訳書五二－五三頁、一部改訳）

ここから彼女は「諸々の国民国家相互に負う義務」には還元できない「グローバルな義務」を導き出す。それは「国境を越えてその諸関係を操作するポストナショナルな性格を持つ」ものである。国家は傷つきやすいグループを確定し、保護しようとするかもしれないが、その一方で、そこから排除された人々は「生きるに値しない」として非人間的な扱いを受けることになるであろう。例えば、戦争において敵国の市民の死は、こちらで公的には悼まれることがない。つまり公的な「哀悼可能性」が認められないのである。この限界を超える倫理として「非暴力の力」が必要となるだろう。

しかし、ここからはバトラーの思考の展開を後づけるのではなく、バトラーにとっての「傷つきやすさ」のイメージに集中しよう。バトラーはレヴィナスの「顔」の思想を継承しており、「人質であることとしての傷つきやすさ」の考えを共有していると言える。しかし、それはバトラー独自のイメージに彩られているように思われる。「傷つきやすさ」は「喪失」による深い悲しみの体験と結びつけられる。

私たちが身にしみて知っているように、喪失の体験はたしかに存在する。しかし同時に喪失は変化という効果をもたらし、そしてこの効果は予測することも見取り図を描くこともできない。変化に関して、人は選択しようと試みることもできるが、こうした変化の経験は選択をどこかで無効にしてしまうところがあるのではないか。（……）人は波にのみこまれ、その日に始めようとした目標も試みも計画も、すべて水の泡になってしまうのだ。自分が限りなく落ちこむ体験。疲れきってそれがなぜだかわからない。自分が作り上げ

た計画より、自分自身のたくらみより、自分の知識や選択よりも大きい何か。（訳書五〇－五一頁）

このように経験された変化に対して、われわれはこれを「一時的なこと」、喪が明ければ秩序が回復されると考えがちである。しかし、この変化は回復されない。

人が喪に服するのは、喪失という経験によって自分が、たぶん永久に変わってしまったことを受け入れるときなのではないか。（訳書五〇頁）

「喪に服する」ことによって、「あなたの喪失」が同時に「私の喪失」であり、またあなたと私の関係性の喪失であることが明らかになる。

とりわけ「あなた」への愛着が、「私」を形作っているものの一部分である場合には、ここに「私」が独立して存在し、そこにいる「あなた」をただ失うというのではないということではないか。こうした状況でもしも私があなたを失うとすると、私はたんにその喪失を悼むだけでなく、私自身、自分がわからなくなる。あなたなしで私とは誰なのか？　私たちは自分が作られている絆を何がしか失ってしまうと、自分が誰で何をしたらいいのかわからなくなるのだ。一面において、私は「あなた」を失ってはじめて「私」も失われてしまったのだと考える。しかし同時に、おそらくあなたのなかで私が失ったことは――それを表す言葉が私には出てこないのだが――、私だけでもあなただけでもないものからできている関係性だ。それは、こうしたことが判別され、関係づけられる絆そのものとして把握されるべきなのである。（訳書五二頁）

バトラーは、このような悲しみ、「メランコリーという自己に埋没した心情」を、「他者の傷つきやすさを慮ることへと移し変えること」を提案していくことになる。「九・一一」の「悲しみにとどまろうとすること、悲しみの耐えがたさにさらされ続け、悲しみを暴力によって解決しようとはしないこと」、そして「人間の傷つきやすさを思うことに立ちかえる」ことを提案するのである。アメリカの政治の現実はこの方向には向かわなかったが、それでもこの提案には大きな意味があったし、いまなお意味があると考える。今日の世界が国家間、民族間の暴力の応酬によって、喪の悲しみを著しく増大させていることを思えばなおさらである。

8 宮坂道夫

生命倫理の研究者である宮坂は、『弱さの倫理学』において、多彩な事例を用いながら独自の倫理学を打ち立てている。彼は人間の条件としての「弱さ」を次のように説明するが、「弱さ」はそのまま「傷つきやすさ」に読み替えられる。

生きている存在である私たちは、一人の例外もなく、弱い存在である。しかも、その弱さとは、私たちが生きている存在であることによって抱え持っている特質である。私たちの脆さは、高機能であることの代償であり、有限性（あるいは死ななければならないこと）は統合性の代償であり、心の弱さは主体性の代償である。科学技術の服を脱いで裸になってみれば、そこに生の自分、弱い自分がいる。その自分を抱きしめることができれば、周りにいる他の人間や、他の生き物との間に、同じ生き物としての、真の平等性を感じられ

るかもしれない。（宮坂 二〇二二、二一七頁）

この認識からどのような倫理が導かれるだろうか。同書の最終章で、宮坂は弱さを二つに分ける。一つは「克服すべき弱さ」、もう一つは「抱きしめるべき弱さ」である。例えば、iPS細胞を用いた再生医療は「弱さを克服する技術開発」であり、ローヴィジョン・ケア（視力の低い人、視野に問題のある人、視覚障害のために日常生活に不自由のある人に対して、医療的・教育的・職業的・社会的・福祉的・心理的な支援を包括的に行なうこと）は「弱さを抱きしめる技術開発」である。社会としてはこれらの二種類の技術開発を進めることが倫理的課題となろう。しかし、その技術開発でさえ、強者からの施しとしてではなく、同じ弱さを持った人間同士のケアリング関係を支えるものでなければなるまい。

理性的（ロゴス的）人間観に基づき患者の自律（自己決定）を中心に据えてきた「強さ」の生命倫理は、いまや受苦的（パトス的）人間観に基づき依存とケアを中心に据える「弱さ」の生命倫理へと変化しつつある。さらに、傷つきやすさを「克服すべき」ものと「抱きしめるべき」ものに区別することは、技術開発の在り方だけでなく、人間あるいは生命全般への眼差しや態度の在り方にも変化をもたらす可能性がある。

9 おわりに

これは「傷つきやすさ」を探していろいろなテキストを、文字通り「めぐった」研究ノートである。二年前にある同僚から、哲学・倫理学でvulnerabilityはどのような意味を持つのかと尋ねられた（と記憶している）。そこからアラスデア・マッキンタイア『依存的な理性的動物』の読書会が立ち上がり、これは中途で終わったが、今度はその同僚が主催する文学研究者の会で「可傷性の倫理学」という発表の機会をいただいた。これはそのときの原稿を基にして、大幅に手直ししたものである。

二十世紀後半から今日に至るまで、傷つきやすさという豊饒な概念は哲学者たちにさまざまなインスピレーションを与えてきた。そして現在、傷つきやすさは人間の根源的な事実の諸相を示すと同時に、ケアの倫理、生命倫理は言わずもがな、正義論にまで影響を及ぼす規範的な概念ともなっている。傷つきやすい、はかない命をもつ生物、動物、人類という事実の上に、多様な生を開化させる場としての地球環境を守り、人びとが互いに支えあう社会を構築する、そのための倫理学が待ち望まれる。

（1） 拙論は、「一九世紀アメリカにおける傷つきやすさの文学的表象」研究会（二〇二三年三月）での発表「可傷性の倫理学」を下敷きにして成った。研究の閉塞状況にあった著者に、新たなテーマを与えてくれた研究会と代表者の生田和也氏に感謝申し上げる。
（2） cf. Henk ten Have（2016）*Vulnerability: Challenging of Bioethics*, Routledge, pp. 3-6.
（3） （ ）内は文献略称、引用ページを示す。以下同様。
（4） Henk ten Have（2016）*Vulnerability: Challenging of Bioethics*, Routledge, pp. 97–105.
（5） 熊野純彦『レヴィナス入門』一八八－一九三頁参照。
（6） ポール・リクール『他者のような自己自身』四一七頁以下参照。
（7） 川本隆史らの訳（二〇二二）では、vulnerability は「傷つけられやすさ」または「傷つきやすさ」と訳され、それらに「ヴァルネラビリティ」とルビが振られている。また、この語は原著の索引語には含まれておらず、訳書の索引で八箇所の使用が確認できる。
（8） Tronto（1993, p. 84）参照。
（9） ギリガンの思想変遷は『抵抗への参加』によって知ることができる。また、ノディングスがその後展開した社会政策論については、品川哲彦『正義と境を接するもの』二〇一-二〇四頁を参照されたい。

(10) 正義の倫理とケアの倫理の関係については諸説ある。ギリガンはいわゆるウサギ-アヒルの図のように両者がアスペクト盲の関係にあると考えていた(ピーパー『フェミニスト倫理学は可能か』一二三頁参照)。マイケル・スロートや品川哲彦も両者の還元可能性には否定的である(スロート『ケアの倫理と共感』第五章、品川『正義と境を接するもの』二四〇頁参照)。

(11) マッキンタイア『依存的な理性的動物』第一〇章参照。

(12) ヌスバウム『女性と人間開発』原書七八-八〇頁、訳書九二-九四頁、『正義のフロンティア』原書七六-七八頁、訳書九〇-九二頁。

(13) これと類似の文章を、ユルゲン・ハーバーマスが『人間の将来とバイオエシックス』の中で引用し、同様の尊厳概念を支持している(訳書原注(4))。

(14) キテイ『ケアの倫理から始める正義論――支えあう平等』六四頁以下参照。

▒引用・参照文献(訳書のある英語・独語原書の記載は省略した)

神島裕子(二〇一八)『正義とは何か――現代政治学の六つの視点』中公新書。

キテイ、エヴァ・フェダー(二〇二三)『愛の労働――あるいは依存とケアの正義論〈新装版〉』岡野八代・牟田和恵監訳、白澤社・現代書館。

ギリガン、キャロル(二〇二二)『もう一つの声で――心理学の理論とケアの倫理』川本隆史・山辺恵理子・米典子訳、風行社。

ギリガン、キャロル(二〇二三)『抵抗への参加――フェミニストのケアの倫理』小西真理子・田中壮泰・小田切健太郎訳、晃洋書房。

熊野純彦(一九九九)『レヴィナス入門』ちくま新書。

サンデル、マイケル・J(二〇〇九)『リベラリズムと正義の限界』菊池理夫訳、勁草書房。

品川哲彦(二〇〇七)『正義と境を接するもの――責任という原理とケアの倫理』ナカニシヤ出版。

スロート、マイケル（二〇二一）『ケアの倫理と共感』早川正祐・松田一郎訳、勁草書房。

トロント、ジョアン・C（二〇二〇）『ケアするのは誰か？』岡野八代訳・著、現代書館。

宮坂道夫（二〇二二）『弱さの倫理学――不完全な存在である私たちについて』医学書院。

宮坂道夫他（二〇一八）『系統看護学講座　別巻看護倫理（第二版）』医学書院。

ヌスバウム、マーサ・C（二〇〇五）『女性と人間開発――潜在能力アプローチ』池本幸生・田口さつき・坪井ひろみ訳、岩波書店。

ヌスバウム、マーサ・C（二〇一二）『正義のフロンティア――障碍者・外国人・動物という境界を越えて』神島裕子訳、法政大学出版局。

ノディングス、ネル（一九九七）『ケアリング：倫理と道徳の教育――女性の視点から』立山善康・林泰成・清水重樹・宮﨑宏志・新茂之訳、晃洋書房。

バトラー、ジュディス（二〇〇七）『生のあやうさ：哀悼と暴力の政治学』本橋哲也訳、以文社。

バトラー、ジュディス（二〇二二）『非暴力の力』佐藤嘉幸・清水知子訳、青土社。

ハーバーマス、ユルゲン（二〇〇四）『人間の将来とバイオエシックス』三島憲一訳、法政大学出版局。

ピーパー、アンネマリー（二〇〇六）『フェミニスト倫理学は可能か』岡野治子・後藤弘志監訳、知泉書院。

マッキンタイア、アラスデア（一九九三）『美徳なき時代』篠塚榮訳、みすず書房。

マッキンタイア、アラスデア（二〇一八）『依存的な理性的動物――ヒトになぜ徳が必要か』法政大学出版局。

リクール、ポール（一九九六）『他者のような自己自身』久米博訳、法政大学出版局。

レヴィナス、エマニュエル（二〇〇五・二〇〇六）『全体性と無限（上・下）』熊野純彦訳、岩波文庫。

レヴィナス、エマニュエル（一九九九）『存在の彼方へ』合田正人訳、講談社学術文庫。

レヴィナス、エマニュエル（二〇一二）『倫理と無限――フィリップ・ネモとの対話』西山雄二訳、ちくま学芸文庫。

ロールズ、ジョン（二〇一〇）『正義論　改訂版』川本隆史・福間聡・神島裕子訳、紀伊國屋書店。

Goodin, Robert E.（1985）*Protecting the Vulnerable, A Reanalysis of Our Social Responsibilities*, The University of Chicago Press.

ten Have, Henk,（2016）*Vulnerability：Challenging of Bioethics*, Routledge.

Tronto, J. C.（1993）*Moral Boundaries A Political Argument for a Ethic of Care*, Routledge.

おわりに

退職後のこと――七年越しのラブレター

大阪にある私立大学の教育・研究から離れたのは、四年前、コロナ禍が始まったばかりの二〇二〇年だった。そして、昨二〇二三年に長く務めた企業の社外取締役を退任して、ほぼリタイアと呼びうる生活に入った。いまも続けている財団の学術顧問や教科書執筆の仕事を含めても、まさしく老人の隠居生活に近い。

顧みれば、広島大学を退職してから、すでに七年が経過したことになる。そこで過ごした三十五年間の研究生活は楽しかった。学生や院生にも恵まれたし、同僚や職員にも恵まれた。学生たちを指導するのも、彼らと酒を交えて議論をするのも楽しかった。退職時に、広島大学で接してきた若い人たちが退職記念の論文集を出そうとしているという声を耳にしたが、次の職場で忙しくしているうちに、いつしか私の記憶から消えていた。

その七年間は、とりわけ私事において人生を見つめざるをえない時期でもあった。父と母と兄、そして同居していた義母が鬼籍に入り、それと並行して、二人のわが子が家庭をもち初孫が誕生した。文字通り、悲喜こもごもの数年だったが、それらを通して、生きることの意味を身に染みて考えるようになった。

義母が亡くなって半年後の今年七月、思いもかけず衛藤くんからメールが届いた。そのメールには本書の初校が添付され、後書きを書いてほしいと記されていた。一瞬、遅れたラブレターをもらったような感覚に包まれた。初校に並んだ執筆メンバーを見ると、全員が大学等の研究者として活躍してきた人たちである。国立私立を問わず、今日の教員は忙しい。にもかかわらず、各々が、私とのつながりのために時間を作って、論文を執筆してくれたことには感謝の言葉もない。

退職後七年では退職記念という言葉はふさわしくないと思われるかもしれないが、私にとっては必ずしもそうではない。いや、七年越しの記念論文集はかえって私にこそふさわしい気がする。その理由を述べる。

私は大学教員という職業が好きだったが、苦痛に思うところが二つあった。考えることに何の制約もなく、大学でいつも何らかの課題について自由に考えを巡らせることは私の最大の喜びだった。それゆえ、その考えるという作業が中断されることは何より苦痛だった。そして、その苦痛を生んだ主因が会議と締め切りの二つである。

長い大学生活の中で、教授会や種々の委員会の会議にはなんとか慣れた。だが、退職前に請われて大学の学長補佐や副理事に就いたことは失敗だった。連日のように会議のはしごが続いたからである。日々、学内行政に関する会議に追われ、自由に思う存分考えるという私の至福の時間が奪われた。今でもときおり出現するギックリ腰の癖は会議で座り続けたその時期に起源をもっているに違いない。

もう一つの締め切りに対する苦痛の感覚はいわば私の生来の持病である。私の考える時間が締め切りで区切られるのが許せなかった。このことは、私の最終講義の際、亡き母が小学生の私に向かってあなたは「泥縄」だと言ったという話とともに紹介したが、この傾向はいくつになっても変わらない。正直に白状すると、在職中、締め切りが過ぎないと原稿を書く気になれなかったことは一度や二度ではない。このことでは、衛藤くんや周りの同僚だけでなく、多くの編集者にも迷惑をかけたはずである。時間厳守が現代モラルの必須の項目であるとすれば、締め切りを守らない私は間違いなく現代モラルの不適合者だ。ただ、時間厳守は十八世紀になって成立した新しいモラルだから、時代を越えたモラルを追求する倫理学者には当てはまらない、といつも自らを慰めてきた。

ともあれ、今回の執筆メンバーやそこに名を連ねていない人の中に、私と同じ性癖をもつ人がいて、七年後の刊行に寄与したとすれば、その人は紛れもなく私の継承者だ。先に、七年越しの本書が私にふさわしいと述べたのはそのためである。

執筆者の顔を念頭に置きつつ、添付の論文原稿に目を通した。長年の習性から批評をしたい衝動に駆られたが、それはこの場にふさわしいことではない。ただ、読みながら、それぞれの執筆者と切り離せない情景がたちまち脳裏に浮かんできた。彼はいまも美声を響かせているのだろうか。彼はまだ大型バイクを走らせているのだろうか。彼はいまも私が教えたアンチョビを作っているのだろうか。私の指導学生と結婚した彼はどのような家庭を築いたのだろうか等、次から次へといろいろな想いが去来する。

人生には三つの楽しみがあるという孟子の話をご存じだろう。それらのうち、父母兄弟の健在という一楽と世や人に恥じることのない振る舞いという二楽は、上で述べたように私には欠けている。だが、優秀な若い人たちを教えるという最後の三楽だけは今も私の手中にある。それを与えてくれた後輩諸兄には重ねて感謝したい。本書が、彼ら広島大学倫理学教室出身の人たちが織りなした倫理学的成果であることは、私の望外の幸せである。

研究の足跡——応用倫理学と私

以上、思いのままに退職後のことを書き連ねてきたが、この後書きの内容については、実は衛藤くんからの要望があった。私の研究上の足跡を記してほしいという要望だ。大した足跡ではないから若い人たちの参考になるとも思えないが、かつての教員の置き土産として、以下、簡単に私の半世紀を振り返ってみたい。

高校生のとき、倫理学を志そうと思ったきっかけは亀井勝一郎の本だった。彼の思想に共鳴したわけではない。友人が貸してくれたその本の中に何が書かれているのか皆目わからず、それが悔しくて、受験勉強を中断して手当たり次第に思想関係の本を読み始めた。マルクスや毛沢東など、大学紛争で登場することの多かった思想家の翻訳も読んだが、ほとんど理解できなかった。比較的腑に落ちるように感じたのがサルトルだったことをいまもよく覚えている。ともあれ、倫理学や哲学の思想が理解できるようになりたいというのが私の大学進学の際の大きな理由だった。

広島大学の倫理学教室にはドイツ思想（小倉貞秀、河野眞）、英米思想（弘睦夫）、日本思想（新本豊三）の専門家がおられた。講義やゼミではカントやシェリングに出席したが、なぜか私の性に合わなかった。一番興味を引かれたのは英米の分析哲学である。そのため、それを講じていた弘先生に卒業論文のテーマを選んでもらうことにした。百科全書派かヒュームかの二択という回答だったが、私はフランス語を履修していなかったので、ヒュームを選択した。提出した卒業論文の題目は「ヒューム研究――『人間本性論』に於ける道徳論の考察」だった。教員採用試験に合格していたが、もっと思想理解を深めたいという想いが募り、採用を辞退して大学院の修士課程を受験することにした。

大学院生は、倫理学と倫理思想史の二つの講座のうちいずれかを選ばなければならなかった。私は倫理学講座を選んで、小倉先生の指導下に入ることになった。小倉先生の専門はカント倫理学と現象学的倫理学だったから、私はヒュームの研究を継続することができなくなった。細かい用語や造語を多用するカントの思想には学部生の頃から閉口していたため、感情の論理を説くマックス・シェーラーを研究テーマにした。三年をかけて書いた修士論文を「シェーラーにおける「価値」概念の考察」という題目で提出した。以後、博士課程を含めた院生時代はシェーラーとその周辺の思想家の原典を読むことにほぼ費やされた。分厚いドイツ語の辞書を持ち歩くのに耐えかねて、同じ辞書を購入して教室や出先などいくつかの場所に置いていたことが思い起こされる。

それに関わる思い出としていまも脳裏から消えないのは、当時助手を務め、在職中に他界された岡田俊彦先生のことである。先生は外国語に堪能で、ドイツ語、フランス語は言うに及ばず、ラテン語、ギリシア語、サンスクリット語にも通じておられた。私がフランス語やラテン語の文献を読めるようになったのは、ひとえに岡田先生の読書会のおかげである。最初多かった読書会の参加者は年を追うごとに少なくなり、ラテン語のときには私一人になったが、いつしかスピノザの『エチカ』やトマス・アクィナスの『神学大全』のラテン語原典が読めるようになっていた。もっとも私がギリシア語を理解できるようになったとき、その読書会から離れることにした。先生がそろそろサンスクリット語をやろうと提案されたからである。当時の私はシェーラー研究のための語学力を必要としていたのであり、サンスクリット語には関心がもてなかった。その後、先生は先天性疾患の治療のため入院され、そのまま帰らぬ人となった。先生所蔵のスピノザの『エチカ』原典はいま遺品となって私の本棚に並んでいる。私にも学問の恩人と呼びうる方が何人かいらっしゃるが、岡田先生がそのお一人であるのは間違いない。

そのようにして、大学院を通して私はシェーラー研究に明け暮れた。助手になっても、しばらくの間は、シェーラーの専門家を目指して論文を書いていた。しかし、結婚し子どもが生まれた頃から、徐々にシェーラー研究に物足りなさを感じるようになる。

情報倫理学と教育倫理学

とりわけ二つの問題が頭から離れなくなっていた。一つはコンピュータ、もう一つは教育の問題である。もともと私はエンジンの分解などを趣味にする機械好きの高校生だった。そうした私が、5インチフロッピーディスクドライブを内蔵したパソコンが市場に現われてから、パソコンに夢中になり、妻に頼み込んでPC－9801を購入した。私には高価な買い物だったが、最新のそのパソコンはCPUが十六ビットで、OSはMS－DOS、そして通信も電話回線を介したモデムでしか行なえないという、今日から見ると玩具のような代物である。私が、パソコンやOSの仕組みを理解するために、ブルーバックスに収められていたコンピュータ関連本を全冊読破したとき、理系人間の弘先生から呆れ顔をされたのを覚えている。当時は文系の研究者が機械を使うと言えばワープロ専用機だった時代である。

パソコンを日常的に使ううちにどこか倫理学の問題と重なる部分を感じ始め、あるときアメリカの議会図書館のカタログを検索した。その折発見したのが「コンピュータ・エシックス」という術語である。それに関する論文は世界中の論文を合わせても両手の指に収まっていたから、すべてを取り寄せて読み通し、「コンピュータ・エシックス考」（一九八九年）という論文にまとめた。この論文は日本で最初期の情報倫理学関連論文となった。

これ以後、情報倫理学の研究を進めたが、やがてその研究が縁となって、東京大学の当時の新聞研が組織した「情報社会の文化」（重点領域研究）に関する研究グループに参加することになった。また、そこで出会った宗教学の島薗進さんとは、後に「日本人の生き方」調査（上廣倫理財団）の共同研究でもご一緒することになる。これらの共同研究が徐々に私の研究関心を広げていった。

話を戻そう。上記のコンピュータ・エシックス論文を執筆していた頃、千葉大学でテキストデータベース研究会という、コンピュータを活用する哲学系のややマニアックな研究集会が開かれており、私もときおり参加した。そして、この研究会を主宰していたのが、日本の生命倫理学研究の出発点となった加藤尚武先生である。何かの折に先生の著書をいただいたことがあり、その返礼として上記の「コンピュータ・エシックス考」と「徳論と行為――現代倫理学の見直しのために」（一九九〇年）とをお贈りした。不思議なことだが、このことが私とＦＩＮＥ（『情報倫理の構築』）プロジェクトをつなげる機縁になる。

もう一つの教育の問題は上掲の「徳論と行為――現代倫理学の見直しのために」という論文の成立に深く関わっている。この論文が私の教育倫理学の出発点ともなったから、その辺りの事情を少し述べてみたい。

長男が生まれ、人間の道徳性の芽生えを観察する機会に恵まれたが、カントはもちろんシェーラーも、長男の道徳性を説明する理論を与えてはくれなかった。子どもの道徳性の芽生えと教育とを結ぶ、何かよい視点はないかと悩んでいるときに、教室の大先輩である黒田耕誠先生のことが思い浮かんだ。黒田先生からはヤスパースを学んだが、それ以上に雑談の中に登場する道徳教育の話が興味深かったからである。そこで子どもの道徳性に関して質問するためにお会いしてみると、座学に頼らず、実際に子どもたちが集う幼稚園や小学校に行くことを勧められた。私が学校巡り――私は「学校行脚」と呼んでいたが――を始めたきっかけはここにある。最初は黒田先生に同伴させていただき、やがて一人で学校や学級を訪問して子どもたちを観察するようになった。学生たちととも学校を訪れ、子どもたちの様子をビデオに記録したことも少なくない。以後、広島大学を退職するまで私が訪れた学校はおそらく延べ二百校近くに上ると思う。教育倫理学に関する種々の研究はこうした学校行脚とともに行なわれた。後に副理事に就いて多忙になった私が学校行脚をする代わりに、学校の先生方に集まってもらおうと考え、中学校長だった竹田敏彦さんとともに二〇〇七年に立ち上げたのが、SAME（学校と道徳教育）研究会である。

ところで、学校行脚を通して子どもたちを観察する中で、子どもの道徳性につながる腑に落ちる理論として辿り着いたのが、アリストテレスのヘクシス（＝ハビトゥス）論であった。ヘクシス論は古代の習慣論と見なされることが多かったが、私は行為の反復による知の生成論として読んだ。知識にはさまざまなものがあるが「行為知」もその重要な一部であり、しかも道徳性の獲得に深く関わっている。このことを中心に据えてやや長い論文として書き上げたのが、先に挙げた「徳論と行為――現代倫理学の見直しのために」である。日本倫理学会が一九九三年に広島大学で開催されたとき、学会の共通課題が「徳倫理学の現代的意義」となったことには、私のヘクシス論研究がいくらか関わっていた。

こうして、私はシェーラー研究から徐々に距離を取りながら、いわば二足のわらじを履いて、教育倫理学と情報倫理学の研究を同時並行的に深めていくことになった。教育倫理学では、いわゆる底辺校の生徒の問題についても考察を進め、この観点から、広島県警主催の「減らそう犯罪」に関する共同研究（二〇〇五年）を行なったことや、上廣倫理財団主催の交流事業（二〇〇七年）でハワイ大学とワイキキ小学校を訪れ、p4C（子どものための哲学）の教育実践を行なっている人々と議論したことは忘れられない。そして、倫理学教室を同窓とする研究者で、それまでの成果をまとめた教育倫理学に関する論文集（『教育と倫理』二〇〇八年）を出版したのもその頃のことである。

情報倫理学の研究で特記すべきは先に挙げたFINEである。FINEは、京都大学（水谷雅彦）が主拠点、そして千葉大学（土屋俊）と広島大学（越智貢）とが副拠点となって、三大学共同で「情報倫理の構築」を目指した研究プロジェクト（日本学術振興会未来開拓学術研究推進事業、一九九八年）であった。予算規模は文系では過去最大と言われたが、その後もそれを超えるプロジェクトは出ていないと思う。これら三大学そして三名の研究者を結びつけたのは、先に触れた加藤先生である。当時、加藤先生は千葉大学から京都大学に移っておられ、千葉大で先生の後任となったのがコンピュータに詳しい土屋俊さん、そして先生が京都大に呼び寄せたのが情報の倫理的意味を探求していた水谷雅彦さんである。むろん、先生は私のコンピュータ・エシックスに関する研究もご存じだった。「情報倫理の構築」という日本初の応用倫理学的研究が開始された背景と加藤先生とのつながりは知る人ぞ知ることに違いない。

水谷さんは、私と同様シェーラー研究者であり、関西の若い倫理学者たちが集ったversion'90という研究会にも同席していたから、見知らぬ間柄ではなかった。土屋さんともすでに面識があった。そして、ある日水谷さんから、三名で情報倫理に関する共同研究をしたいという誘いの電話が入った。即座にOKの返答をし、そこから五年間、三拠点での研究会と国内外のシンポジウム開催や出席など数多くの事業に奔走することになる。大変な五年間だったが、同時に夢のような五年間でもあった。研究環境が飛躍的に整い、何一つ不自由な思いをすることもなく思うままに研究することができた。倫理学教室にはかなり大きな電動式の移動書架があるが、それもＦＩＮＥの際に導入した設備である。研究成果については、当初予想した以上のものが得られた。それが日本の情報倫理学の出発点となったのは間違いない。

だが、それ以外の成果も見逃がせない。とりわけ、三大学の院生たちが親密になり、折々の目標に向かってまるで一つの組織のように協力し合っていた姿に目を奪われた。私の若い頃は、倫理学の研究と言えば個人研究だったが、共同研究という新たな研究スタイルが倫理学でも可能であり、むしろ時代がそれを必要とし始めていることを実感せざるを得なかった。個々の力で対処できる範囲は限られており、それを数多く集積してもたかが知れている。それに対して、有機的に一体化した共同研究は、いわば弁証法的な高次の成果をもたらしてくれる。私にはそのことが驚きだった。

この共同研究が国際的な共同研究となったことも記しておこう。アメリカ、イギリスなど、外国の研究者や教育現場との交流はそれまで国内では気づけなかった多くのことに目を向けさせてくれた。とりわけ情報倫理教育の現場を見るために院生たちと一緒に訪れたシンガポールの学校では、情報倫理学のみならず教育倫理学に関わる示唆をも数多く得ることができた。

こうした情報倫理学研究の延長上で、文科省の初中局と連携して教員向けの情報モラル指導事例集を作成したり、ＮＥＣのロボット関連部署とロボットの在り方に関する共同研究を行なったりしたことも思い出される。やや年配の後輩諸兄の中には、倫理学教室でパペロ（ＮＥＣ）やアイボ（ソニー）が動き回っていたことを覚えている人がいるに違いない。

ＦＩＮＥは日本の情報倫理学の黎明期を作ったと言ってよいが、近年、新たな課題が登場し、情報倫理学が次のステップに進まざるを得ない状況にあることも指摘しておきたい。ＡＩ、とりわけ二〇二二年に登場したChatGPTをはじめとする生成ＡＩが生み出す課題である。今年三月、久々に理系の全国学会で講演し、生成ＡＩのリスクと情報倫理学との関わりについて私見を述べたが、今後、情報倫理学がこの課題に正面から取り組まざるを得なくなるのは間違いない。本書の執筆者の中には情報倫理学を研究している人も散見される。是非ともこの課題にも挑んでほしいと思う。

和解としての平和論

本書に含まれている平和研究についても一言述べておく必要があろう。広島大学在職中の最後の共同研究のテーマとして「和解」としての平和を選んだのは、副理事だったとき、学長に申し出て平和教育を担当することになったことと深い関わりがある。大学が広島市から東広島市の地に移転して以降、学生たちの平和意識に変化が生じているように思えてならなかった。実際、８・６や８・９すら知らない学生がいるのに驚愕した。そのため、教養教育の中に平和教育を組み込むなど種々の取り組みを行なったが、併せてそうするための理論武装をする必要に迫られた。学内には平和教育に反対する教員も少なくなかったからである。ガルトゥングの理論をはじめ著名な平和論はたくさんあったが、それら既成の理論の中に身近でしっくりくるものは見当たらなかった。「和解」に注目した応用倫理学的な平和研究を始めたのはそのためである。

二〇〇九年から九年間続いた「和解」研究会では多くの研究者が全国から結集し、有意義で熱心な議論が行なわれた。その成果は三冊の分厚い研究報告書にまとめられている。その実績を世に問うべく学術図書の出版を計画したが、準備段階で予想だにしない出来事が生じ、出版自体を諦めざるを得なくなった。いまでも残念な思いがあるが、研究報告書を一次資料として残すことができたことは幸いだった。平和の問題を考える際、私はいつも折に触れこの報告書を読み返すのを常としている。

最近の国際状況を見るにつけ、六年前に解散したこの平和研究が正しい見立てをしていたことを感じざるを得ない。争い合う当事者（国）間の「和解」のプロセスなしには、いかなる争いも止むことはないからである。たとえ表面的な休戦や停戦に至ったとしても、争いの火種がくすぶり続けることはこれまでの歴史が示している。今後、ウクライナやパレスティナで「和解」がどのようにそしてどの程度実現されるのか、注視したいと思っている。

このように、これまでを振り返ると、いろいろな思い出が次々と蘇り、話が尽きそうにない。しかし、若い頃、老教授が終わりのない長話を続けるのに辟易していたことを思い起こし、私の昔話もこの辺で締めくくることにしたい。先にも述べたように、私と倫理学との出会いは偶然だったが、実に幸運な偶然だったと思う。半世紀の間、倫理学と付き合ってみて、つくづく興味深い学問だと思い知らされるばかりである。これまで倫理学には事あるごとに助けてもらってきた。在職中は言うまでもなく、八年間務めた企業の社外取締役でも応用倫理学の知見に助けられた。倫理学や応用倫理学は真偽を問う研究領域ではないが、確実に議論の糸口や異なる見方を示唆し、世の動きや日々の生活の新たな局面を照らしてくれる。後輩諸兄には、各々の倫理学的研究を深めながら、こうした倫理学や応用倫理学がもつ力を是非とも次代の若い人たちに伝えてもらいたい。学的な縁を結んだ先輩老人からの切なる願いである。

二〇二四年、酷暑の夏の書斎にて

越智　貢

奥田秀巳（おくだ・ひでみ）

1986 年生まれ。広島大学大学院文学研究科博士後期課程修了。人文学専攻。北海道教育大学函館校教育学部准教授。博士（文学）。「対話型鑑賞の展開の方向性についての一考察」（『美術教育学研究』第 54 号，2022 年），「「考え，議論する道徳」の方向性――日常的思考の現象学的分析を手がかりにした教育方法論」（『道徳と教育』第 336 号，2018 年），「道徳教育における「信頼」の研究――教育課程における自明性について」（『道徳教育方法研究』第 22 号，2017 年），他。

【担当】 第 12 章

桐原隆弘（きりはら・たかひろ）

1970 年生まれ。フランクフルト大学哲学歴史学部博士課程修了。倫理学専攻。広島大学大学院人間社会科学研究科教授。博士（哲学）。『カントにおける〈法〉中心の自由論――商業平和論／デモクラシー平和論へのアプローチ』（晃洋書房，2025 年），マティアス・ルッツ＝バッハマン『倫理学基礎講座』〔翻訳〕（晃洋書房，2018 年），*Verbindung freier Personen. Zum Begriff der Gemeinschaft bei Kant und Scheler*（Verlag Königshausen & Neumann, 2009 年），他。

【担当】 第 13 章

村若　修（むらわか・おさむ）

1960 年生まれ。広島大学大学院文学研究科倫理学専攻博士課程後期単位取得退学。鹿児島女子短期大学教授・学長。修士（文学）。「ケア倫理学に基づく道徳教育の可能性」（鹿児島女子短期大学『紀要』第 54 号，2018 年），「ブレンターノの道徳教育論」（シェーラー研究会編『シェーラー研究』第 2 号，2008 年），「平和主義者としてのブレンターノ」（シェーラー研究会編『シェーラー研究』第 1 号，2007 年），他。

【担当】 第 14 章

越智　貢（おち・みつぐ）

1951年生まれ。広島大学大学院文学研究科博士後期課程単位取得退学。哲学・倫理学専攻。広島大学名誉教授。『岩波応用倫理学講義（７）教育』〔編著〕（岩波書店，2005年），『情報倫理学入門』〔編著〕（ナカニシヤ出版，2004年），『高校倫理からの哲学』〈全 4 巻別巻〉〔共編著〕（岩波書店，2012年），他。

【担当】 おわりに

上野 哲（うえの・てつ）

1972年生まれ。広島大学大学院文学研究科博士課程修了。応用倫理学専攻。小山工業高等専門学校教授。博士（文学）。『倫理でスッキリ――医療従事者のモヤモヤ解消法』〔共著〕（シービーアール，2020年），『救急患者支援――地域につなぐソーシャルワーク』〔共著〕（へるす出版，2017年），『ソーシャルワーカー論――「かかわり続ける専門職」のアイデンティティ』〔共著〕（ミネルヴァ書房，2012年），他。

【担当】第5章

秋山博正（あきやま・ひろまさ）

1957年生まれ。広島大学大学院文学研究科博士課程後期単位取得退学。倫理学・道徳教育専攻。兵庫教育大学道徳教育研究開発センター特任教授。くらしき作陽大学名誉教授。『道徳教育の変遷・展開・展望』〈新道徳教育全集　第1巻〉〔共著〕（学文社，2021年），『自ら学ぶ道徳教育（改訂版）』〔共著〕（教育情報出版，2021年），「善悪の評価による自他の毀損を越える方途――『歎異抄』第3条の自問的解釈」（広島哲学会『哲学』第70集，2019年），他。

【担当】第7章

上村 崇（うえむら・たかし）

1970年生まれ。広島大学大学院文学研究科博士課程後期修了。福山平成大学福祉健康学部教授。博士（文学）。『対話的教育論の探究――子どもの哲学が描く民主的な社会』〔共著〕（東京大学出版会，2023年），『徳の教育と哲学――理論から実践，そして応用まで』〔共著〕（東洋館出版社，2023年），『「ポスト・トゥルース」時代における「極化」の実態――倫理的議論と教育・ジャーナリズム』〔共著〕（印刷学会出版部，2021年），他。

【担当】第8章

後藤雄太（ごとう・ゆうた）

1972年生まれ。広島大学大学院文学研究科博士課程後期修了。倫理学専攻。広島大学大学院人間社会科学研究科准教授。博士（文学）。『存在肯定の倫理Ⅱ――生ける現実への還帰』（ナカニシヤ出版，2021年），『存在肯定の倫理Ⅰ――ニヒリズムからの問い』（ナカニシヤ出版，2017年），「反出生主義に関する批判的考察――現代社会に潜む功利主義的・優生主義的思潮に抗して」（『医学哲学 医学倫理』第42号，2024年），他。

【担当】第9章

後藤弘志（ごとう・ひろし）

1961年生まれ。広島大学大学院文学研究科博士後期課程単位取得退学。ドイツ・トリア大学第1学群哲学科（博士号申請）。哲学・倫理学専攻。広島大学大学院人間社会科学研究科教授。博士（哲学）。*Der Begriff der Person in systematischer wie historischer Perspektive: Ein deutsch-japanischer Dialog*（Mentis Verlag, 2020年），Die Rezeptionsgeschichte des Personbegriffs in der Moderne Japans, in: Michael Quante（Hg.）: *Geschichte - Gesellschaft - Geltung*（Felix Meiner Verlag, 2016年），『フッサール現象学の倫理学的解釈――習性概念を中心に』（ナカニシヤ出版，2011年），他。

【担当】第11章

■執筆者紹介（執筆順，＊は編者）

＊衛藤吉則（えとう・よしのり）

1961年生まれ。広島大学大学院教育学研究科博士後期課程単位取得退学。教育哲学・倫理学専攻。広島大学大学院人間社会科学研究科教授。博士（教育学）。『「らしさ」を育てるシュタイナー教育とモンテッソーリ教育――発達支援へのチャレンジ』（ナカニシヤ出版，2022年），『シュタイナー教育思想の再構築――その学問としての妥当性を問う』（ナカニシヤ出版，2018年），『西晋一郎の思想――広島から「平和・和解」を問う』（広島大学出版会，2017年），他。

【担当】はじめに，第6章，第10章

嶋崎太一（しまざき・たいち）

1987年生まれ。広島大学大学院文学研究科博士課程後期修了。哲学・倫理学専攻。長野工業高等専門学校工学科准教授。博士（文学）。『批判哲学がめざしたもの』〔共著〕（晃洋書房，2021年），「ニュートンにおける「諸宗派の和解」と「哲学と宗教の和解」」（広島大学応用倫理学プロジェクト研究センター『ぷらくしす』第25号，2024年），「運動力は物質に本質的なものか――『自然科学の形而上学的原理』におけるカントのニュートン批判」（日本カント協会『日本カント研究』第23号，2022年），他。

【担当】第1章

硲　智樹（はざま・ともき）

1976年生まれ。広島大学大学院文学研究科博士課程後期修了。博士（文学）。哲学・倫理学専攻。広島大学大学院人間社会科学研究科（人文学プログラム）准教授。『ポスト形而上学的思考としてのヘーゲル哲学――ヘーゲルの形而上学批判』（晃洋書房，2024年），Pragmatische Aspekte der spekulativen Logik. Hegels Konzept des Begriffs als soziale Praxis, in: F. Zander und K. Vieweg（Hrsg.）: *Logik und Moderne*（*Critical Studies in German Idealism*, vol. 28），（Brill, 2021年），「ヘーゲル論理学の意味論的解釈――ヘーゲルと分析哲学」（『思想』1137号，2019年），他。

【担当】第2章

池辺　寧（いけべ・やすし）

1961年生まれ。広島大学大学院文学研究科博士後期課程単位取得退学。哲学・倫理学専攻。奈良県立医科大学医学部准教授。「ハイデガーの医学観」（広島哲学会『哲学』第75集，2023年），「ハイデガーの機械技術論」（奈良県立医科大学教養教育紀要『HUMANITAS』第48号，2023年），「ハイデガーにおける気づかいと身体」（『HUMANITAS』第47号，2022年），他。

【担当】第3章

伊藤潔志（いとう・きよし）

1972年生まれ。東北大学大学院教育学研究科博士課程後期単位取得満期退学，広島大学大学院文学研究科博士課程後期修了。教育学・倫理学専攻。桃山学院大学経営学部教授・学部長。博士（文学）。『キルケゴールの教育倫理学』（大学教育出版，2015年），『哲学的な考えを生かす新・教育原理』〔編著〕（教育情報出版，2025年），ジョン・スチュアート『キェルケゴールは反ヘーゲル主義者だったのか？――彼のヘーゲルへの関わりを再吟味する』〔共訳〕（萌書房，2023年），他。

【担当】第4章

倫理学から教育と平和を考える

2025年3月21日　　初版第1刷発行

編　者　　衛　藤　吉　則

発行者　　中　西　　良

発行所　株式会社　ナカニシヤ出版

〒606-8161 京都市左京区一乗寺木ノ本町 15
TEL (075)723-0111
FAX (075)723-0095
http://www.nakanishiya.co.jp/

©Yoshinori ETO 2025（代表）

印刷・製本／亜細亜印刷

＊落丁本・乱丁本はお取り替え致します。

Printed in Japan.　ISBN978-4-7795-1842-3

◆本書のコピー、スキャン、デジタル化等の無断複製は著作権法上での例外を除き禁じられています。本書を代行業者等の第三者に依頼してスキャンやデジタル化することはたとえ個人や家庭内での利用であっても著作権法上認められておりません。